초보자에게 꼭! 필요한
내용만을 수록한

한글 2007

정희용 저

첨단 컴퓨터서적 전문출판
크라운출판사
첨단 컴퓨터서적 사업부
http://www.crownbook.com

이 책을 만든 사람들

한글 2007_한글과 컴퓨터 한글 2007

이 책을 만든 사람들
저자 정희용
기획·진행 기획편집부
북디자인·편집디자인 디자인뮤제

Preface

머리말 __컴퓨터 활용 능력의 기본 한글 2007...

한글 2007은 문서작성용 프로그램입니다. 보편적으로 가정의 컴퓨터부터 시작하여, 학교, 사무실 뿐 아니라 책을 만드는 출판사에서도 책을 편집해서 인쇄하는 용도로 한글 2007을 사용합니다. 일반적인 기능 뿐 아니라 전문가들을 위한 기능까지 다양하게 갖추고 있기 때문입니다.

또한, 한글과컴퓨터의 한글 2007은 전 세계적으로도 찾아보기 힘든, 몇 안 되는 자국 워드프로세서입니다.
IT분야에서 일을 하다보면 IT 강대국들의 엄청난 규모 및 우리와 다른 기업문화, 합리적이고 생산성 높은 근무환경에 혀를 내두르게 됩니다. 무엇보다 놀라운 것은 그들의 세계 장악 능력이지요. 특정기업에서 새로운 프로그램이 나오고 전 세계 사용자들의 PC에 설치되는데 까지는 그리 오랜 시간이 걸리지 않습니다. 문서작성용 프로그램은 인터넷 브라우저 다음으로 사용빈도가 높고 가장 광범위하게 사용되는 프로그램이기에 확산과 시장 잠식 속도가 훨씬 더 빠릅니다. 게다가 글로벌 대기업들은 끊임없는 버전업으로 계속해서 한국 시장을 공략하고 있습니다. 이런 정세 속에서도 한글과컴퓨터의 한글 2007은 편리한 사용법으로 여전히 한국인들의 사랑을 받고 있으며 이런 사실은 실로 고무적일 수밖에 없습니다. 앞으로도 한글 2007이 꾸준히 사랑 받기를 바라는 마음에서, 초보자분들도 쉽게 주요 기능들을 익히실 수 있도록 다음과 같이 구성하였습니다.

첫째, 단계별 구성을 통해 가장 먼저 알아둬야 할 내용 위주로 설명하였습니다.
당장 만들어야 하는 문서가 있다면 앞쪽의 몇 단원만 공부해도 쉽게 원하는 문서를 만들 수 있도록 하였습니다. 고급 기능을 사용하거나 그림, 표와 같은 개체들을 문서에 포함시켜야 한다면 해당 내용을 다루고 있는 Part를 공부하시면 됩니다.

둘째, 철저한 따라하기 방식으로 구성했습니다.
각 기능에 대한 설명이나 사용법을 순서대로 나열하는 것만으로는 해당 기능의 효과에 대해 쉽게 이해할 수 없기 때문에, 시간이 더디고 화면을 많이 사용하더라도 각 기능들을 따라하기 형태로 구성했습니다. 각 내용들을 따라하다 보면 어느새 원하는 기능들을 자유롭게 활용하고 있는 자신을 발견하게 될 것입니다.

셋째, 단축키를 지원하는 기능들은 단축키를 함께 소개했습니다.
단축키는 원하는 기능을 실행시키는 가장 빠른 방법입니다. 특히 키보드를 많이 사용하는 문서작성용 프로그램의 경우 키보드에서 손을 떼어 마우스로 원하는 메뉴를 실행시키고 다시 키보드로 손을 가져오는 것은 비효율적입니다. 각 기능에 대한 단축키를 잘 익혀두는 것이야말로 고수로 가는 첫걸음이라 하겠습니다.

이 책이 순식간에 당신을 문서 작성의 달인으로 만들어 줄 수는 없지만, 규칙적이고 지속적으로 시간을 투자한다면 여러분의 문서 작성 능력은 업그레이드될 것입니다. 끝으로 여러분들과 만날 기회를 제공한 크라운출판사 이상원 회장님과 출간되기까지 많은 도움을 주신 크라운출판사 기획편집부 임직원 여러분에게 감사의 인사를 드립니다.

정희용 드림

Contents 차례_

Part 01
한글 2007 기초 익히기

Chapter 01 화면 익히기 ·································· 12
- 한글 2007 전체 화면 살펴보기 ·························· 12

Chapter 02 메뉴 사용하기 ·································· 15
- 메뉴의 구성 ··· 15
- 메뉴의 종류별 사용법 ································ 18

Chapter 03 도구 상자 사용하기 ························· 20
- 도구 아이콘의 종류별 사용법 ························· 20
- 필요한 도구 상자 표시하기 ··························· 22
- 도구 상자의 위치 조절하기 ··························· 23

Chapter 04 도움말 사용하기 ···························· 24
- 메뉴별 도움말 사용하기 ····························· 24
- 찾아보기로 도움말 찾기 ····························· 26
- 대화상자의 도움말 사용하기 ························· 27

Part 02
모든 문서의 기본, 내용 입력

Chapter 01 글자 입력하기 ······························ 30
- 한글과 영어 입력하기 ································ 30
- 입력한 내용 수정하기 ································ 32

Chapter 02 한자 입력하기 ······························ 34
- 한 글자씩 변환하기 ·································· 34
- 한 단어씩 변환하기 ·································· 36
- 한자와 한자 음 함께 표시하기 ······················· 37
- 부수 입력하기 ······································· 38
- 전체 획수로 한자 입력하기 ··························· 40
- 음과 뜻으로 한자 입력하기 ··························· 41
- 한자 단어 등록하기 ·································· 42

Chapter 03 기호 입력하기 ······························ 44
- 기호 입력하기 ······································· 44
- 사용자 등록 문자표 만들기 ··························· 46

Part 03
파일 내 맘대로 다루기

Chapter 01 새 문서 만들기 ······························ 50
- 단축키로 새 문서 만들기 ····························· 50
- 파일 메뉴로 새 문서 만들기 ·························· 51
- 도구 아이콘으로 새 문서 만들기 ····················· 52
- 새 탭 만들기 ··· 53

Chapter 02 파일 저장하기 ······························ 54
- 처음 저장하기 ······································· 54
- 저장한 파일 다시 저장하기 ··························· 56
- 다른 이름으로 저장하기 ····························· 57

Chapter 03 파일 불러오기 ······························ 58
- 파일 불러오기 ······································· 58
- 최근 파일 불러오기 ·································· 59
- 복사본으로 불러오기 ································ 60
- 문서마당 이용하기 ·································· 62

Chapter 04 파일 다루기 옵션 ··························· 64
- 문서 요약 내용 입력하기 ····························· 64

- 문서 요약 내용 확인하기 ·· 66
- 문서에 암호 설정하기 ·· 67
- 암호 걸린 문서 사용하기 ·· 69
- 자동 저장 옵션 설정하기 ·· 71
- 최근 문서 목록의 개수 설정하기 ································ 73
- 불러오기 대화상자에서 최근 문서 찾기 ·························· 74

Part 04 내용 고치기는 이렇게

Chapter 01 입력한 내용 고치기 ·· 78
- 앞(왼쪽) 글자 지우기 ·· 78
- 뒤(오른쪽) 글자 지우기 ·· 79
- 새로운 내용으로 바꾸기 ·· 80
- 되돌리기 ·· 81
- 다시 실행하기 ·· 82
- 영어 대문자 설정하기 ·· 83

Chapter 02 블록 사용하기 ·· 84
- 마우스 클릭으로 선택하기 ·· 84
- 행 단위로 선택하기 ·· 85
- Shift로 선택하기 ·· 86
- F3으로 블록 지정하기 ·· 88
- F4로 블록 지정하기 ·· 89

Chapter 03 이동하기와 복사하기 ·· 90
- 마우스 드래그로 이동하기 ·· 90
- 메뉴와 단축키로 이동하기 ·· 91
- 마우스 드래그로 복사하기 ·· 92
- 메뉴와 단축키로 복사하기 ·· 93

Chapter 04 찾기와 바꾸기 ·· 94
- 찾기 ·· 94
- 찾아 바꾸기 ··· 96

Chapter 05 글자 모양 고치기 ·· 98
- 글꼴 모양 지정하기 ·· 98
- 글꼴 크기 지정하기 ··· 100
- 글자 속성 지정하기 ··· 102
- 글자 색 지정하기 ··· 104
- 글자 테두리 사용하기 ··· 106
- 형광펜 칠하기 ·· 107

Chapter 06 맞춤 형식 지정하기 ··· 108
- 도구 아이콘 사용하기 ··· 108
- 대화상자로 맞춤형식 지정하기 ··································· 110

Part 05 그림과 도형 사용하기

Chapter 01 도형 그리기 ··· 114
- 그리기 도구 상자 표시하기 ······································ 114
- 그리기 도구 상자 조절하기 ······································ 115
- 직선 그리기 ·· 116
- 15도 단위로 직선 그리기 ·· 117
- 직사각형 그리기 ·· 118
- 정사각형 그리기 ·· 119
- 원과 호 그리기 ··· 120
- 다각형 그리기 ·· 121
- 곡선 그리기 ·· 123
- 자유선 그리기 ·· 124

Contents 차례_

- 개체 연결선 그리기 ··· 125
- 글상자 만들기 ··· 127

Chapter 02 그리기마당 사용하기 ··· 128
- 그리기 조각 사용하기 ·· 128
- 클립아트 삽입하기 ··· 130
- 최근 이용한 그리기마당 사용하기 ·· 132
- 그리기마당 개체 검색하기 ··· 133

Chapter 03 그림 넣고 꾸미기 ·· 134
- 그림 삽입하기 ··· 134
- 그림 잘라내기 ··· 136
- 그림 넣기 대화상자 살펴보기 ··· 137
- 포토샵 없이 뽀샵질 하기 ·· 138
- 효과 제거하기 ··· 140
- 그림 위치 설정하기 ··· 141
- 그림 회전시키기 ··· 143

Chapter 04 글맵시 사용하기 ··· 144
- 글맵시 삽입하기 ··· 144
- 글맵시 개체 설정하기 ··· 146

Part 06 표와 차트 만들기

Chapter 01 표 그리기 ··· 150
- 메뉴를 이용해서 표 그리기 ··· 150
- 도구 아이콘으로 표 그리기 ·· 152
- 선을 이용해서 표 그리기 ·· 153
- 짧은 선 그리기 ·· 156
- 표의 선 지우기 ·· 157
- 대각선 그리기 ··· 158
- 선 모양 지정하기 ·· 159
- 셀 배경 색 칠하기 ·· 161

Chapter 02 셀 이동하기 ··· 162
- 마우스 클릭으로 이동하기 ··· 162
- 방향키로 이동하기 ··· 163

Chapter 03 셀 범위 지정하기 ··· 164
- 마우스 드래그로 선택하기 ··· 164
- 방향키로 블록 지정하기 ··· 165
- Shift로 블록 지정하기 ·· 166
- Ctrl을 이용해서 블록 지정하기 ··· 167

Chapter 04 셀 크기 변경하기 ·· 168
- 마우스 드래그로 크기 조절하기 ··· 168
- 키보드로 크기 조절하기 ··· 171

Chapter 05 표와 셀의 속성 지정하기 ·· 174
- 표/셀 속성 대화상자 사용하기 ·· 174
- 셀/테두리 배경 대화상자 사용하기 ·· 176

Chapter 06 줄/칸 추가하기와 지우기 ·· 178
- 줄/칸 지우기 ·· 178
- 줄/칸 삽입하기 ·· 180

Chapter 07 줄/칸 나누기와 합치기 · 182
- 줄/칸 합치기 · 182
- 줄/칸 나누기 · 183

Chapter 08 표 마당 사용하기 · 184
- 표 마당 그리기 · 184

Chapter 09 차트 만들기 · 186
- 차트 삽입하기 · 186
- 차트 데이터 입력하기 · 187
- 차트 이동하기와 크기 조절 · 189

Chapter 10 차트 꾸미기 · 190
- 차트 제목 입력하기 · 190
- 차트 제목 꾸미기 · 192
- 축 제목 지정하기 · 194
- 차트 종류 바꾸기 · 196

Part 07 고급 편집기능 사용하기

Chapter 01 편집용지 설정하기 · 200
- 좌우 여백 설정하기 · 200
- 상하 여백과 머리말/꼬리말 설정하기 · 202
- 제본 영역 설정하기 · 204
- 용지 종류 설정하기 · 206
- 마우스 드래그로 여백 설정하기 · 207

Chapter 02 테두리와 배경 설정하기 · 208
- 테두리 표시하기 · 208
- 대칭이 되는 테두리 선 적용하기 · 210
- 테두리 기준 설정하기 · 212
- 그러데이션으로 배경색 칠하기 · 214
- 그림으로 배경 지정하기 · 216
- 홀수와 짝수 페이지에 다른 배경 지정하기 · 218

Chapter 03 머리말과 꼬리말 · 220
- 기본 설정으로 지정하기 · 220
- 머리말/꼬리말 직접 입력하기 · 222
- 머리말/꼬리말에 코드 넣기 · 224
- 머리말/꼬리말 편집하기 · 226
- 쪽 번호 매기기 · 227

Part 08 문서가 100개라도 인쇄해야 보배

Chapter 01 인쇄 미리 보기 · 230
- 인쇄 미리 보기 따라하기 · 230

Chapter 02 인쇄하기 · 233
- 빠른 인쇄하기 · 233
- PDF나 그림 파일로 인쇄하기 · 234
- 필요한 내용만 인쇄하기 · 235
- 한 장에 두 페이지 씩 인쇄하기 · 237
- 그 밖의 인쇄 방식 사용하기 · 238

Chapter 03 인쇄 확장 탭 사용하기 · 239
- 인쇄 확장 탭 따라하기 · 239

Chapter 04 워터마크 인쇄하기 · 241
- 글자로 워터마크 설정하기 · 241
- 그림 파일로 워터마크 설정하기 · 243

Chapter 01 화면 익히기
◆ 한글 2007 전체 화면 살펴보기

Chapter 02 메뉴 사용하기
◆ 메뉴의 구성
◆ 메뉴의 종류별 사용법

Chapter 03 도구 상자 사용하기
◆ 도구 아이콘의 종류별 사용법
◆ 필요한 도구 상자 표시하기
◆ 도구 상자의 위치 조절하기

Chapter 04 도움말 사용하기
◆ 메뉴별 도움말 사용하기
◆ 찾아보기로 도움말 찾기
◆ 대화상자의 도움말 사용하기

한글2007 한글2007 한글2007 한글2007 한글2007 한글2007 한글2007 한글2007

PART 01

한글 2007 기초 익히기

▶▶▶ 한글 2007은 사용하기 쉽게 만들어진 프로그램입니다. Part 01에서는 그런 한글 2007을 보다 효과적으로 학습하고 사용하기 위해 필요한 기초 지식들을 알아보겠습니다. 어느 정도 컴퓨터를 사용해 본 사람이라면 Part 02부터 학습 하셔도 됩니다.

CHAPTER

01 화면 익히기

한글 2007을 실행시켜 보면 다른 그 어떤 프로그램보다 흰색 부분이 많다는 걸 알 수 있습니다. 문서 작성용 프로그램이니 당연한 일이겠지만, 우리는 이제부터 이 흰색 부분을 채워나가는 다양한 방법들에 대해 알아볼 것입니다. 여기에서는 한글 2007을 실행시키면 나타나는 각 부분의 이름과 용도에 대해 먼저 알아보고 넘어가겠습니다.

한글 2007 전체 화면 살펴보기

한글 2007을 실행했을 때 나타나는 전체 화면의 모습과 각각의 명칭과 기능에 대해 간단히 살펴보겠습니다.

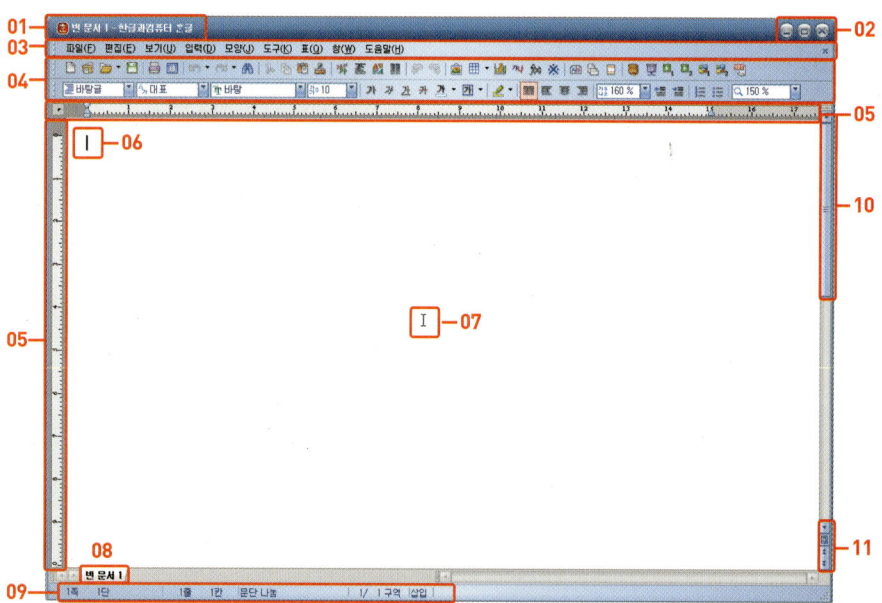

01 제목표시줄

현재 사용하고 있는 파일의 제목과 파일이 저장되어 있는 경로가 표시되는 곳입니다. 그 밖에 작업 창을 이동시키거나 크기를 조절할 때에도 사용할 수 있습니다.

02 창 조절 단추

작업창의 크기를 조절하는 단추들입니다.
❶ **[아이콘으로 표시]** 작업창을 숨기고 윈도우 작업 표시줄에 아이콘으로 표시합니다.
❷ **[최대화]** 이 단추를 클릭하면 작업창이 화면에 가득 차게 표시됩니다. 다시 이 자리에 있는 단추를 클릭하면 원래 크기로 돌아옵니다.
❸ **[닫기]** 작업 중인 한글 작업창을 닫습니다.

03 메뉴

한글 2007에서 사용할 수 있는 각종 기능들이 메뉴 형태로 모여있습니다. 메뉴 중에 하나를 클릭하면 다음 단계의 메뉴로 이동할 수 있는 구조로 구성되어 있습니다.

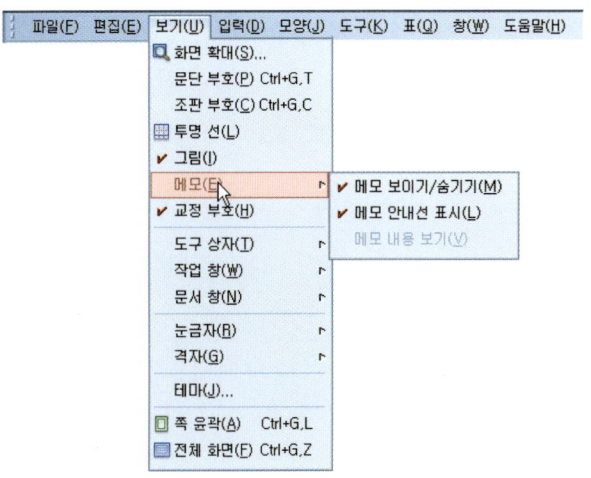

04 도구 상자

자주 사용하는 기능들을 아이콘 형태로 만들어서 모아놓은 묶음입니다. 메뉴가 여러 단계를 거쳐야 하는 반면에 도구 상자를 사용하면 원하는 기능을 바로 실행할 수 있습니다.

05 눈금자

실제로 작성되는 문서 각 부분의 크기를 확인할 수 있도록 표시되는 보조 눈금입니다. 화면 위쪽에 있는 눈금자를 가로 눈금자, 왼쪽이 있는 눈금자를 세로 눈금자라고 부릅니다.

06 커서

글자가 표시되거나 편집될 위치를 표시하는 기능을 담당합니다. 보통 I자 모양으로 깜빡거리지만 때에 따라서는 ■ 모양이 되거나 여러 가지 형태로 바뀝니다.

07 마우스 포인터

마우스의 움직임에 따라 함께 움직이는 포인터입니다. 이 포인터를 이용해서 커서나 편집할 내용, 그림 그리기, 블록 지정하기 등 다양한 동작을 실행할 수 있습니다. 각 실행 상황에 따라 포인터의 모양이 바뀝니다.

08 탭

한글 2007에서는 하나의 문서 작업창에서 여러 문서를 동시에 편집할 수 있도록 지원하고 있습니다. 탭은 하나의 작업창에서 사용 중인 문서들의 색인 탭입니다. 각 탭을 클릭해서 활성화 시키고 원하는 문서를 쉽게 편집할 수 있습니다.

09 상황 표시줄

쪽 번호와 줄 번호, 문단의 형태, 편집 상황 등이 표시되는 부분입니다. 각 내용을 잘 확인하면 현재 어떤 작업을 하고 있고 어느 정도 분량의 내용을 입력했는지 한눈에 파악할 수 있습니다.

10 스크롤 바

문서의 내용이 가로나 세로 방향으로 길게 있어 한 화면에 표시되지 않을 때 스크롤 바를 드래그해서 원하는 내용을 표시할 수 있습니다.

11 쪽 윤곽

쪽 윤곽 아이콘을 클릭하면 작업창의 표시 형태나 화면에 표시될 내용을 설정할 수 있는 팝업 화면이 표시됩니다. 이 화면에 표시되는 아이콘들 중 가장 많이 쓰이는 5개 아이콘에 대해 간단히 알아봅시다.

❶ **쪽 윤곽** 편집용지의 쪽 윤곽을 표시하거나 숨깁니다.
❷ **문단 부호 보기** 편집 문서의 문단 부호를 표시하거나 숨깁니다.
❸ **조판 부호 보기** 편집 문서의 조판 부호를 표시하거나 숨깁니다.
❹ **투명선** 그리기 등의 기능을 이용해 투명선으로 그린 선 들을 화면에 표시하거나 숨깁니다.
❺ **격자 설정** 문서에 점이나 선으로 격자를 표시하거나 숨깁니다.

CHAPTER 02 메뉴 사용하기

한글 2007에서 사용할 수 있는 모든 기능은 메뉴를 이용해서 실행시킬 수 있습니다. 메뉴의 구성과 종류에 따른 사용법에 대해 간단히 알아보겠습니다.

메뉴의 구성

메뉴는 총 9개 그룹으로 구성되어 있습니다. 각 그룹은 그 안에 들어있는 기능들을 쉽게 파악할 수 있도록 메뉴의 이름을 지정해 두었습니다.

01 파일

새로운 문서 파일을 만들거나 열고, 저장, 인쇄하는 등의 기능을 실행할 수 있는 기능들이 묶여 있습니다. 메뉴의 아래쪽에 표시되는 파일 목록은 최근에 사용한 파일들의 목록입니다. 이 중에 하나를 클릭하면 해당 문서를 불러올 수 있습니다.

02 편집

입력된 내용을 옮기거나 복사하고, 지우는 기능과 입력된 내용들 중 원하는 내용을 빨리 찾거나 찾은 내용을 다른 내용으로 변경하는 등의 기능이 포함되어 있습니다.

03 보기

화면의 확대/축소 비율, 화면에 표시될 개체(그림, 교정부호, 문단부호 등)의 종류, 도구 상자 등의 표시 여부를 설정하는 메뉴입니다.

04 입력

특수 문자를 사용할 때 필요한 문자표와 한자 입력, 주석, 날짜, 메모, 외부 프로그램에서 만들어진 개체 등을 삽입할 수 있는 기능들이 모여있습니다.

05 모양

글자와 문단, 편집 용지의 모양을 지정하거나 변경할 수 있는 기능들이 모여있습니다. 초보자들이 바로 쓰기에는 어려운 메뉴입니다.

06 도구

문서에 입력되어 있는 내용의 맞춤법 검사를 하거나 틀린 내용이 입력될 경우 자동으로 수정해주는 등의 기능이 모여 있습니다. [원고지 쓰기] 기능을 선택하면 화면에 원고지를 표시해서 내용을 입력할 수 있습니다.

07 표

표와 차트를 그리고, 수정하고, 모양을 설정하는 등에 필요한 기능이 모여 있습니다.

08 창

여러 개의 창을 한 화면에 동시에 띄워두고 사용해야 할 때 사용할 수 있는 기능들입니다. 일반적으로 많이 사용되지는 않습니다.

09 도움말

한글 2007에서 지원하고 있는 각 기능에 대한 소개와 문제 해결 방법 등을 찾아볼 수 있습니다.

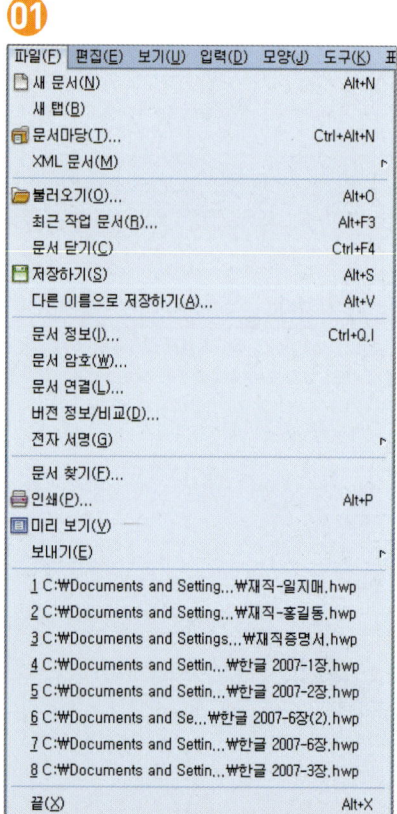
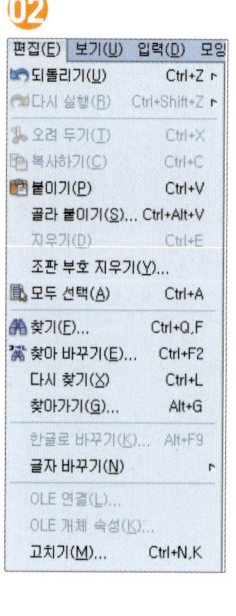
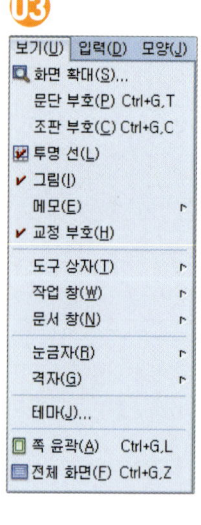
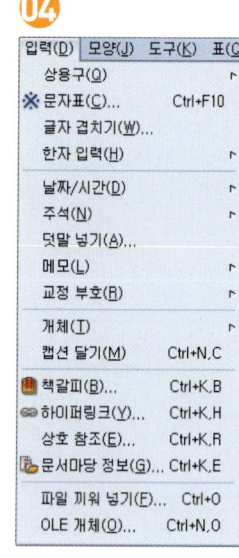

05

모양(J) 도구(K) 표(Q) 창(W)
- 글자 모양(L)... Alt+L
- 문단 모양(M)... Alt+T
- 문단 번호(N)
- 문단 첫 글자 장식(D)...
- 모양 복사(O)... Alt+C
- 스타일(S)... F6
- 스타일마당(Y)...
- 편집 용지(A)... F7
- 다단(U)...
- 세로쓰기(C)...
- 개요 번호(T)
- 머리말/꼬리말(H)... Ctrl+N,H
- 쪽 테두리/배경(B)...
- 바탕쪽(P)...
- 쪽 번호 매기기(G)... Ctrl+N,P
- 새 번호로 시작(W)...
- 감추기(I)... Ctrl+N,S
- 구역(E)... Ctrl+N,G
- 나누기(R)
- 개체 속성(P)...

06

도구(K) 표(Q) 창(W)
- 맞춤법(S)... F8
- 빠른 교정(O)
- 글자판(K)
- 사전 모음(D)
- 입력 도우미(N)
- 매크로(A)
- 차례/찾아보기(I)
- 메일 머지(M)
- 라벨(L)
- 원고지 쓰기(W)...
- 프레젠테이션(P)
- 블록 계산(B)
- 정렬(O)...
- 사용자 설정(T)...
- 환경 설정(U)...

07

표(Q) 창(W) 도움말(H)
- 표 만들기(T)... Ctrl+N,T
- 차트 만들기(H)
- 문자열을 표로(L)...
- 표를 문자열로(X)...
- 표 나누기(A) Ctrl+N,A
- 표 붙이기(Z) Ctrl+N,Z
- 표 그리기(W)
- 표 지우개(E)
- 표/셀 속성(Q)... P
- 셀 테두리/배경(B)
- 셀 높이를 같게(R) H
- 셀 너비를 같게(C) W
- 셀 나누기(V)... S
- 셀 합치기(J) M
- 줄/칸 추가하기(I)... Alt+Insert
- 줄/칸 지우기(D)... Alt+Delete
- 표마당(G)...
- 자동 채우기(O)
- 표 뒤집기(S)... T
- 블록 계산식(K)
- 쉬운 계산식(Y)
- 계산식(F)... Ctrl+N,F

08

창(W) 도움말(H)
- 가로로 배열(H)
- 세로로 배열(V)
- 겹치게 배열(O)
- 모두 아이콘으로(I) Ctrl+W,M
- 편집 화면 나누기(S)
- 창 목록(L)...
- ✓ 1 C:\Documents and Settin...\한글 2007-1장.hwp
- 2 빈 문서 1
- 3 C:\Documents and Settings...\재직증명서.hwp
- 4 C:\Documents and Settin...\재직-홍길동.hwp
- 5 C:\Documents and Settin...\재직-일지매.hwp

09

도움말(H)
- 내용(C)... F1
- 찾아보기(F)...
- 제품 등록 및 온라인 고객 지원(S)
- 한글과컴퓨터 인터넷 서비스(I)
- 한글과컴퓨터 자동 업데이트(U)
- 한글과컴퓨터 호글 2007 정보(A)...

메뉴의 종류별 사용법

메뉴를 실행시켜 보면 희미하게 표시되는 내용과 선명하게 표시되는 내용으로 구분됩니다. 또, 각 기능의 뒤쪽에 이상한 기호들이 표시되어 있는 것을 확인할 수 있습니다. 메뉴에 표시되는 각 표시들은 어떤 의미를 가지고 있는지 알아보겠습니다.

01 사용 가능 메뉴와 불가능 메뉴

메뉴 이름을 클릭해서 펼쳐보면 진하게 표시되는 기능과 흐릿하게 표시되는 기능이 있습니다. 이 중에 흐릿하게 표시되는 기능은 현재 상태에서는 실행할 수 없는 기능들입니다.

 화면에서 [지우기] 명령은 뭔가 지울 내용을 선택했을 때에만 진하게 표시됩니다.

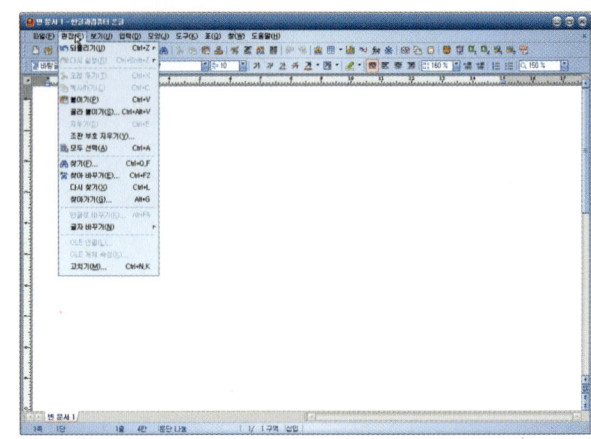

02 도구 아이콘과 단축키가 있는 기능

펼쳐진 메뉴의 기능 왼쪽에 그림이 있다면 메뉴를 선택하는 대신 도구 상자에 있는 해당 모양의 아이콘을 클릭해도 동일한 기능이 실행된다는 뜻입니다. 명령의 오른쪽에 영어가 써 있다면 키보드의 해당키를 눌렀을 때 동일한 기능이 실행된다는 뜻입니다.

 [파일]-[새 문서] 메뉴를 선택하는 대신 키보드의 Alt 와 N 을 동시에 눌러서 [새 문서] 기능을 실행할 수 있습니다.

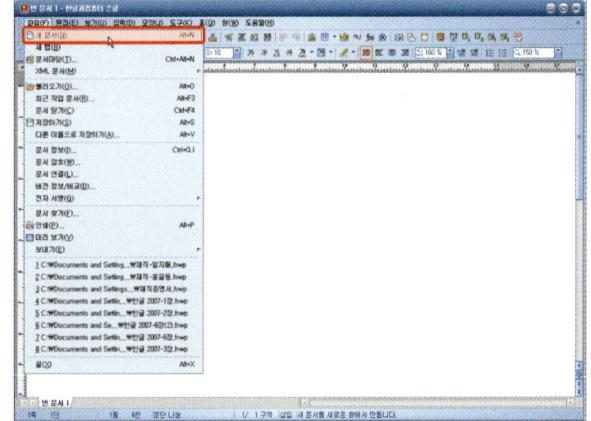

03 하위 메뉴가 있는 기능

메뉴에 표시되는 기능 중 기능 이름 오른쪽에 삼각형 모양의 표시가 있다면 하위 메뉴가 있다는 뜻입니다.

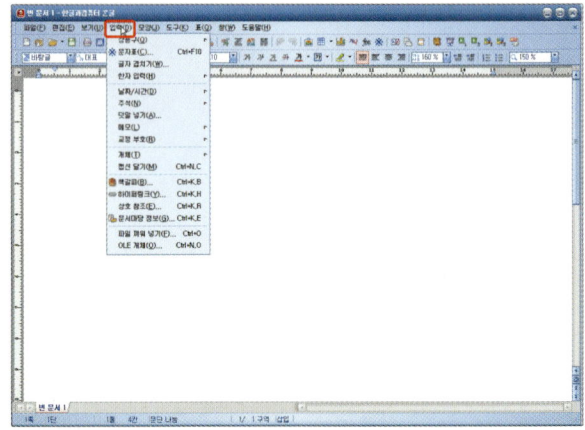

04 [입력]-[날짜/시간] 메뉴를 선택하면 하위 메뉴로 날짜/시간 입력과 관련된 기능들이 표시되는 것을 확인할 수 있습니다.

05 화면에 표시된 하위 메뉴 중에서 [날짜/시간 문자열]을 선택합니다. [입력]-[날짜/시간]-[날짜/시간 문자열] 메뉴를 선택하는 대신 Ctrl+K를 누른 후에 바로 Ctrl+D를 눌러도 같은 기능이 실행됩니다.

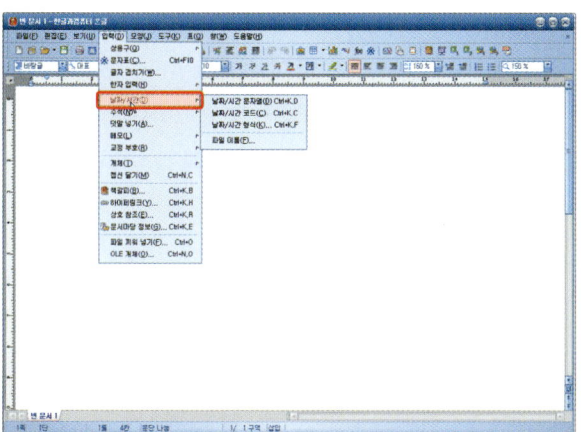
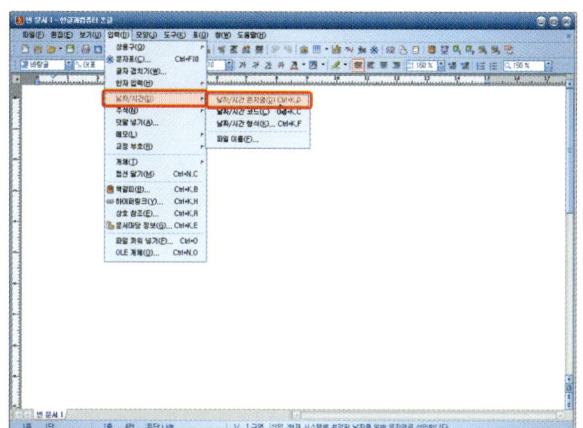

06 오늘의 날짜가 자동으로 문서에 입력되는 것을 확인할 수 있습니다.

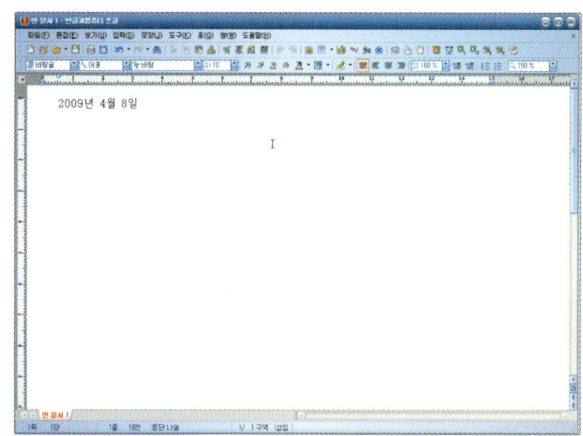

07 대화상자가 있는 기능

메뉴에 표시되는 기능 이름 옆에 ...표시가 있다면 이 기능을 실행시켰을 때 대화상자가 표시된다는 뜻입니다. [입력]-[문자표] 메뉴를 선택하면, 문자표를 입력할 수 있는 대화상자가 표시되는 것을 확인할 수 있습니다.

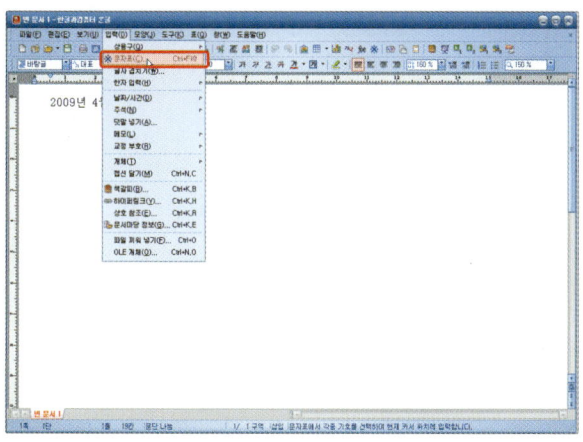
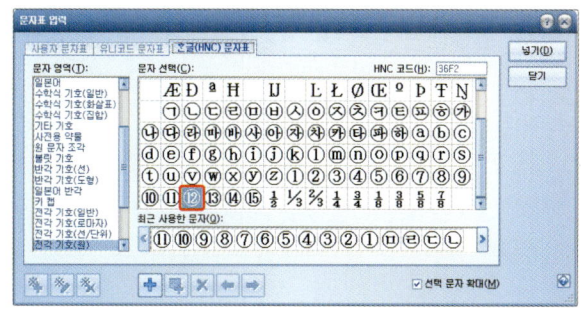

CHAPTER 03 도구 상자 사용하기

메뉴를 이용하면 원하는 모든 메뉴를 찾아서 사용할 수 있다는 장점이 있는 반면에 하나의 기능을 실행시키기 위해 여러 단계의 메뉴를 순서대로 실행시켜야 한다는 단점도 있습니다. 이번에는 도구 상자를 이용해서 원하는 기능을 실행하는 방법에 대해 알아보겠습니다.

도구 아이콘의 종류별 사용법

도구 상자에 모여 있는 도구 아이콘들도 메뉴처럼 모양이 조금씩 다릅니다. 아이콘 종류별 사용법에 대해 간단히 알아봅니다.

01 그림처럼 하나의 정사각형 모양으로 되어 있는 아이콘은 클릭하는 것만으로 원하는 기능을 실행시킬 수 있습니다. 도구 아이콘 위에 마우스 포인터를 위치시켰을 때 표시되는 내용은 해당 기능의 이름과 단축키입니다.

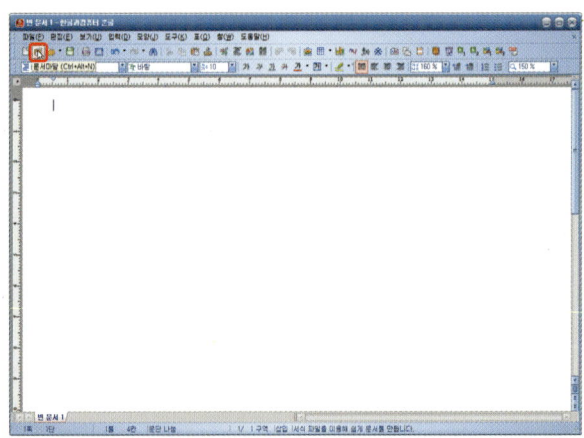

02 목록이 있는 아이콘
그림처럼 아이콘의 옆쪽에 화살표 버튼이 달려 있는 경우는 목록이 있는 아이콘(기능)이란 뜻입니다.

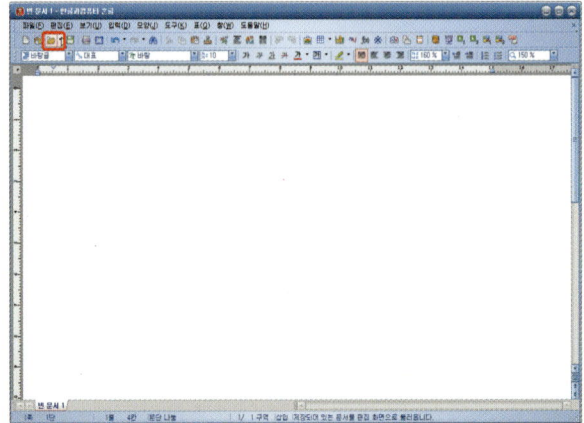

03 화살표 버튼을 클릭하면 그림처럼 리스트가 표시되는데 여기에서 원하는 항목을 선택해서 실행시킬 수 있습니다.

04 색상 등을 지정하는 아이콘의 경우 대부분 그림과 같은 모양의 팔레트가 표시됩니다. 색상 팔레트에서 원하는 색상을 선택하면 선택한 개체에 해당 색상이 칠해집니다.

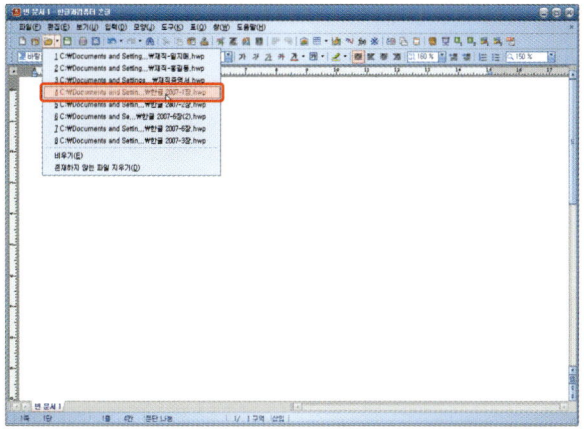
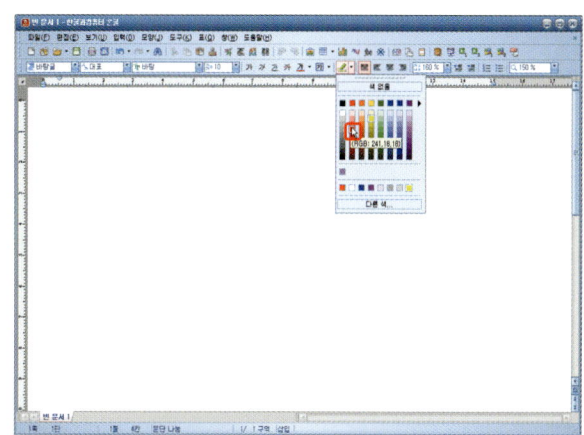

05 **목록과 입력상자가 있는 아이콘**

그림 대신 글씨가 써있고 목록 버튼이 달려있는 아이콘은 목록과 입력상자를 동시에 가지고 있는 아이콘입니다. 이런 아이콘은 그림과 같이 목록을 이용해서 원하는 내용을 선택해서 입력할 수 있습니다.

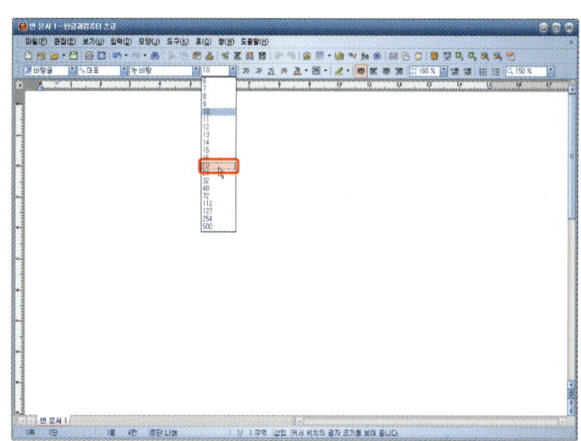

06 또, 목록을 사용하지 않고 입력상자에 직접 지정하고 싶은 값이나 이름 등을 입력해도 됩니다.

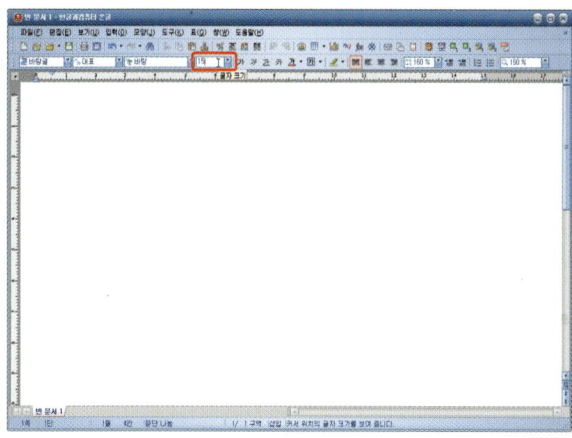

필요한 도구 상자 표시하기

한글 2007을 실행시키면 기본적으로 [기본] 도구 상자와 [서식] 도구 상자만 표시되어 있지만, 설정을 통해 원하는 도구 상자를 화면에 표시하거나 숨길 수 있습니다.

01 그림과 같이 [보기]-[도구 상자] 메뉴를 선택하면 표시되는 목록에서 표시하고 싶은 도구 상자의 이름을 선택합니다.

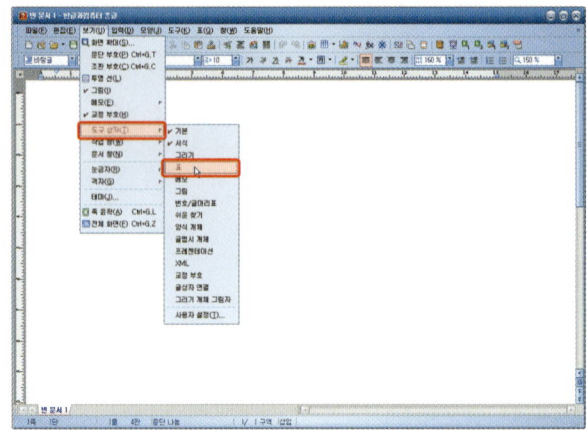

02 선택한 도구 상자가 화면에 표시되는 것을 확인할 수 있습니다.

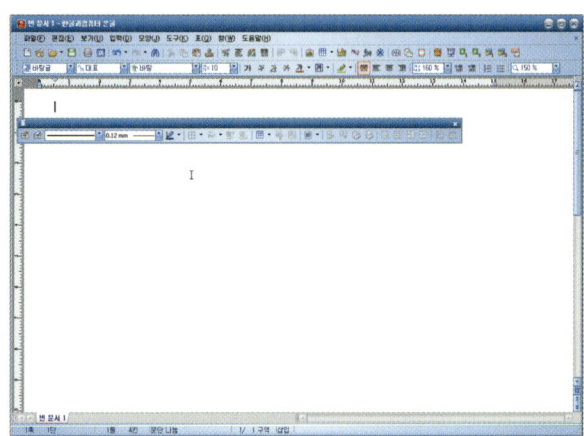

03 같은 방법으로 [보기]-[도구 상자] 메뉴를 선택하면 표시되는 목록에서 화면에 표시되어 있는 도구 상자의 이름을 선택하면 해당 도구 상자를 화면에서 숨길 수 있습니다.

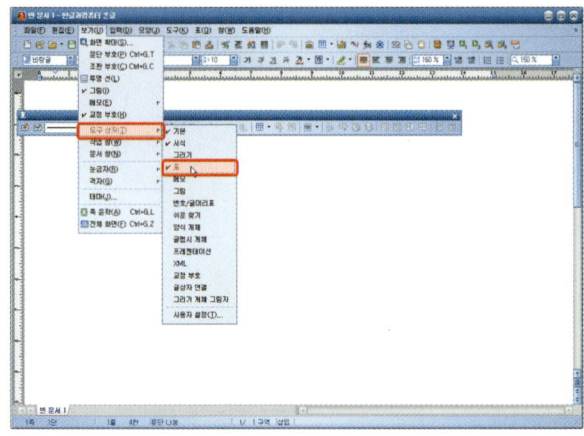

도구 상자의 위치 조절하기

[보기]-[도구 상자] 메뉴를 이용해서 화면에 표시되는 도구 상자들은 [기본]이나 [서식] 도구 상자와 달리 화면 중간에 표시됩니다. 이번에는 이런 도구 상자를 화면에 고정시키거나 다시 분리하는 방법에 대해 알아봅니다.

01 작업화면과 분리되어 있는 도구 상자의 제목 표시줄 부분에 마우스 포인터를 위치시킵니다.

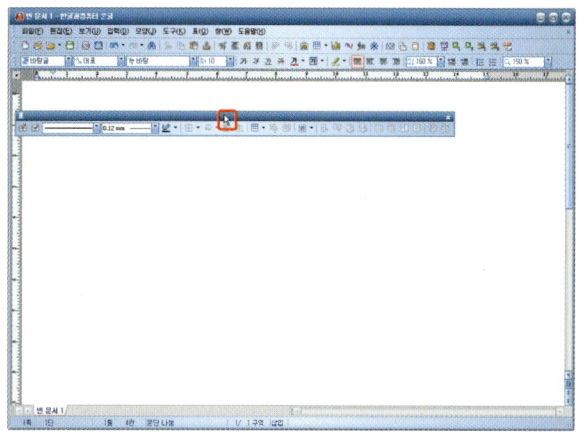

02 마우스를 드래그해서 도구 상자를 작업화면의 위/아래나 좌/우 경계 부분으로 이동시키면 도구 상자가 화면에 고정됩니다.

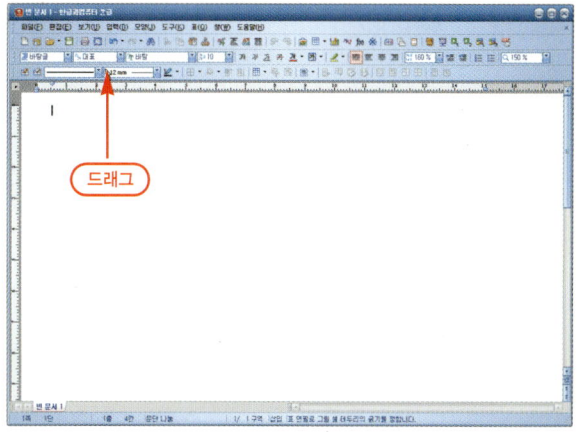

03 화면에 고정된 도구 상자의 왼쪽 끝에 있는 점선 부분을 마우스로 드래그하면 다시 분리해서 화면으로 나타낼 수 있습니다.

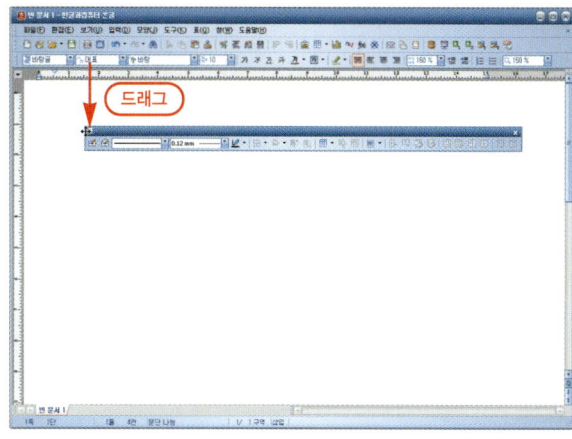

CHAPTER

04 도움말 사용하기

한글 2007은 도움말을 잘 준비해 두었습니다. 그 덕분에 도움말만 잘 활용하면 원하는 기능을 쉽게 찾거나 각 기능에 대한 사용법이나 문제 해결 방법도 손쉽게 확인해 볼 수 있습니다.

메뉴별 도움말 사용하기

[도움말]-[내용] 메뉴를 선택하면 메뉴 별로 모여 있는 도움말 목록을 이용해서 원하는 내용을 쉽게 찾아볼 수 있습니다.

01 메뉴별 도움말을 확인해 보기 위해 [도움말]-[내용] 메뉴를 선택합니다.

 [도움말]-[내용] 메뉴를 선택하는 대신 단축키 F1을 눌러도 됩니다.

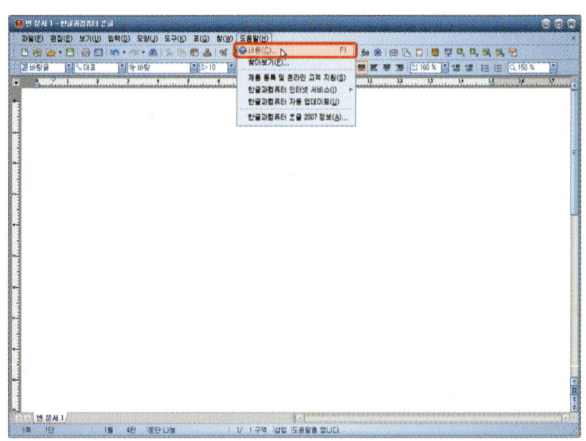

02 한글과컴퓨터 한/글 2007 도움말 화면이 표시되는 것을 확인할 수 있습니다.

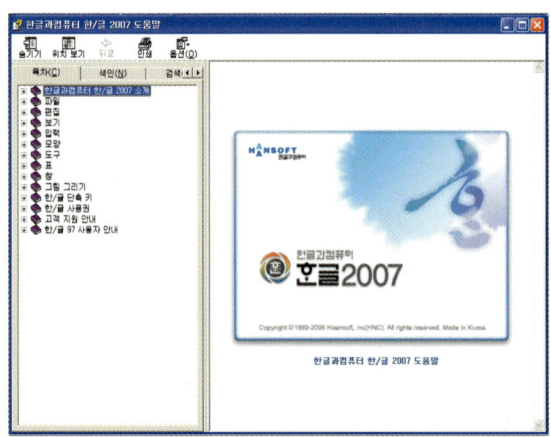

03 도움말 화면의 왼쪽 창에는 메뉴의 순서와 구성에 맞춰져 도움말 리스트가 표시되어 있습니다. 이 목록 중에서 하나를 선택해 보세요.

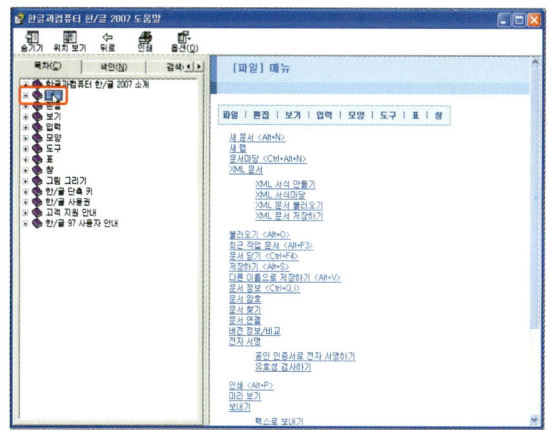

04 선택한 메뉴에 해당하는 기능 목록이 도움말 화면의 오른쪽에 표시되는 것을 확인할 수 있습니다. 여기에 표시되는 기능들 중에 도움말을 확인하고 싶은 기능을 하나 찾아서 클릭합니다.

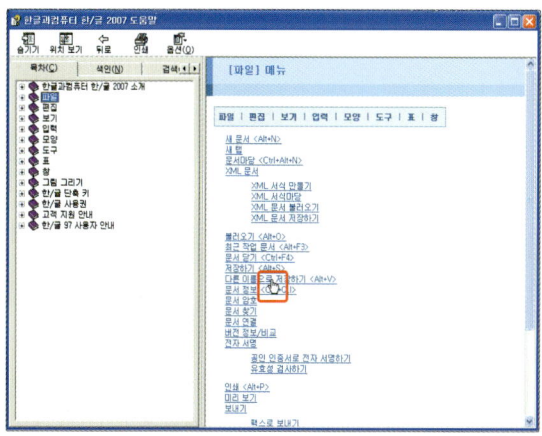

05 선택한 기능에 대한 소개와 사용법이 자세히 표시됩니다.

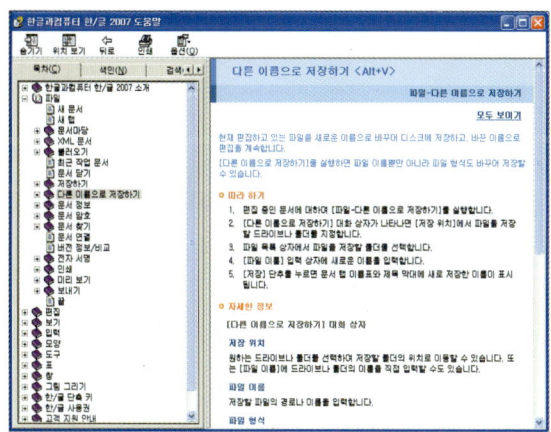

06 다시 이전 단계로 돌아가고 싶다면 도움말 화면의 [뒤로] 버튼을 클릭합니다.

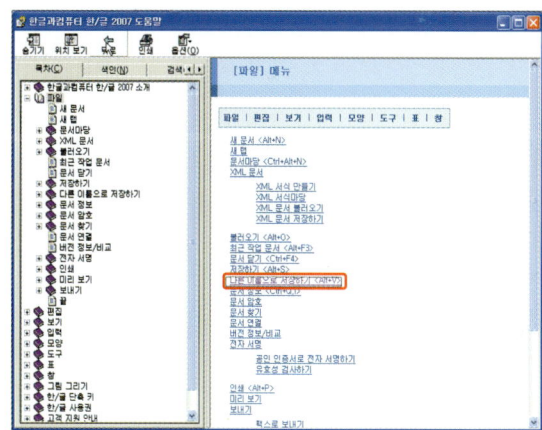

찾아보기로 도움말 찾기

일일이 메뉴 순서에 따라 도움말을 찾기가 번거롭다면 도움말의 찾아보기 기능을 이용하는 것이 좋습니다.

01 찾아보기 기능으로 도움말을 확인해 보기 위해 [도움말]-[찾아보기] 메뉴를 선택합니다.

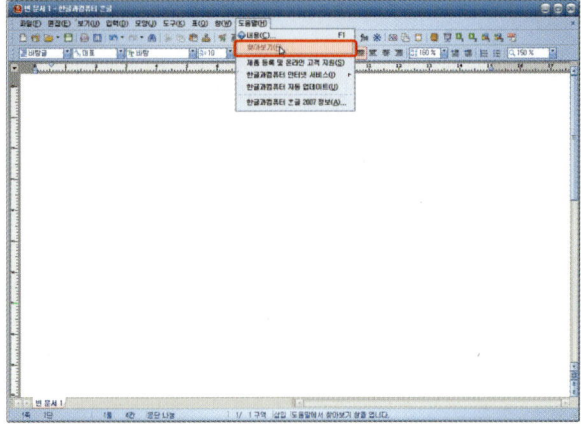

02 도움말 화면이 표시되면 [찾을 키워드 입력] 입력 상자에 찾고 싶은 기능의 이름을 입력합니다. 이때, 입력한 내용을 포함하는 도움말 키워드들이 리스트 형태로 표시됩니다.

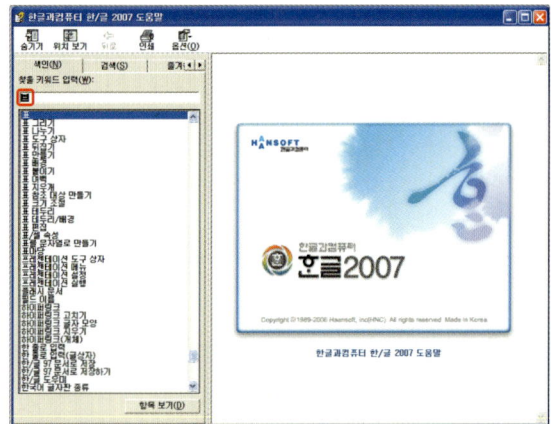

03 화면에 표시되는 기능 리스트 중에 원하는 것을 찾아서 더블클릭하면 화면 오른쪽에 선택한 기능에 대한 도움말이 표시됩니다.

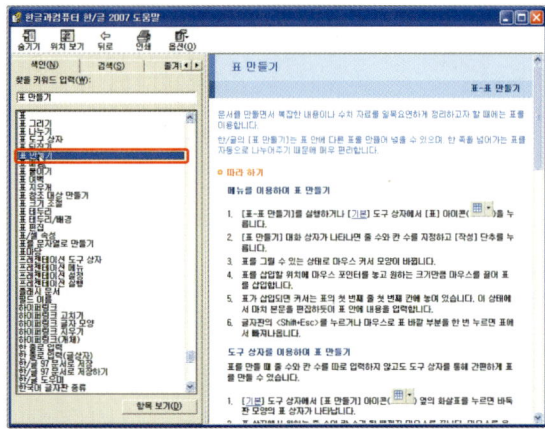

대화상자의 도움말 사용하기

대화상자의 각 항목이 어떤 기능을 하는지 궁금하다면 다음 방법을 이용해서 대화상자의 도움말 기능을 사용하면 편리하게 원하는 내용을 확인해 볼 수 있습니다.

01 대화상자의 도움말 기능을 확인해 보기 위해 먼저 대화상자가 있는 기능을 실행시켜봅니다.

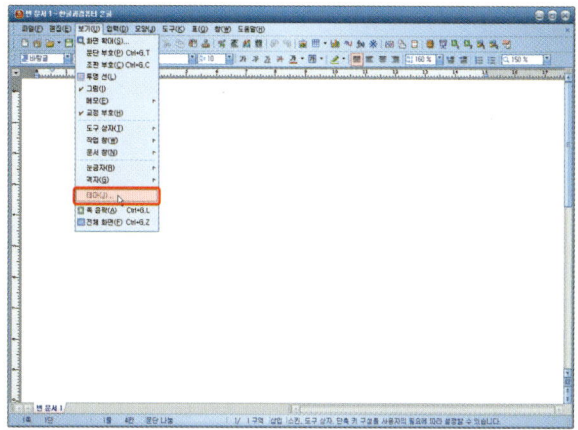

02 대화상자의 오른쪽 위에 있는 물음표 모양 아이콘을 클릭합니다.

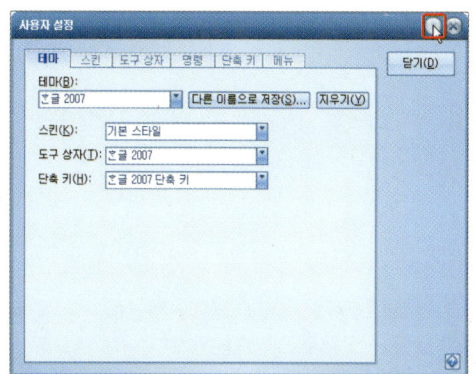

03 화살표 옆에 물음표 모양이 달린 마우스 포인터를 이동시켜서 궁금한 옵션 부분을 클릭하면 풍선 도움말 형태로 해당 기능에 대한 소개 내용이 표시됩니다.

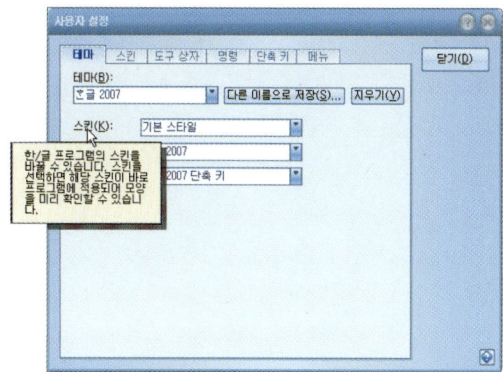

Chapter 01 글자 입력하기
　　　　　　　◆ 한글과 영어 입력하기
　　　　　　　◆ 입력한 내용 수정하기

Chapter 02 한자 입력하기
　　　　　　　◆ 한 글자씩 변환하기
　　　　　　　◆ 한 단어씩 변환하기
　　　　　　　◆ 한자와 한자 음 함께 표시하기
　　　　　　　◆ 부수 입력하기
　　　　　　　◆ 전체 획수로 한자 입력하기
　　　　　　　◆ 음과 뜻으로 한자 입력하기
　　　　　　　◆ 한자 단어 등록하기

Chapter 03 기호 입력하기
　　　　　　　◆ 기호 입력하기
　　　　　　　◆ 사용자 등록 문자표 만들기

PART 02

모든 문서의 기본, 내용 입력

>>> 문서 작성 프로그램을 잘 쓰는 사람들은 한글2007을 이용해서 문서만 만드는 것이 아니라, 복잡한 계산이나 멋진 차트를 만들기도 합니다.
하지만 모든 문서를 만드는 데 있어서 가장 중요한 것은 역시 원하는 내용을 자유자재로 입력하는 데 있습니다. Part 02에서는 한글2007의 다양한 기능들을 이용해서 원하는 대로 내용을 입력하는 방법에 대해 알아봅니다.

CHAPTER

01 글자 입력하기

예전과 달리 요즘엔 키보드 사용법을 대부분 알고 있기 때문에 자세한 설명 없이 따라하기를 통해 내용을 입력하는 방법에 대해 알아보겠습니다.

한글과 영어 입력하기

간단한 따라하기를 통해 한글과 영어를 입력하는 방법에 대해 알아보겠습니다. 따라하기를 통해 입력해 볼 내용은 '한글 2007은 대한민국 Software의 자존심' 입니다.

01 먼저 '한' 자를 입력하기 위해 ㅎ, ㅏ, ㅏ, ㄴ를 순서대로 누릅니다.

02 나머지 글자 키를 순서대로 눌러서 '한글 2007은 대한민국'을 입력한 후에 키보드의 오른쪽 아래에 있는 한/영을 누릅니다.

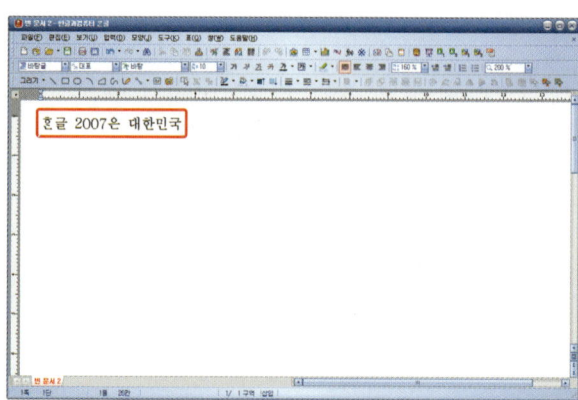

03 영어의 첫 글자를 대문자로 입력하기 위해 Shift 를 누른 상태에서 S 를 누릅니다.

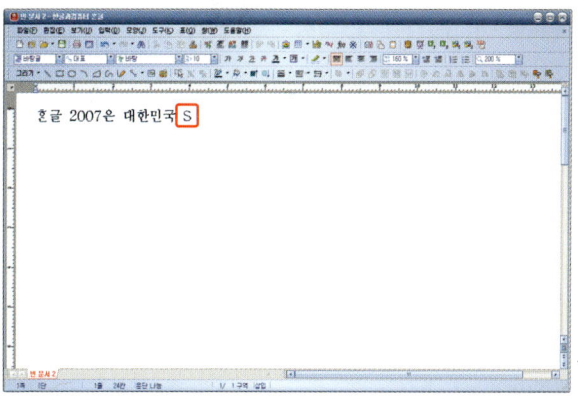

04 Shift 를 누르지 않은 상태에서 'oftware'를 순서대로 입력합니다.

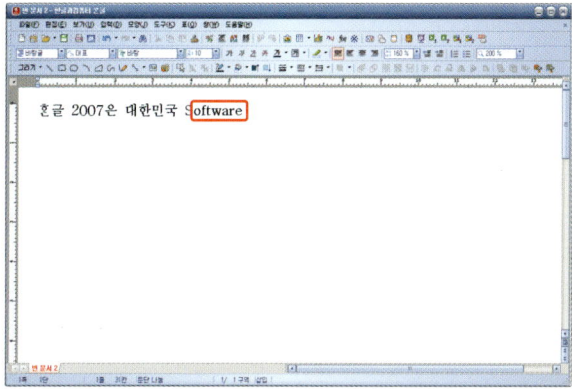

05 다시 한/영 을 눌러서 한글 입력 상태로 전환한 후에 '의 자존심'을 입력합니다.

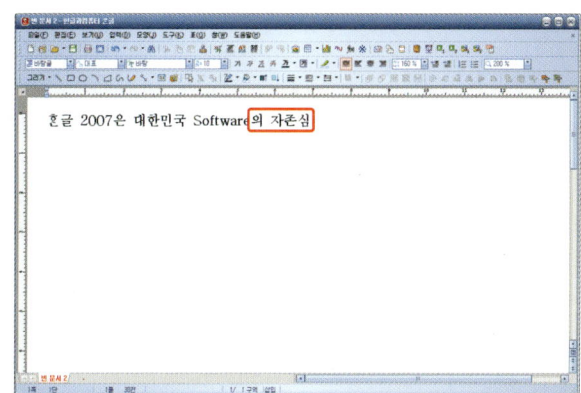

Reference

대문자 자동 입력 키, Caps Lock

영어 입력 상태에서 Shift 를 눌렀는데 대문자가 아니라 소문자로 영어가 입력된다면 Caps Lock 이 눌려있는 탓입니다. Caps Lock 이 눌려 있으면 자동으로 영어 대문자가 입력되고 Shift 를 눌렀을 때에만 소문자가 입력됩니다. 이 상태를 해제하려면 다시 한 번 Caps Lock 을 누르면 됩니다. 보통 키보드에 Caps Lock 의 상태를 표시해 주는 램프가 있으니 Caps Lock 을 여러 번 누릅니다. 이 램프를 보면 Caps Lock 이 눌려 있는지 쉽게 알 수 있습니다.

입력한 내용 수정하기

입력한 내용을 수정하는 방법에는 여러 가지가 있습니다. 여기에서는 그 중에서 가장 간단한 방법인 한 글자씩 잘못 입력된 내용을 지우고 새로운 내용을 채워넣는 방법에 대해 알아봅니다.

01 앞 글자 지우기

앞서 입력한 '한글 2007은 대한민국 Software의 자존심'의 바로 뒤쪽에 커서가 있는 상태에서 다음 따라하기를 실행합니다.

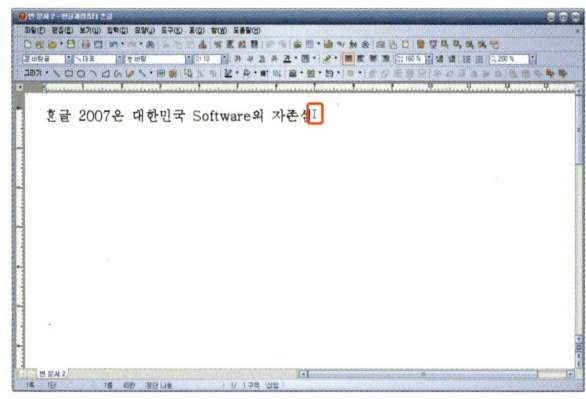

02 `Enter`의 위쪽에 있는 `←` 모양 키 혹은 `Back Space`라고 써 있는 키를 세 번 누릅니다. 이렇게 하면 커서의 앞 쪽에 있던 세 글자 '자존심'이 지워집니다. 여기에 다시 '자랑'을 입력합니다.

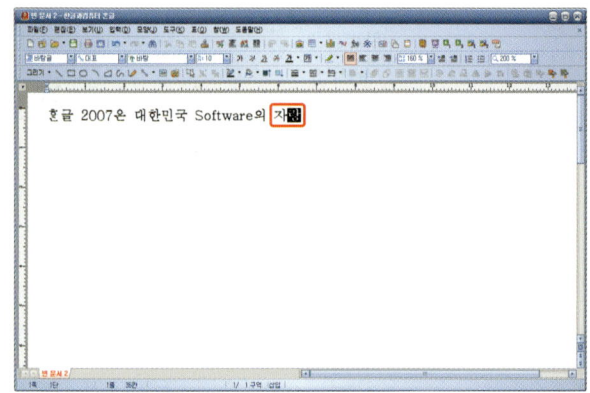

Reference

커서 앞의 글자를 지우는 키, `Back Space`

`←` 모양 키 혹은 `Back Space`라고 써 있는 키를 '백스페이스'라고 부릅니다. 이 키를 누를 때마다 커서의 바로 앞쪽에 있는 글자들이 하나씩 지워집니다.

만약 글자를 입력하고 있는 중이라면 한 글자가 아니라 최근 누른 키가 순서대로 취소됩니다.

예) '흙'을 입력하고 있는 상태에서 `←`키를 누르면 '흘'이 됩니다.

03 뒷 글자 지우기

이번에는 커서 뒤에 있는 글자를 지워보기 위해 커서를 '대' 자의 앞에 위치시켜 봅니다.

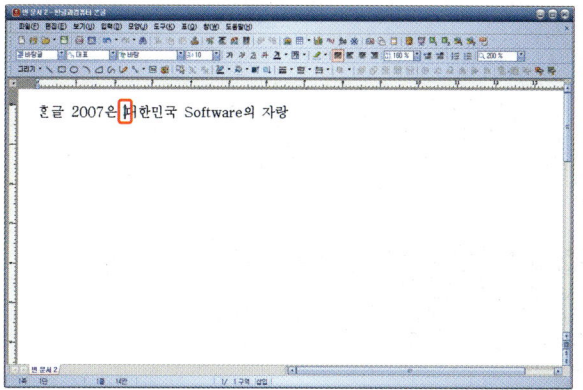

04

Del 이나 Delete 라고 써 있는 키를 한 번 누르면 커서 바로 뒤에 있는 '대' 자가 지워집니다.

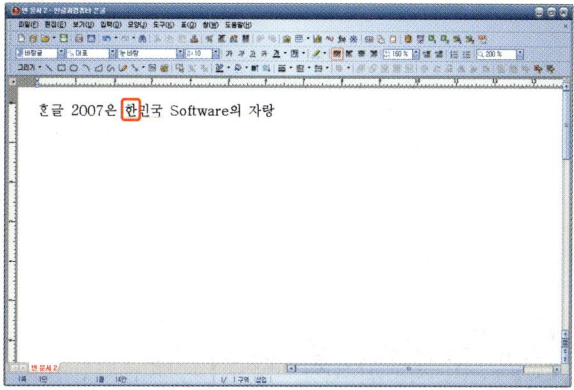

05

같은 방법으로 '민' 자를 지워서 쓰고 싶던 내용을 완성합니다.

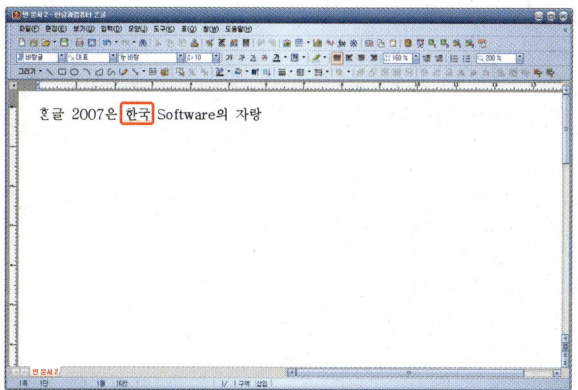

Reference

커서 뒤의 글자를 지우는 키, Delete

Del 이나 Delete 라고 써 있는 키를 '딜리트' 키라고 부릅니다. 이 키를 누르면 커서의 뒤쪽에 있는 글자들이 하나씩 지워집니다. 여러 범위의 글자를 블록으로 지정한 상태에서 딜리트 키를 누르면 블록으로 선택한 내용이 모두 지워집니다.

CHAPTER

02 한자 입력하기

우리말에는 한자어가 많기 때문에 한자를 잘 입력할 줄 아는 것도 좋은 문서를 만드는데 중요한 역할을 합니다. 이번에는 한글 2007의 한자 입력 기능들을 이용하는 방법에 대해 알아봅니다.

한 글자씩 변환하기

한글 2007에서는 여러 가지 방법을 이용해서 한자를 입력할 수 있습니다. 여기에서는 가장 일반적으로 쓰이는 방법인 한자를 한 글자씩 입력하는 방법에 대해 알아봅니다.

01 먼저 그림과 같이 '스테디셀러의 대명사'라고 입력합니다.

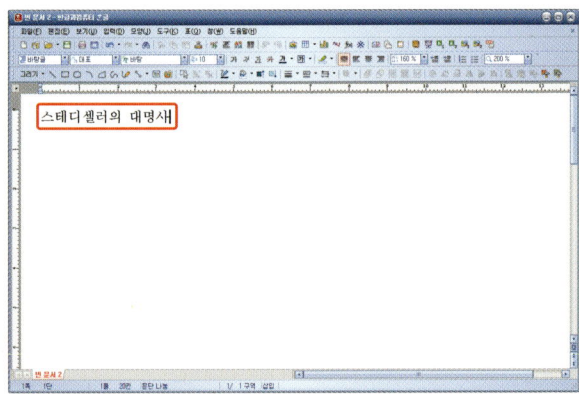

02 한 칸을 뗀 후에 '삼'을 입력하고 를 누르면, 대화상자에 표시되는 음이 '삼'인 한자들 중에 입력해야 할 한자를 선택한 후에 [바꾸기] 버튼을 클릭합니다.

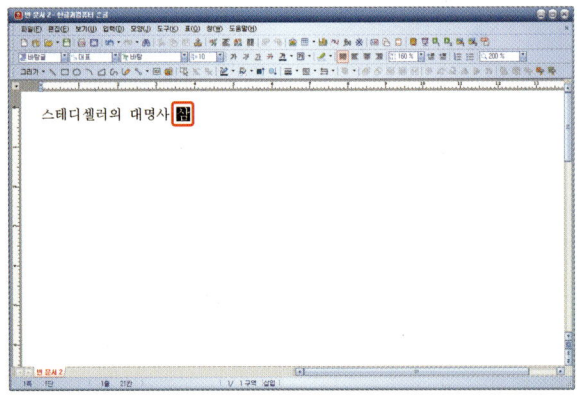 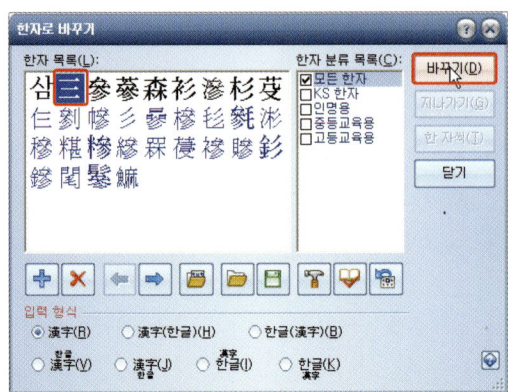

03 앞서 선택한 한자인 '三'이 표시되는 것을 확인할 수 있습니다.

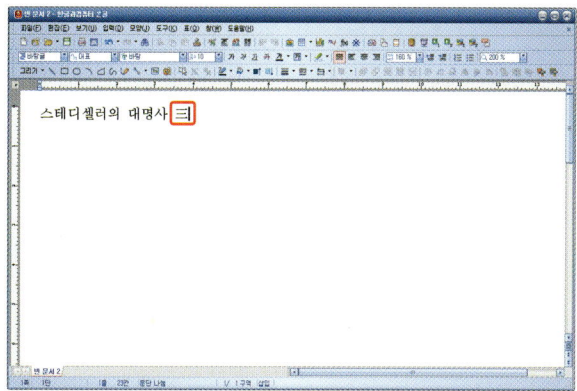

04 같은 방법으로 '三'자의 바로 뒤쪽에 國(나라 국)자를 입력합니다.

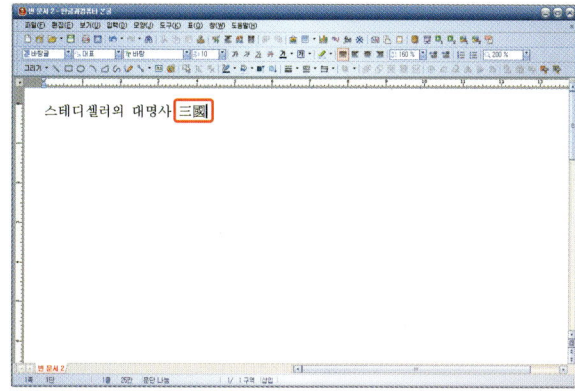

05 마지막으로 志(뜻 지)자를 입력해서 문장을 완성합니다.

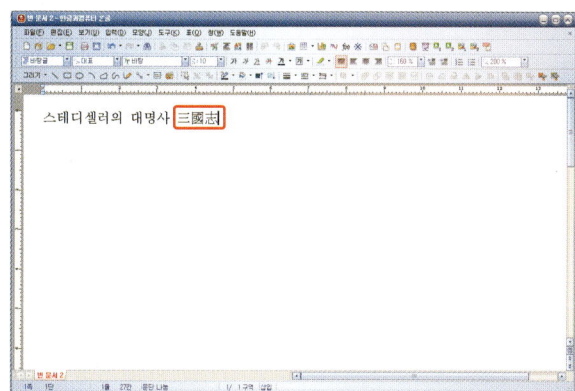

한 단어씩 변환하기

모든 한자에 적용할 수 있는 것은 아니지만 일반적으로 자주 사용하는 한자단어의 경우 일일이 한 글자씩 한자로 변환할 필요 없이 한 단어씩 한자로 변환할 수 있습니다. 한 단어씩 한자로 변환하려면 한자로 변환할 단어를 모두 입력한 후에 커서를 변환할 단어의 바로 뒤쪽에 둔 상태에서 [한자]를 누릅니다.

01 앞서 입력한 문장 중 '대명사'의 바로 뒤쪽에 커서를 위치시킨 후에 [한자]를 누릅니다.

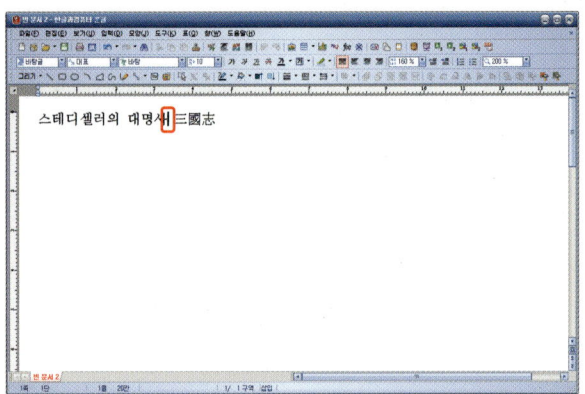

02 화면에 표시되는 대명사란 음을 가진 한자 단어 중 입력할 한자를 선택한 후에 [바꾸기] 버튼을 클릭합니다.

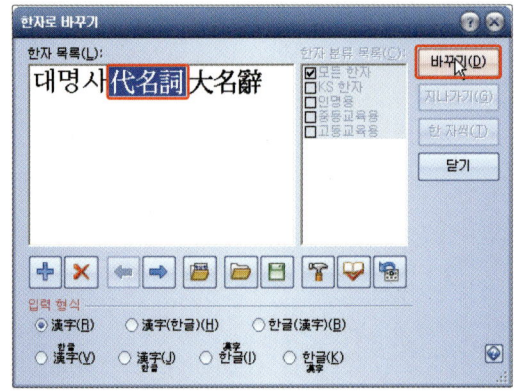

03 대화상자에서 선택한 '代名詞'가 입력되는 것을 확인할 수 있습니다.

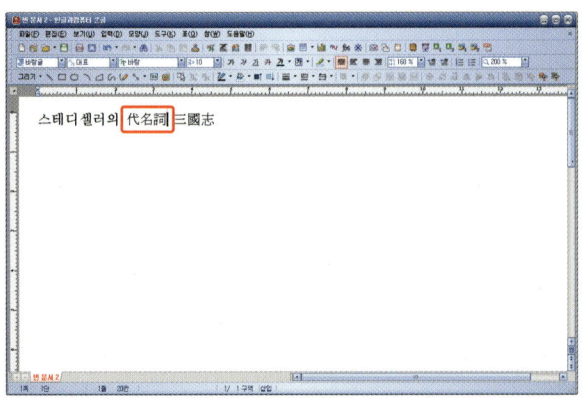

한자와 한자 음 함께 표시하기

만약 한자를 입력할 때 한자와 함께 한자음을 표시해 주고 싶다면 먼저 한자를 입력한 후에 괄호와 함께 한자의 음을 써 주게 마련입니다. 한글 2007의 한자 입력 옵션을 이용하면 한자를 입력하면서 한자음도 함께 입력할 수 있습니다.

01 입력할 한자인 '한자'를 입력한 후에 [한자]를 눌러 봅니다.

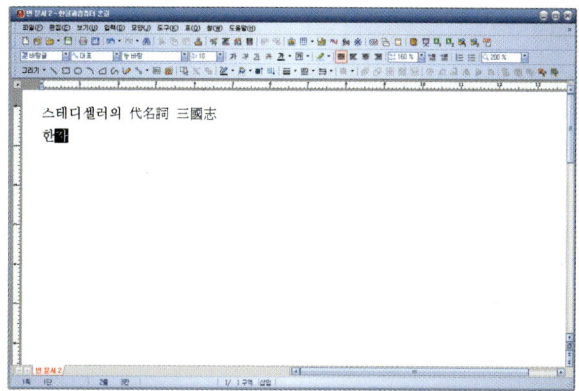

02 대화상자에 표시되는 한자란 음의 한자 단어 중 옳은 것을 선택한 후에 [입력 형식] 목록에서 '漢字(한글)'을 선택하고 [바꾸기] 버튼을 클릭합니다.

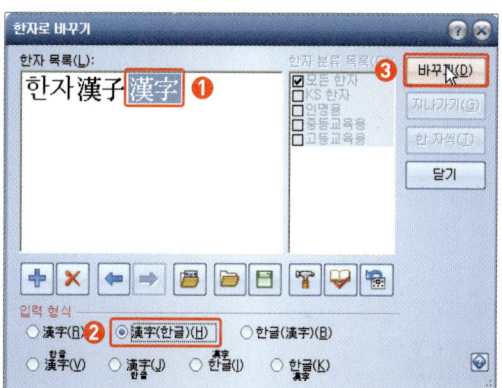

03 한자와 함께 입력된 한자 옆에 괄호와 함께 한자 단어의 음이 표시되는 것을 확인할 수 있습니다.

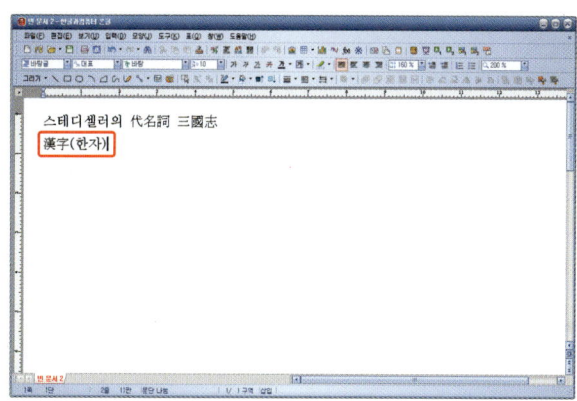

부수 입력하기

한자를 입력하다 보면 온전한 한자가 아니라 물수 변과 같이 한자의 부수를 입력해야 할 때도 있습니다. 이번에는 이런 부수를 직접 입력하는 방법에 대해 알아보겠습니다.

01 [입력]-[한자 입력]-[한자 부수/총획수] 메뉴를 순서대로 선택하거나 Ctrl+F9를 클릭합니다.

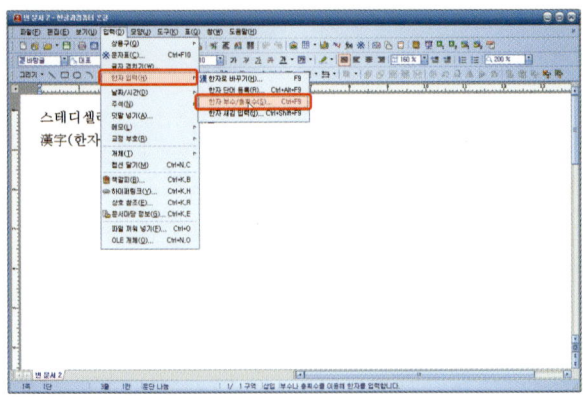

02 [한자 부수/총획수로 입력] 대화상자의 두 개 탭 중에서 [부수로 입력] 탭을 클릭해서 활성화시킵니다.

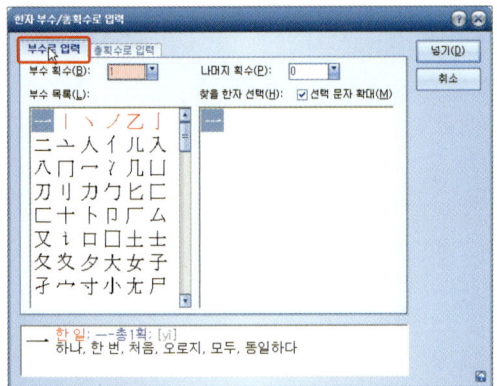

03 [부수 획수] 입력 상자에 입력할 부수의 획수 '3'을 입력합니다.

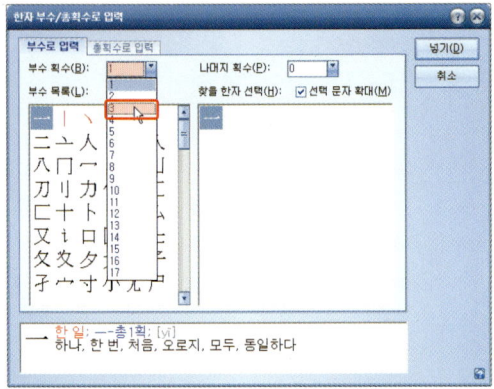

04 이렇게 하면 3획의 부수들이 화면에 표시됩니다. 이 목록들 중에 원하는 모양의 부수를 찾아서 선택한 후에 [넣기] 버튼을 클릭합니다.

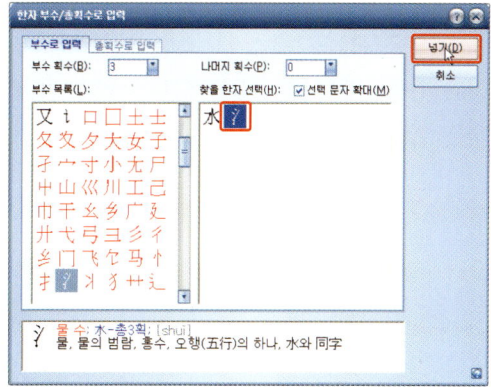

05 선택한 부수가 입력되는 것을 확인할 수 있습니다.

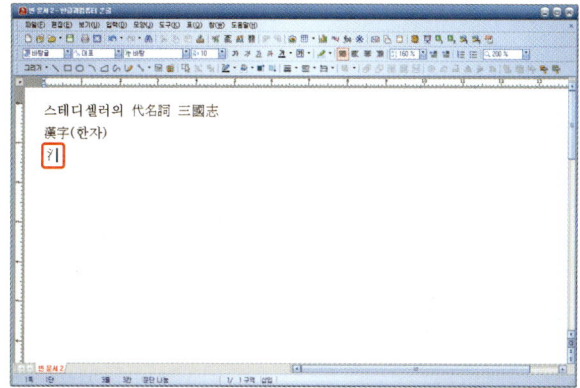

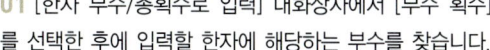

부수를 이용해서 한자 입력하기

부수와 한자의 획수만 알고 있는 상황이라면 다음 방법을 사용하여 부수를 이용해서 한자를 입력할 수 있습니다.

01 [한자 부수/총획수로 입력] 대화상자에서 [부수 획수]를 선택한 후에 입력할 한자에 해당하는 부수를 찾습니다.

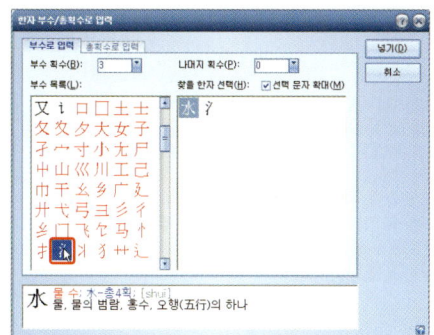

02 다시 대화상자의 [나머지 획수]에 입력할 한자에서 부수를 제외한 획수를 지정하면 앞서 선택한 부수를 사용하면서 지정한 획수를 가진 한자 목록이 표시됩니다.

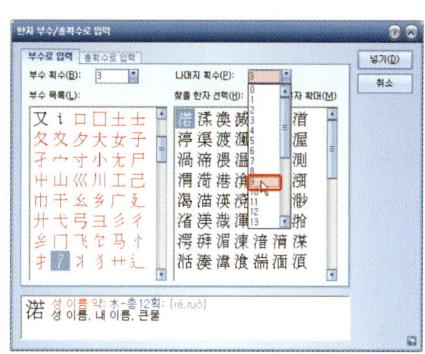

전체 획수로 한자 입력하기

만약, 전혀 본 적이 없는 한자를 입력해야 한다면 어떡하시겠어요? 잘 모르는 글자거나 부수가 뭔지도 잘 모르겠다면 한자의 전체 획수를 세어본 후에 이 획수를 이용해서 한자를 입력할 수 있습니다.

01 먼저 입력할 한자의 획수를 잘 세어본 후에 [입력]-[한자 입력]-[한자 부수/총획수] 메뉴를 순서대로 선택하거나 Ctrl+F9를 클릭합니다.

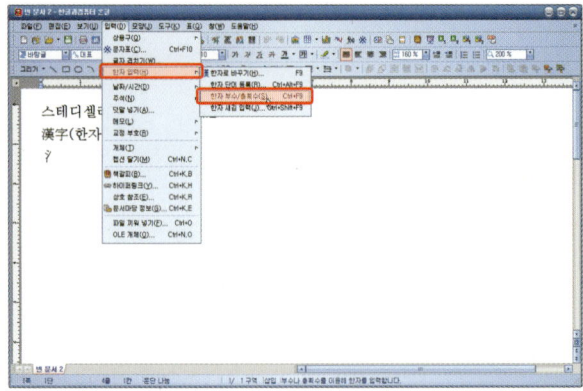

02 [한자 부수/총획수로 입력] 대화상자의 두 개 탭 중에서 [부수로 입력] 탭에서 [총획수] 입력상자에 입력할 한자의 획수(24)를 지정합니다.

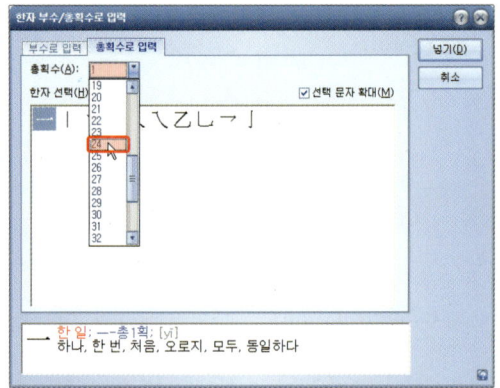

03 지정한 획수에 해당하는 한자 목록이 나타나면 이 중에서 입력해야 할 한자를 찾아 선택한 후에 [넣기] 버튼을 클릭합니다.

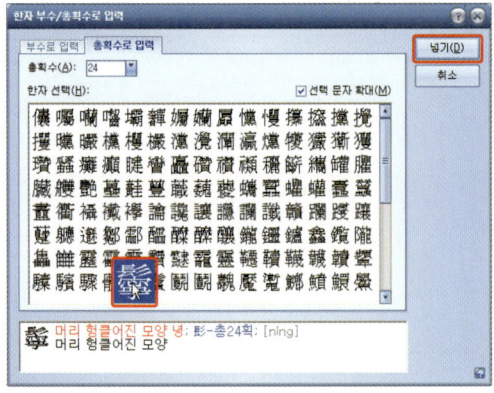

음과 뜻으로 한자 입력하기

한자의 음을 이용해서 한자를 입력하는 방법은 편리하지만 같은 음을 가진 한자가 많을 경우 여러 개의 복잡한 한자 중에 원하는 한자를 찾아야 한다는 점이 번거롭습니다. 한자의 음과 뜻을 모두 알고 있을 경우 한자 목록을 사용하지 않고 다음과 같은 방법으로 한자를 쉽게 입력할 수 있습니다.

01 먼저 입력할 한자의 획수를 잘 세어본 후에 [입력]-[한자 입력]-[한자 새김 입력] 메뉴를 순서대로 선택하거나 Ctrl+Shift+F9를 클릭합니다.

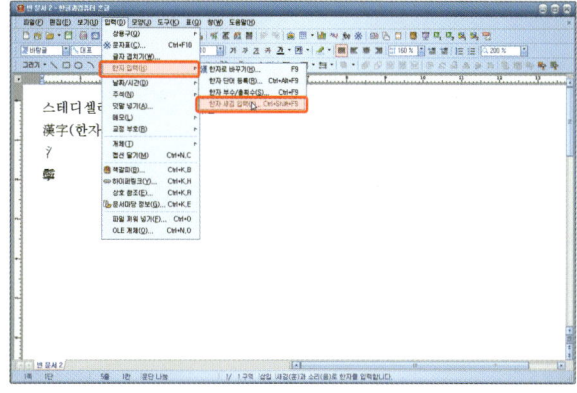

02 [한자 새김 입력] 대화상자의 [뜻과 음] 입력상자에 입력할 한자의 뜻과 음을 띄어쓰기 없이 입력하고 Enter를 누릅니다.

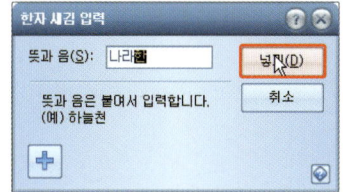

03 입력한 뜻과 음에 해당하는 한자가 입력되는 것을 확인할 수 있습니다.

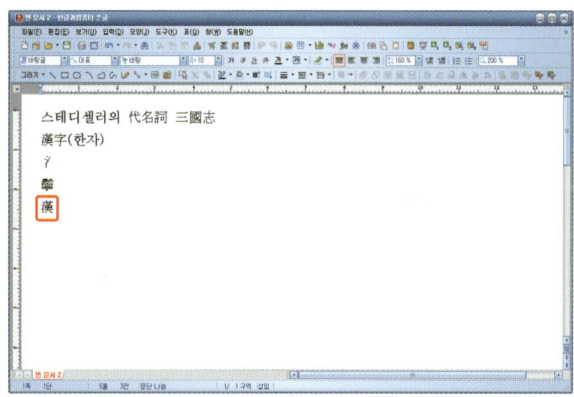

한자 단어 등록하기

몇 번 써 봤다면 알겠지만 한자를 하나씩 일일이 입력하는 것 보다는 한 번에 단어별로 입력하는 것이 가장 편리한 방법입니다. 하지만 늘 입력해야 하는 회사 이름 등의 한자는 단어로 등록되어 있지 않아 불편합니다. [한자 단어 등록] 기능을 이용하면 자주 사용하는 한자 단어를 등록해 두고 사용할 수 있습니다.

01 먼저 입력할 한자의 획수를 잘 세어본 후에 [입력]-[한자 입력]-[한자 단어 등록] 메뉴를 순서대로 선택하거나 Ctrl+Alt+F9를 클릭합니다.

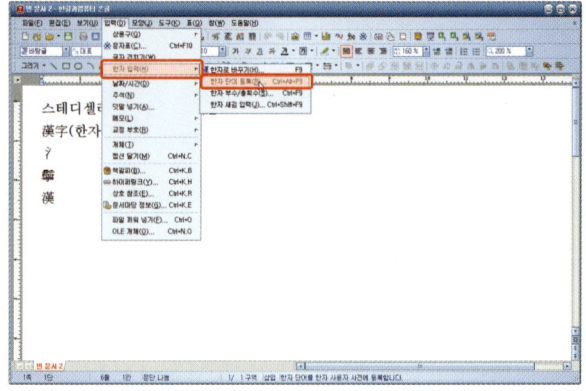

02 화면에 표시되는 대화상자의 [등록할 한자 단어] 입력 상자 중 [한글] 입력상자에 회사 이름 '대한전자'를 입력합니다.

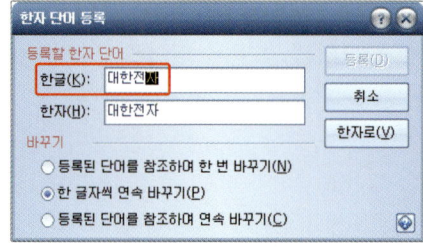

03 [한자] 입력상자에 표시된 한자음에 커서를 위치시킨 후에 [한자로] 버튼을 클릭하면 각 음에 해당하는 한자를 선택할 수 있습니다.

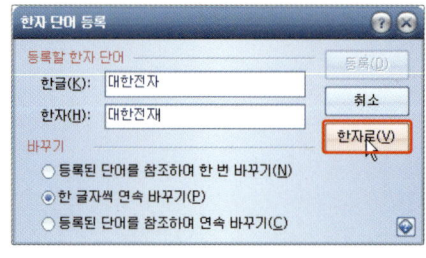

04 [한자] 입력상자의 한자를 모두 변환한 후에 [등록] 버튼을 클릭합니다.

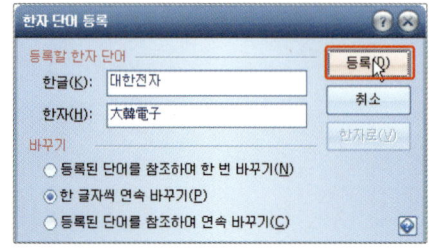

05 앞서 등록한 한자 단어가 잘 등록되었는지 확인하기 위해 '대한전자'를 입력해 봅니다.

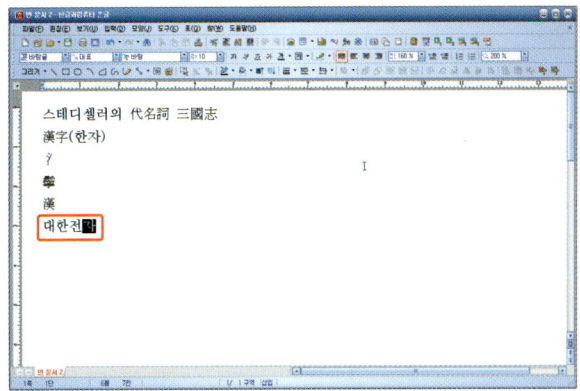

06 한자를 누르면 앞서 등록해 둔 한자 단어가 표시되는 것을 확인할 수 있습니다.

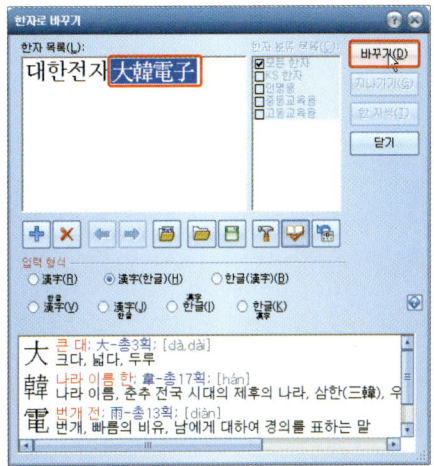

07 한자 단어를 선택하고 [바꾸기] 버튼을 클릭해서 등록한 단어를 입력해 봅니다.

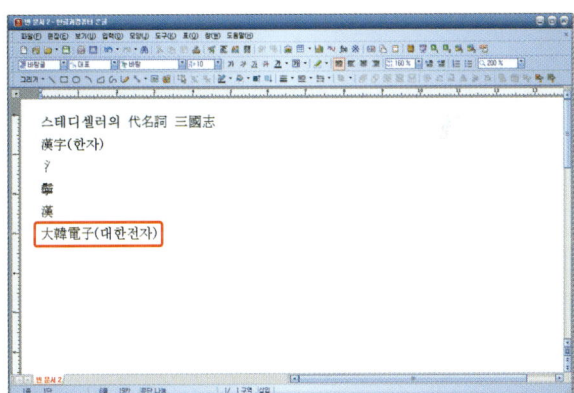

CHAPTER 03 기호 입력하기

문서를 만들다 보면 ◉, ☎, ☞와 같이 여러 기호를 입력해야 할 때가 있습니다. 이번에는 한글 2007의 문자표를 이용해서 원하는 모양의 기호를 입력하는 방법에 대해 알아봅니다.

기호 입력하기

한글 2007의 문자표를 이용하면 다양한 모양의 기호를 쉽게 입력할 수 있습니다. 문자표를 이용해서 전화기 모양과 함께 전화번호를 입력해봅시다.

01 먼저 [입력]-[문자표] 메뉴를 순서대로 선택하거나 Ctrl+F10을 누릅니다.

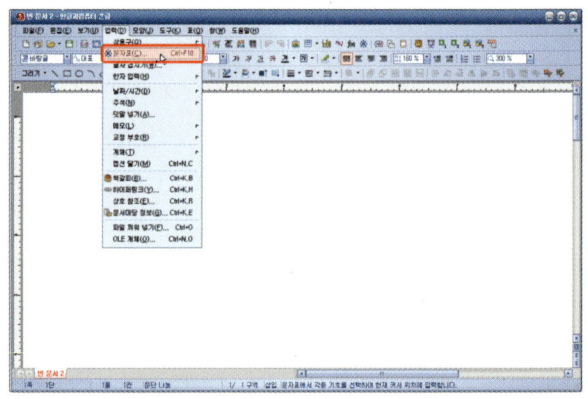

02 [문자표 입력] 대화상자가 화면에 표시됩니다. 이 대화상자에는 여러 개의 탭이 있는데 여기에서는 [유니코드 문자표]를 기준으로 사용해 보겠습니다.

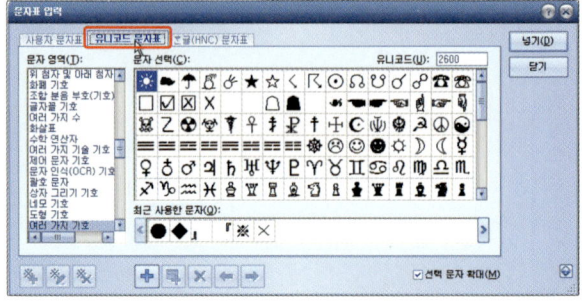

03 대화상자의 [문자 영역] 목록에서 [여러 가지 기호]를 선택합니다.

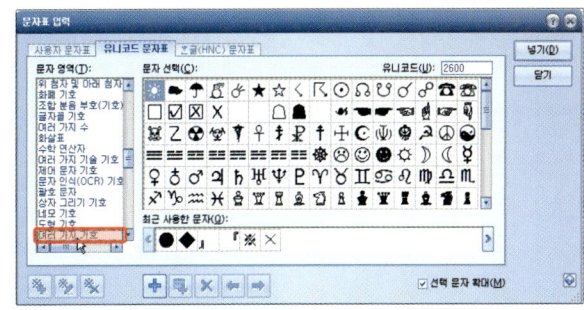

04 대화상자의 오른쪽에 표시되는 기호들 중에 입력할 전화기 모양을 선택하고 [넣기] 버튼을 클릭합니다.

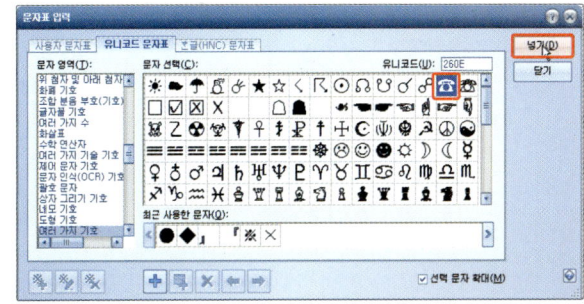

05 대화상자의 [닫기] 버튼을 클릭하면 선택한 전화기 모양의 기호가 입력된 것을 확인할 수 있습니다.

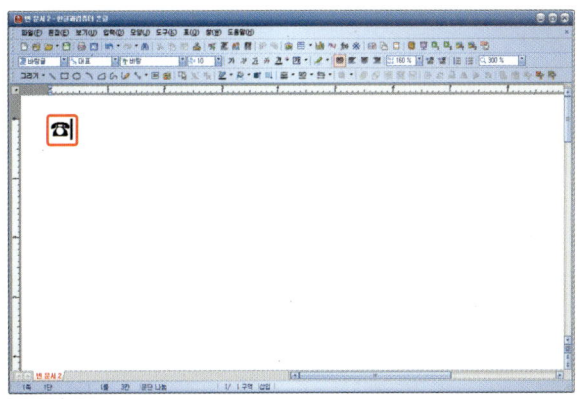

06 입력된 전화기 모양 옆에 전화번호를 입력해서 문장을 완성합니다.

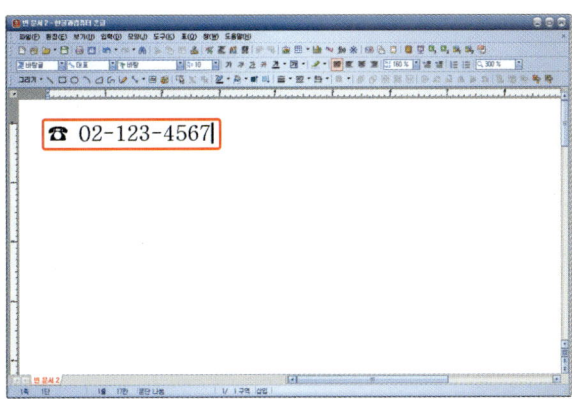

사용자 등록 문자표 만들기

[문자표 입력] 대화상자에 있는 여러 개의 탭은 각기 다른 종류의 기호들이 담겨 있습니다. 또, 각 탭에는 여러 개의 기호 그룹이 있기 때문에 매번 자신이 사용할 기호를 찾아서 입력하는 건 귀찮은 일입니다. 이번에는 사용자 등록 문자표를 만들어서 자주 사용하는 기호를 쉽게 입력하는 방법에 대해 알아봅니다.

01 먼저 [입력]-[문자표] 메뉴를 순서대로 선택하거나 Ctrl+F10 를 누릅니다.

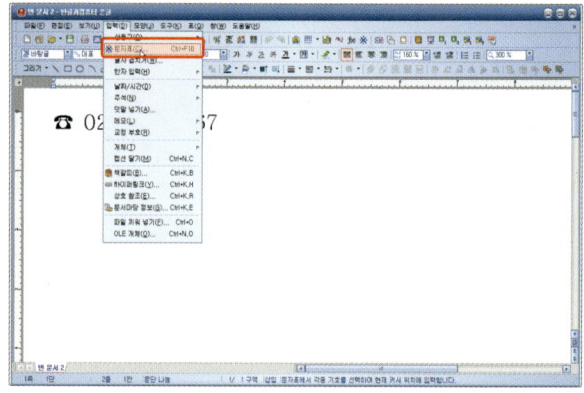

02 [유니코드 문자표] 탭에 있는 [괄호 문자] 문자 영역을 선택합니다.

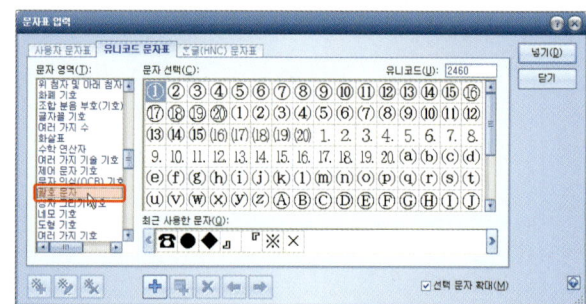

03 1번부터 20번까지의 원문자를 사용자 지정 목록으로 묶어두기 위해 각 번호를 순서대로 더블클릭합니다.

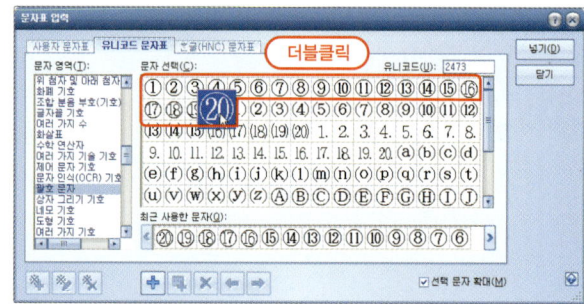

04 선택한 기호를 새로운 이름의 목록에 등록하기 위해 대화상자의 아래쪽에 있는 [등록] 버튼을 클릭합니다.

05 화면에 표시되는 [사용자 문자표에 모두 등록] 대화상자에 있는 [문자 영역 등록하기] 버튼을 클릭합니다.

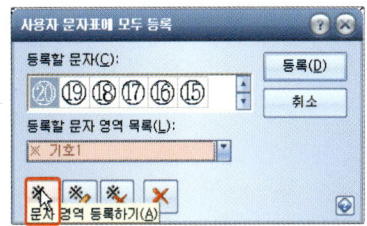

06 화면에 표시되는 대화상자의 [영역 이름] 입력상자에 새로 등록할 기호의 목록 이름 '원문자'를 입력하고 [등록] 버튼을 클릭합니다.

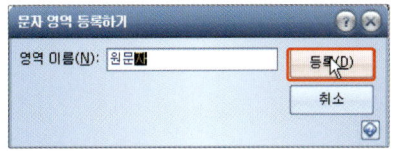

07 [문자표 입력] 대화상자의 [사용자 문자표] 탭에 [원문자] 그룹에 추가된 것을 확인할 수 있습니다. 이제 이 그룹을 이용해서 좀 더 쉽게 원하는 모양의 원문자를 찾아서 입력할 수 있습니다.

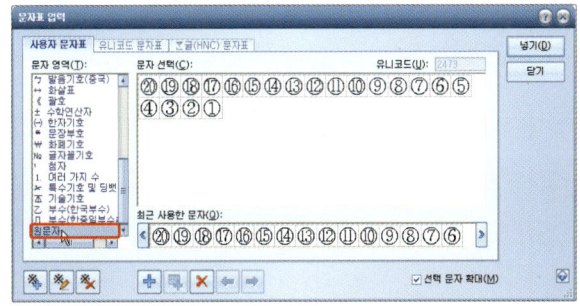

Chapter 01 새 문서 만들기
- 단축키로 새 문서 만들기
- 파일 메뉴로 새 문서 만들기
- 도구 아이콘으로 새 문서 만들기
- 새 탭 만들기

Chapter 02 파일 저장하기
- 처음 저장하기
- 저장한 파일 다시 저장하기
- 다른 이름으로 저장하기

Chapter 03 파일 불러오기
- 파일 불러오기
- 최근 파일 불러오기
- 복사본으로 불러오기
- 문서마당 이용하기

Chapter 04 파일 다루기 옵션
- 문서 요약 내용 입력하기
- 문서 요약 내용 확인하기
- 문서에 암호 설정하기
- 암호 걸린 문서 사용하기
- 자동 저장 옵션 설정하기
- 최근 문서 목록의 개수 설정하기
- 불러오기 대화상자에서 최근 문서 찾기

PART 03

파일 내 맘대로 다루기

>>> 한글 2007에서 만든 문서는 파일로 저장하거나 보관, 수정하여 사용할 수 있습니다. Part 03에서는 다양한 방법을 이용해서 새로운 파일을 만들거나 저장, 불러오는 방법 등에 대해 알아봅니다.

컴퓨터를 사용하는 사람들 중 대다수가 잘 만들어 놓은 파일을 제대로 저장하지 않거나 실수로 다른 파일이 덮어쓰는 등의 경험을 하게 됩니다. 이런 문제를 줄이려면 이번 장에서 소개하는 내용들을 잘 숙지하고 자주 저장하는 습관을 가지는 것이 좋습니다.

CHAPTER

01 새 문서 만들기

그동안 한글 2007을 실행시키면 자동으로 표시되는 문서를 사용해서 내용을 입력하는 방법에 대해 알아보았습니다. 이번에는 작성중인 문서를 그대로 두고 새로운 문서를 만들어서 사용하는 방법에 대해 알아보겠습니다.

단축키로 새 문서 만들기

새 문서를 만드는 방법에는 여러 가지가 있습니다. 여기에서는 가장 빠르게 새 문서를 만들 수 있는 단축키를 사용하는 방법에 대해 알아봅니다.

01 먼저 한글 2007이 실행되면 열리는 문서에 마음대로 내용을 입력한 후에 새 문서 만들기 단축키인 Alt + N 을 누릅니다.

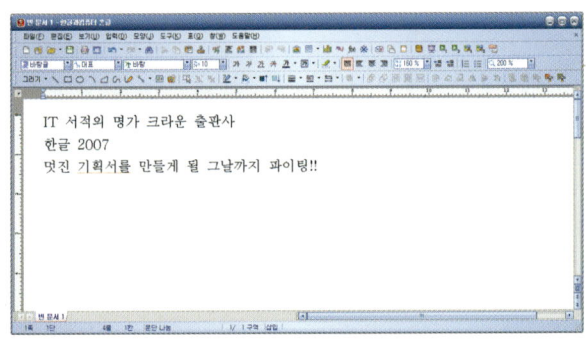

02 화면에 표시되던 문서가 숨겨지고 새로운 문서가 만들어지는 것을 확인할 수 있습니다. 이때, 만들어진 문서 위쪽의 제목 표시줄을 보면 [빈 문서 2]라고 표시되어 있는 것을 확인할 수 있습니다. 이는 두 번째로 만들어진 문서라는 뜻입니다.

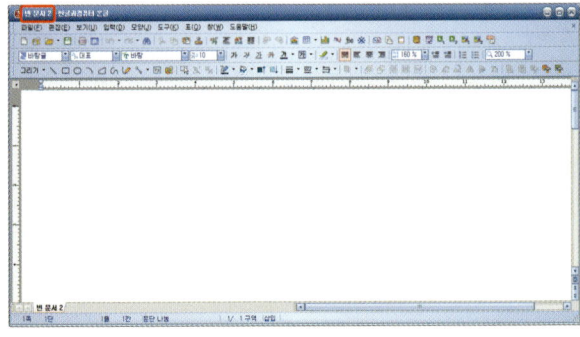

파일 메뉴로 새 문서 만들기

한글 2007에서 사용할 수 있는 모든 기능은 메뉴를 이용해서 실행시킬 수 있습니다. 단축키가 생각나지 않는다면 그룹별로 묶여 있는 메뉴 중 [파일] 메뉴를 사용해서 파일과 관련된 여러 가지 기능을 실행할 수 있습니다.

01 새 문서를 만들기 위해 [파일]-[새 문서] 메뉴를 순서대로 선택합니다.

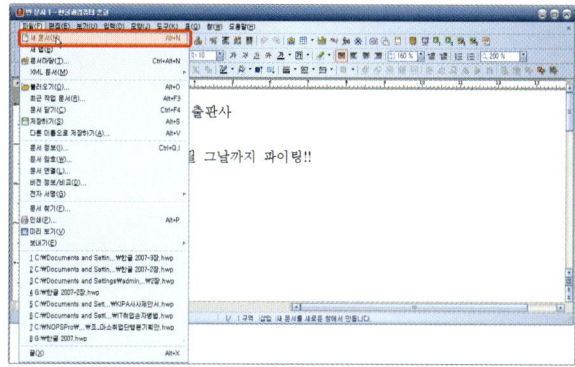

02 새 문서가 만들어집니다.

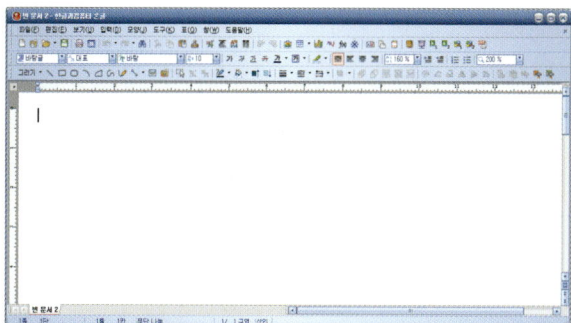

Reference

메뉴의 종류

메뉴에 있는 각 기능의 모양을 잘 살펴보면 해당 메뉴의 속성을 쉽게 파악할 수 있도록 구성되어 있습니다. 이 구성을 이용하면 해당 기능에 대한 특성들을 더 잘 활용할 수 있으니 참고하세요.

- **단축키가 있는 기능**   문서 닫기(C)   Ctrl+F4
  단축키가 있는 기능의 메뉴 옆에는 단축키가 표기되어 있습니다.

- **도구 아이콘이 있는 기능**   미리 보기(V)
  기능 이름의 왼쪽에 도구 아이콘 모양이 있으면 해당 기능을 실행시킬 수 있는 도구 아이콘이 있다는 뜻입니다.

- **서브 메뉴가 있는 기능**   보내기(E)   ▶
  기능 이름 오른쪽에 삼각형 모양이 있는 기능을 선택하면 서브 메뉴가 표시됩니다.

- **대화상자가 있는 기능**   다른 이름으로 저장하기(A)...   Alt+V
  기능 이름 오른쪽에 (...)가 있는 기능을 선택하면 대화상자가 표시됩니다.

도구 아이콘으로 새 문서 만들기

기본 도구상자에 있는 🗋 모양 아이콘을 클릭하면 새 문서를 만들 수 있습니다.

01 빈 문서에 아무 내용이나 입력한 후에 기본 도구상자에 있는 [새 문서] 아이콘을 클릭합니다.

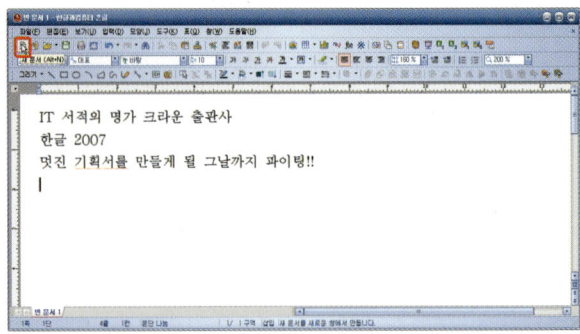

02 새 문서가 만들어지는 것을 확인할 수 있습니다.

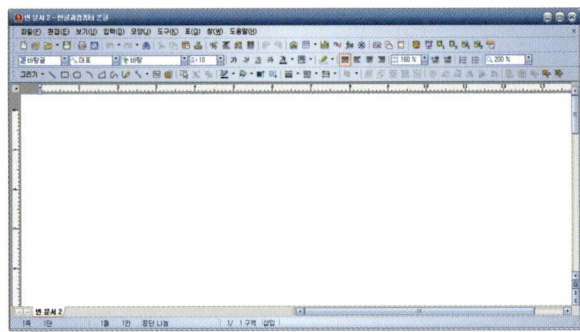

Reference

기본 도구상자가 없어요

만약 [새 문서] 아이콘이 등록되어 있는 기본 도구상자가 화면에 표시되어 있지 않다면, 기본 도구상자를 숨겨둔 탓입니다. [보기]-[도구상자]-[기본] 메뉴를 순서대로 선택하면 기본 도구상자를 화면에 표시할 수 있습니다.

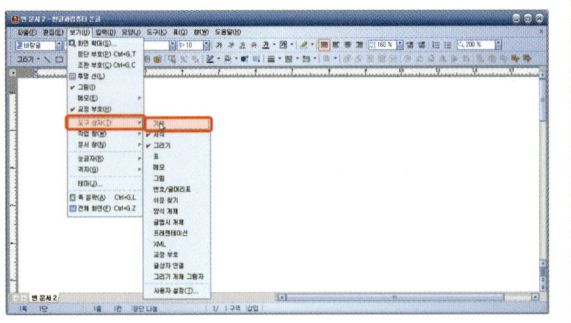

새 탭 만들기

한글 2007에서는 여러 개의 문서 파일을 하나의 문서창에서 사용할 수 있도록 탭을 지원하고 있습니다. [새 탭] 기능을 실행하면 하나의 문서창 안에 새로운 문서 탭이 생깁니다. 이렇게 만들어진 탭은 동일한 문서창을 사용한다는 것 이외엔 별도의 문서와 똑같이 사용할 수 있습니다.

01 빈 문서에 아무 내용이나 입력한 후에 [파일]-[새 탭] 메뉴를 선택하거나 문서 화면의 아래쪽에 [빈 문서 1]이라고 써있는 탭에서 마우스 오른쪽 버튼을 클릭한 후에 [새 탭]을 선택합니다.

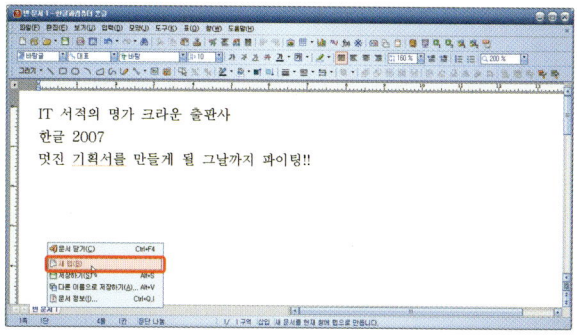

02 새 문서가 만들어집니다. 이때, 앞선 기능들을 실행했을 때처럼 새로운 문서창이 생기는 게 아니라 기존 문서창에 새로운 탭이 하나 추가되는 것을 확인할 수 있습니다. 하나의 문서창에서는 최대 30개의 탭을 사용할 수 있습니다.

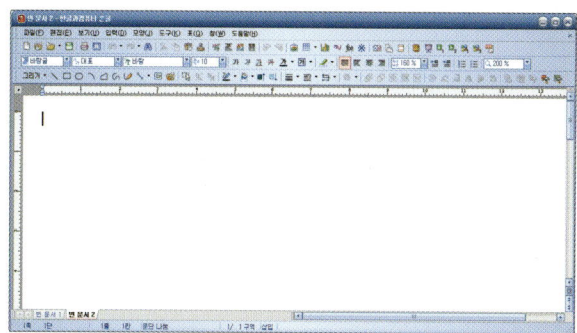

03 이전에 작업하던 [빈 문서 1]을 편집하고 싶다면 [빈 문서 1]이라고 써 있는 탭을 클릭하면 됩니다.

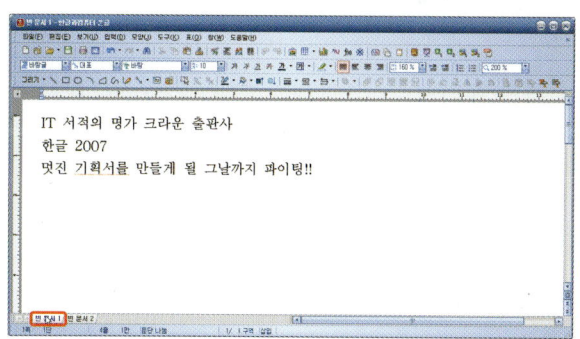

CHAPTER 02 파일 저장하기

잘 만든 문서라도 제대로 저장하지 않으면 다시 사용할 수 없습니다. 아마 대부분의 사람들이 파일을 잘못 저장해서 곤혹스러웠던 경험이 있었을 것입니다. 이번에는 한글 2007의 저장 기능들에 대해 알아보겠습니다.

처음 저장하기

한글 2007은 파일을 저장하는 시점에 따라 파일을 저장하는 방법이 달라집니다. 여기에서는 작업한 파일을 맨 처음에 저장하는 방법에 대해 알아보겠습니다.

01 작업 중인 문서가 열려있는 상태에서 [저장하기] 아이콘을 클릭합니다. [파일]-[저장하기] 메뉴를 선택하거나 단축키 Alt + S 를 눌러도 됩니다.

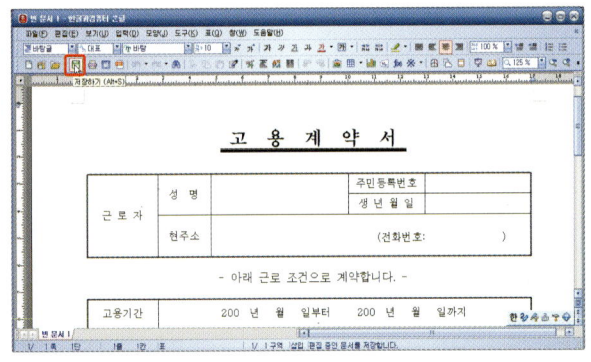

02 [다른 이름으로 저장하기] 대화상자가 화면에 표시되면 [저장 위치] 목록을 이용해서 파일을 저장할 위치로 이동한 후 [파일 이름] 입력상자에 저장할 파일 이름을 입력한 후에 [저장] 버튼을 클릭합니다.

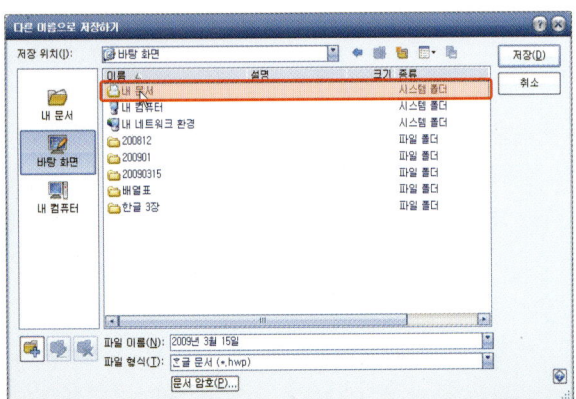 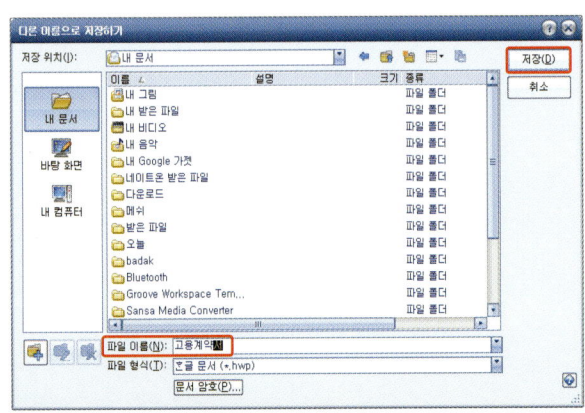

03 파일이 저장되고 나면 한글 2007의 제목 표시줄에 저장된 파일 이름과 파일이 저장된 위치가 표시되는 것을 확인할 수 있습니다.

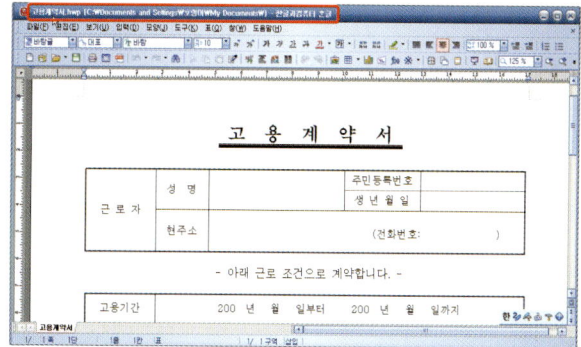

Reference

[다른 이름으로 저장하기] 대화상자

[다른 이름으로 저장하기] 대화상자를 이용하면 폴더를 이동하거나 파일을 저장하는 것 이외에도 다양한 기능을 실행할 수 있습니다.

01 대화상자의 위쪽에 있는 [새 폴더 만들기] 아이콘을 클릭하면, 현재 폴더에 원하는 이름의 폴더를 만들어서 파일을 저장할 수 있습니다.

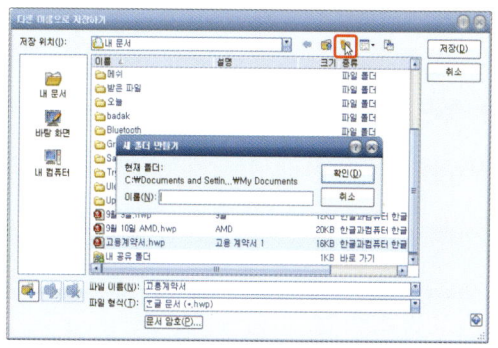

02 대화상자의 아래쪽에 있는 [파일 형식] 목록을 이용하면 한글 2007로 작업한 문서 파일을 다른 프로그램의 파일 형식으로 저장할 수 있습니다.

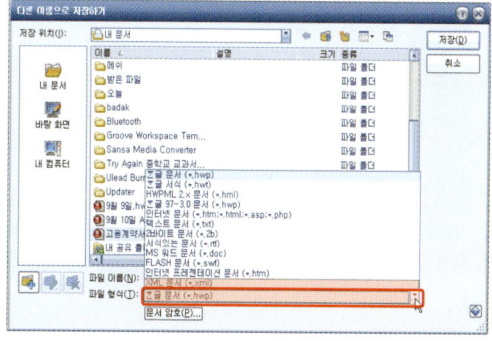

저장한 파일 다시 저장하기

한 번 저장한 적이 있는 파일을 다시 불러와서 사용하거나 파일을 저장한 후에 변경된 내용을 다시 저장할 때에는 [다른 이름으로 저장하기] 대화상자가 표시되지 않습니다.

01 이미 저장한 적이 있는 문서 파일의 내용을 변경한 후에 [저장하기] 기능을 실행합니다.

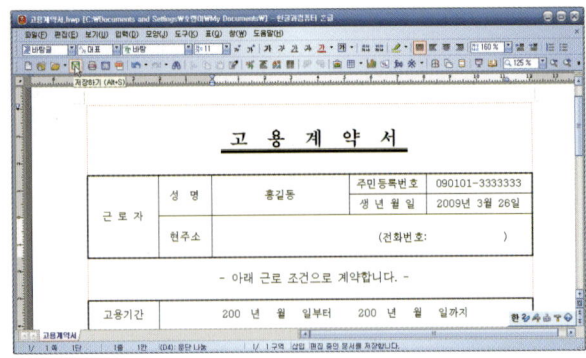

02 대화상자가 표시되지 않고 이전에 저장했던 것과 같은 위치와 파일명으로 자동 저장됩니다.

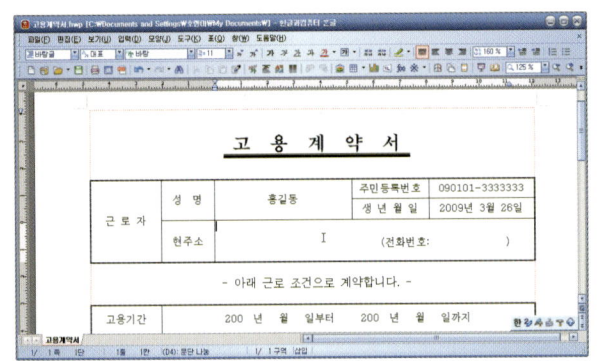

Tip 자주 저장하세요
컴퓨터를 사용하다보면 정전이 되거나 컴퓨터에 갑자기 어떤 일이 생겨서 컴퓨터가 작동하지 않게 되는 경우가 생기게 마련입니다. 이때 작업해 놓은 문서가 저장되지 않았다면 참 곤혹스럽겠지요. 이때 생길 수 있는 문제를 최소화하려면 문서를 작업하는 도중에 자주 저장하는 습관을 들이는 것이 좋습니다. 이때 매번 도구 아이콘이나 메뉴를 사용하는 것 보다는 단축키(Alt + S)를 사용하는 것이 좋습니다.

한글 2007

 ## 다른 이름으로 저장하기

한 번 저장한 적이 있는 문서의 변경된 내용을 별도의 파일로 저장하고 싶다면 [저장]이 아니라 [다른 이름으로 저장하기] 기능을 이용해야 합니다.

01 내용이 변경된 파일이 열린 상태에서 [파일]-[다른 이름으로 저장하기] 메뉴를 선택하거나 단축키 Alt + V 를 누릅니다.

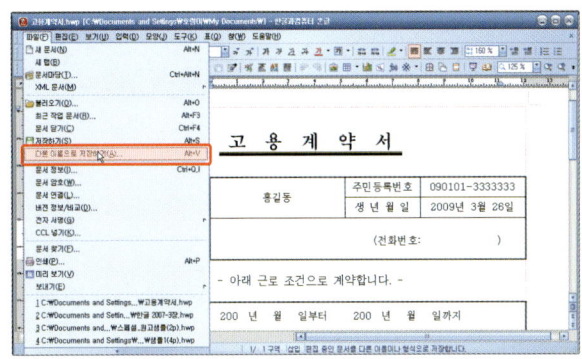

02 [다른 이름으로 저장하기] 대화상자가 표시되면 파일을 새로 저장할 위치와 파일 이름을 지정한 후에 [저장] 버튼을 클릭합니다.

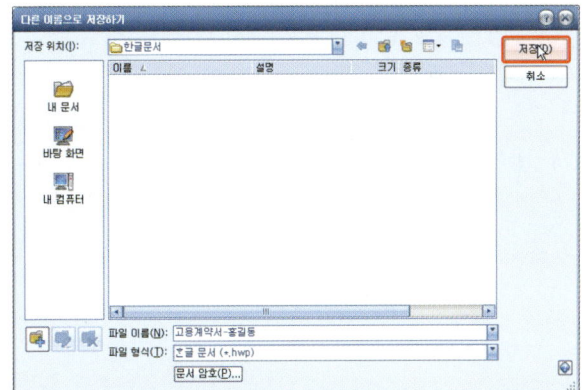

03 파일이 저장된 후에 한글 2007의 제목표시줄을 보면 파일 저장 위치와 파일 이름이 바뀐 것을 확인할 수 있습니다.

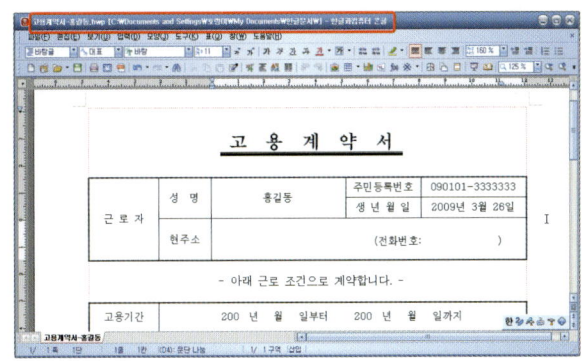

Chapter 02 파일 저장하기 • 057

CHAPTER

03 파일 불러오기

이번에는 앞서 저장했던 파일들을 불러와서 사용하는 방법에 대해 알아보겠습니다. 한글 2007은 파일 관리를 효과적으로 하기 위해 다양한 파일 불러오기 기능을 지원하고 있습니다.

 파일 불러오기

한글 2007에서는 다양한 방법을 이용해서 파일을 불러올 수 있습니다. 여기에서는 그 중에서 가장 일반적으로 사용하는 방법에 대해 먼저 알아봅니다.

01 [불러오기] 도구 아이콘을 클릭합니다. 또는 [파일]-[불러오기] 메뉴를 선택하거나 단축키 Alt + O 를 누릅니다.

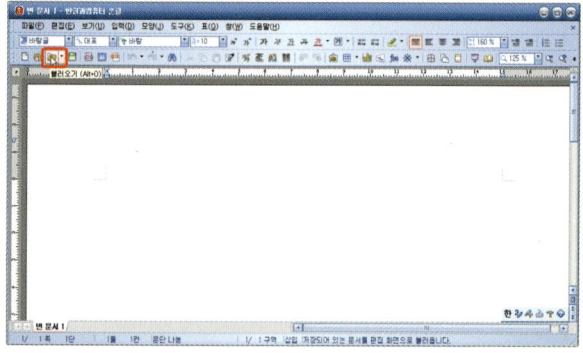

02 [불러오기] 대화상자가 열리면 불러올 폴더의 위치와 파일을 선택한 후에 [열기] 버튼을 클릭합니다.

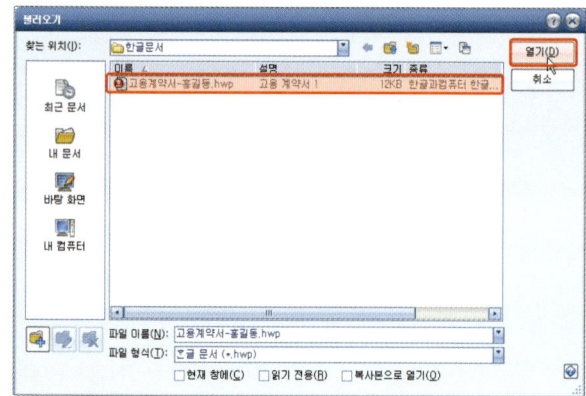

최근 파일 불러오기

최근에 사용했던 문서는 대화상자를 이용할 필요 없이 쉽게 불러올 수 있습니다. 최근 파일 목록을 이용해서 파일을 불러오는 방법에 대해 알아봅시다.

01 [파일] 메뉴의 맨 아래쪽에는 최근에 사용한 파일들의 목록이 표시됩니다. 이 목록 중에 하나를 선택합니다.

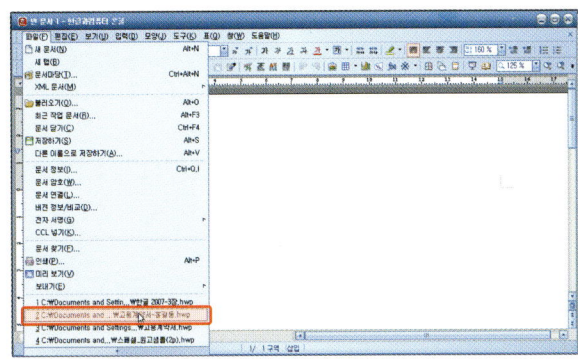

02 대화상자를 사용하지 않고 선택한 파일이 자동으로 열립니다.

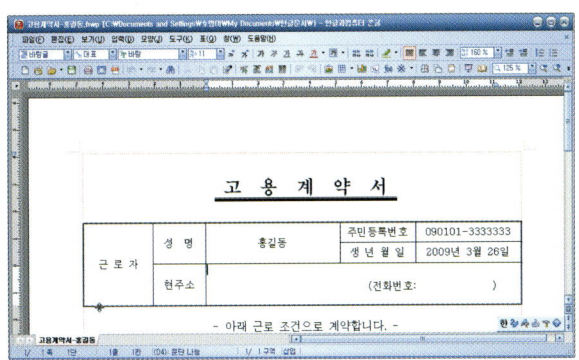

03 같은 방법으로 [불러오기] 도구 아이콘의 옆쪽에 있는 목록 버튼을 이용해도 최근에 사용한 문서를 쉽게 불러올 수 있습니다.

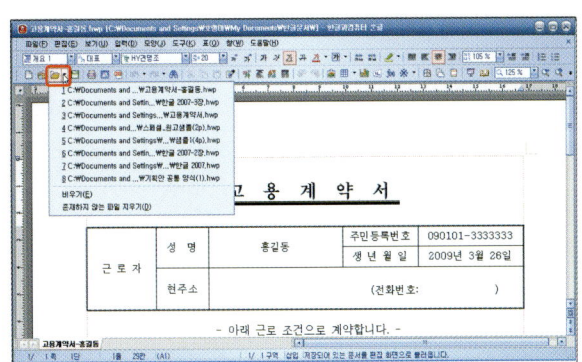

복사본으로 불러오기

고용 계약서와 같이 같은 양식에 내용만 바꿔서 여러 개의 문서를 만들어야 하는 경우, 기존에 저장해 놓은 고용 계약서를 이용해서 사용한다면 매번 새로운 문서 양식을 만들 필요가 없어 편리할 것입니다. 이런 경우에는 한글 2007의 복사본으로 불러오기 기능을 이용합니다.

01 여러 가지 방법 중에 하나를 이용해서 파일 불러오기 기능을 실행시킵니다.

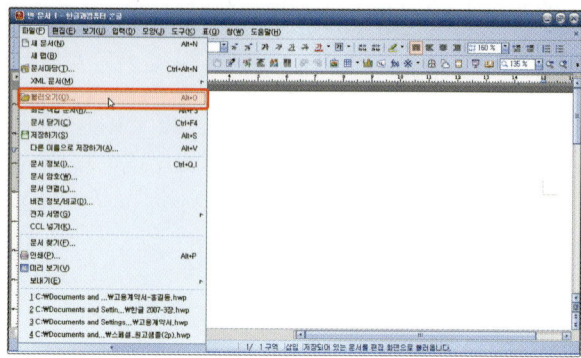

02 불러오기 대화상자가 표시되면 불러올 파일의 위치와 파일 이름을 선택합니다.

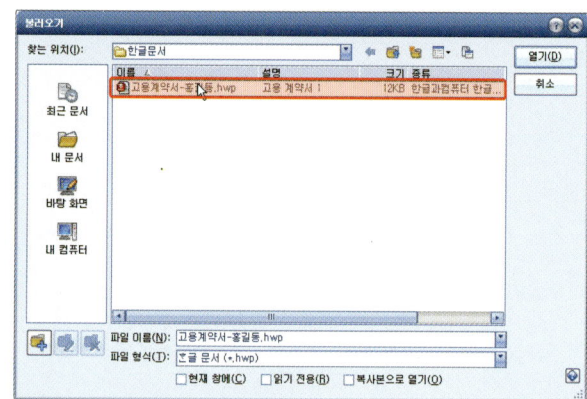

03 원본의 내용이 바뀌지 않도록 하기 위해 대화상자의 아래쪽에 있는 [복사본으로 열기] 옵션을 선택하고 [열기] 버튼을 클릭합니다.

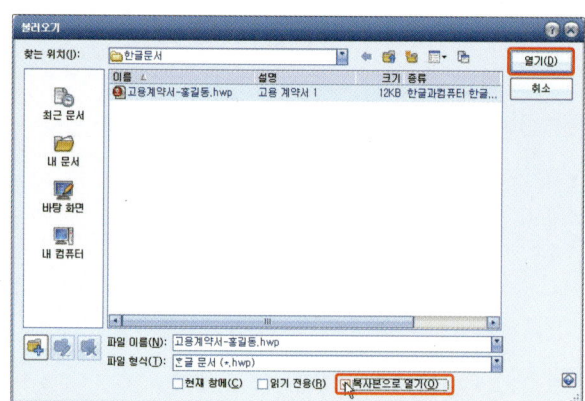

04 선택한 파일이 열립니다. 이때, 제목 표시줄에 표시되는 파일 이름의 맨 앞에 '복사본(1)'이라고 표시되는 것을 확인할 수 있습니다. 이처럼 복사본으로 파일을 열면 파일에 새로운 이름이 자동으로 부여되어 원본 파일의 내용을 손상시키지 않고 원하는 새로운 문서를 만들 수 있습니다.

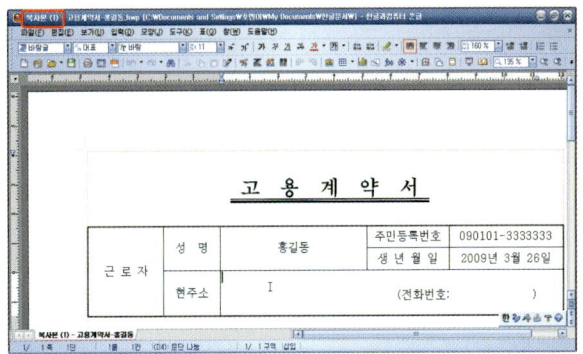

Reference

[현재 창에서]와 [읽기 전용]으로 열기

앞서 알아본 [복사본으로 열기] 옵션 옆에 있는 옵션들은 어떤 역할을 하는 것들일까요?

01 현재 창에
[현재 창에] 옵션을 선택하면 새 문서 창을 열지 않고 현재 문서 창에 탭이 추가되면서 파일이 열립니다.

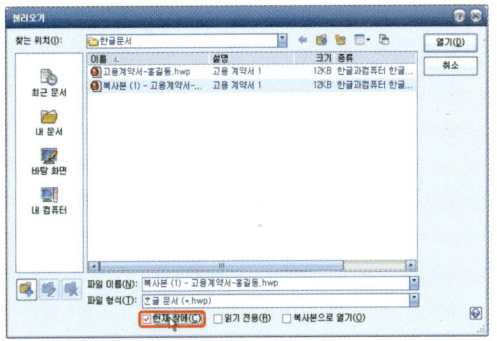

02 읽기 전용
[읽기 전용] 옵션을 선택하면 문서 파일이 열리긴 열리지만 문서의 내용을 수정할 수 없는 형태로 열립니다. 중요한 내용의 문서를 열어서 볼 때는 혹시라도 문서 내용이 변경되지 않도록 읽기 전용으로 불러오는 것이 좋습니다.

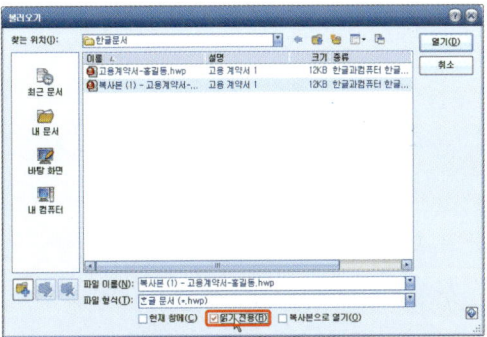

03 대화상자의 도움말
대화상자 안에 있는 옵션이나 기타 기능에 대해 궁금하다면 대화상자의 오른쪽 위에 있는 물음표 모양의 아이콘을 클릭한 후에 설명을 보고 싶은 기능이나 옵션 부분을 클릭합니다. 이렇게하면 풍선 도움말로 선택한 부분에 대한 설명이 표시됩니다.

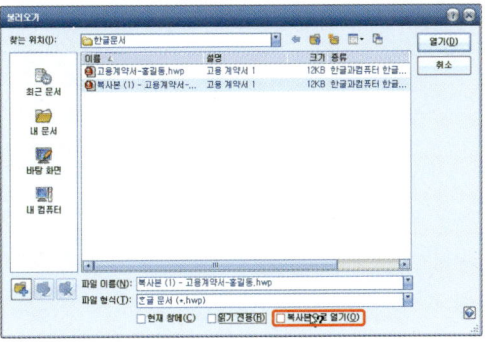

문서마당 이용하기

한글 2007에는 자주 사용하는 여러 가지 문서 양식이 저장되어 있습니다. 이런 양식 모음을 문서마당이라고 부릅니다.

01 문서마당 기능을 이용해서 파일을 불러오기 위해 [파일]-[문서마당] 메뉴를 선택합니다(Ctrl + Alt + N).

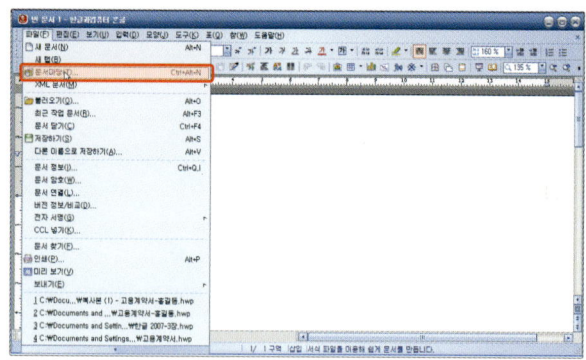

02 [문서마당] 대화상자가 표시되면 [문서마당 꾸러미] 탭을 클릭해서 활성화시킵니다.

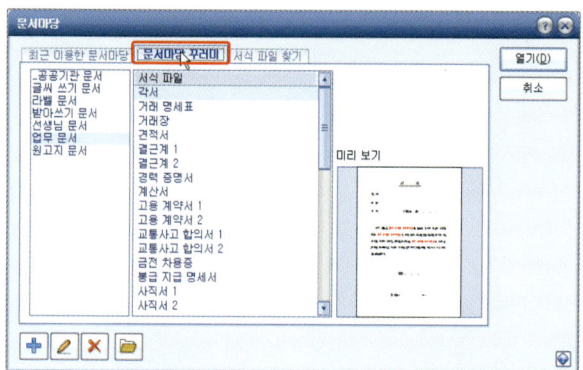

03 3단으로 나눠진 대화상자의 화면 중 맨 왼쪽에 있는 문서 목록에서 원하는 문서마당 그룹을 클릭해서 선택합니다.

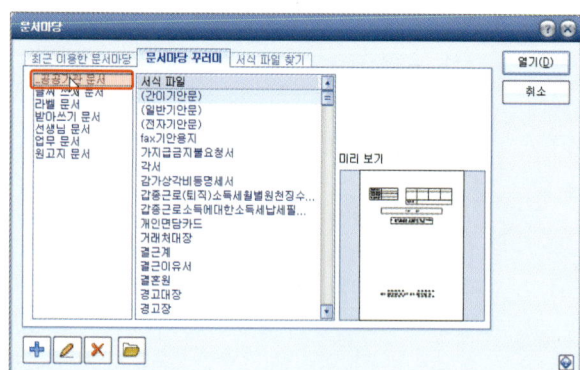

04 선택한 문서 그룹에 해당하는 문서 목록이 [서식 파일] 목록에 표시됩니다. 이 중에서 원하는 문서를 선택해 보면 [미리 보기] 창을 통해 대략적인 내용을 확인할 수 있습니다. 원하는 문서를 선택한 후에 [열기] 버튼을 클릭합니다.

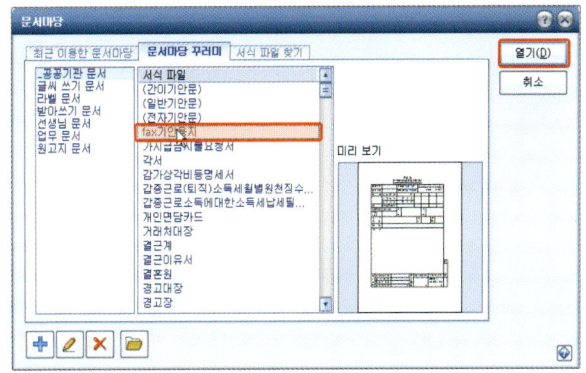

05 선택한 문서가 열립니다. 하지만 이때 제목 표시줄의 이름이 [빈 문서]로 표시되는 것을 확인할 수 있을 것입니다. 이는 앞서 선택한 파일의 원본이 열린 것이 아니라 빈 문서에 해당 문서가 표시되었기 때문입니다.

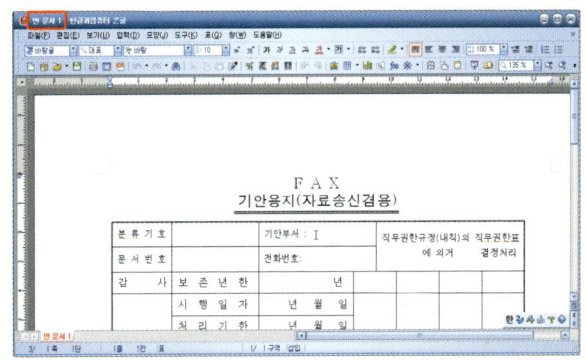

Reference

[최근 이용한 문서마당]과 [서식 파일 찾기] 탭

[문서마당] 대화상자에는 [문서마당 꾸러미] 이외에도 탭이 두 개 더 있습니다. 각 탭의 기능에 대해 알아봅니다.

01 최근 이용한 문서마당
이 탭을 열면 최근에 사용했던 서식 파일의 목록과 각 서식파일이 포함되어 있는 꾸러미가 무엇인지 확인할 수 있습니다. 이 목록에서 원하는 서식 파일을 선택하여 열 수도 있습니다.

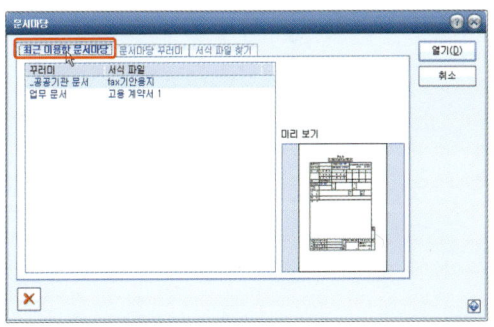

02 서식 파일 찾기
이 탭을 이용하면 여러 문서 꾸러미를 돌아다니며 원하는 문서를 찾을 필요 없이 특정 단어를 입력하여 원하는 서식 파일을 찾을 수 있습니다.

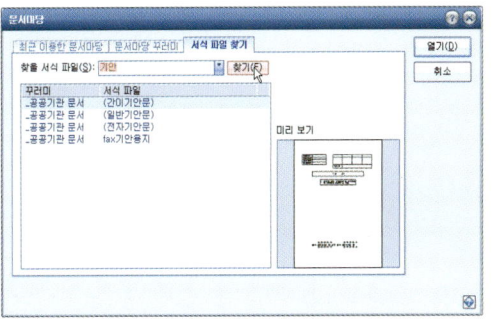

CHAPTER 04 파일 다루기 옵션

한글 2007은 파일을 효과적으로 관리할 수 있도록 하기 위해 다양한 옵션과 기능들을 지원하고 있습니다. 이번에는 파일과 관련된 여러 가지 옵션들에 대해 알아보겠습니다.

문서 요약 내용 입력하기

문서의 내용을 일일이 확인하지 않더라도 쉽게 문서에 입력된 내용이나 작성자들을 확인할 수 있도록 한글 2007로 만든 문서에는 문서 요약 내용이 저장되어 있습니다. 문서 요약 내용을 입력하는 방법에 대해 알아봅니다.

01 문서의 정보를 확인하기 위해 [파일]-[문서 정보] 메뉴를 선택하거나 Ctrl+Q, I를 누릅니다.

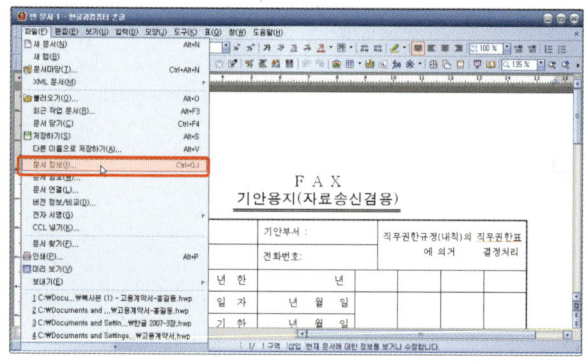

02 [문서 정보] 대화상자가 표시되면 두 번째 탭인 [문서 요약] 탭을 클릭해서 활성화 시킵니다.

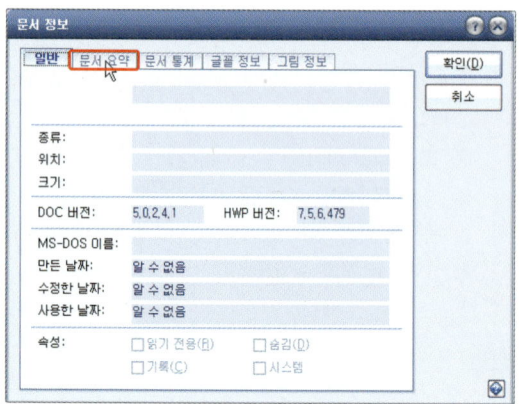

03 문서와 관련된 내용(제목, 주제, 만든 사람, 작성 날짜 등)이 표시되는 것을 확인할 수 있습니다.

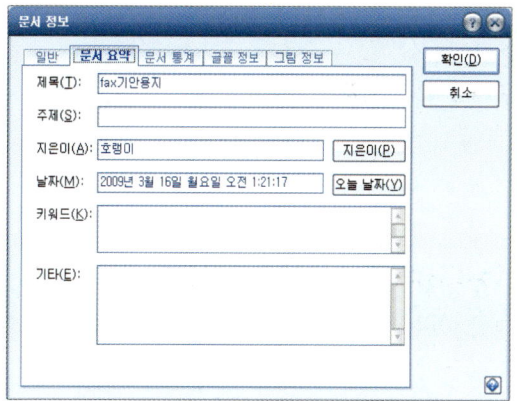

04 [문서 요약] 탭에 표시되는 내용들은 사용자가 임의로 수정할 수 있습니다. 필요한 내용에 맞춰 내용을 수정합니다.

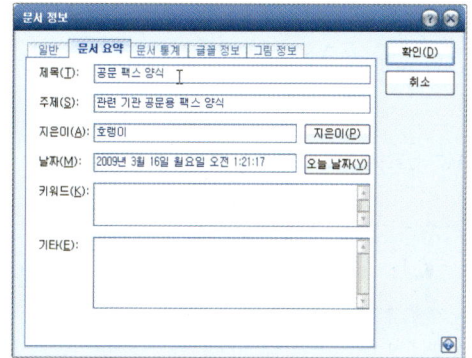

05 [날짜] 입력상자 옆에 있는 [오늘 날짜] 버튼을 클릭하면 오늘의 날짜와 현재 시각이 자동으로 표시됩니다.

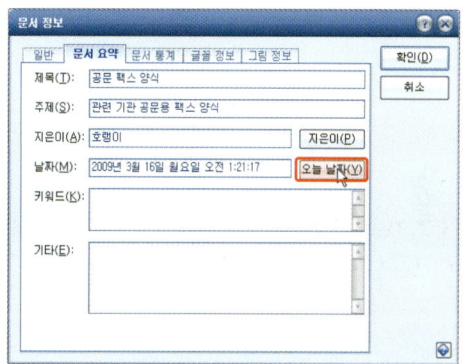

Reference

문서 통계

[문서 정보] 대화상자의 [문서 통계] 탭을 열면 현재 작업 중인 문서에 입력된 글자 수와 낱말 수 등 다양한 정보를 확인할 수 있습니다.

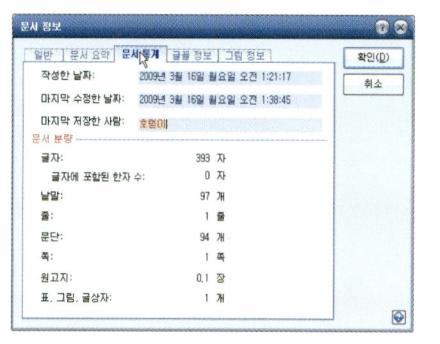

문서 요약 내용 확인하기

문서 요약 기능을 이용해서 등록해 놓은 정보는 파일을 열어본 후에 확인할 수도 있지만, 파일을 열기 전에 [불러오기] 대화상자에서도 확인할 수 있습니다.

01 저장되어 있는 파일들의 문서 요약 내용을 확인해 보기 위해 [불러오기] 기능을 실행합니다.

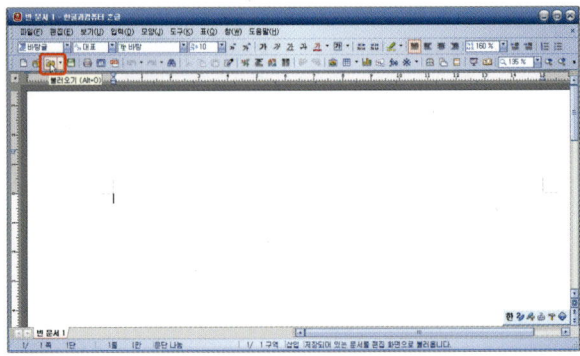

02 [불러오기] 대화상자가 표시되면 요약 내용을 확인하고 싶은 파일을 선택한 후에 대화상자 우측 상단에 있는 [문서 요약] 아이콘을 클릭합니다.

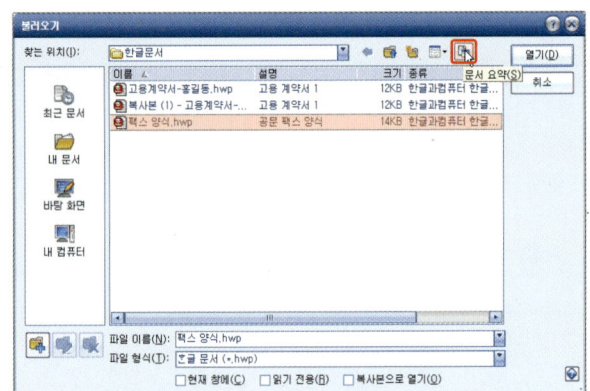

03 선택한 문서에 지정해 놓은 문서 요약 내용이 화면에 표시됩니다.

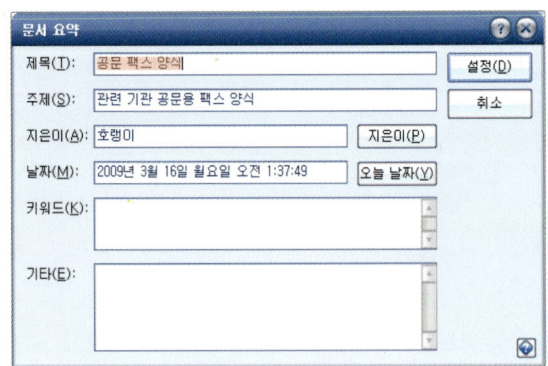

문서에 암호 설정하기

중요한 문서나 다른 사람이 보면 안 되는 문서에는 암호를 지정할 수 있습니다. 암호가 지정된 문서를 열거나 내용을 수정하려면 암호를 알고 있어야 합니다.

01 문서에 암호를 걸어서 저장하기 위해 먼저 암호를 지정할 문서가 열린 상태에서 [저장하기] 기능을 실행합니다.

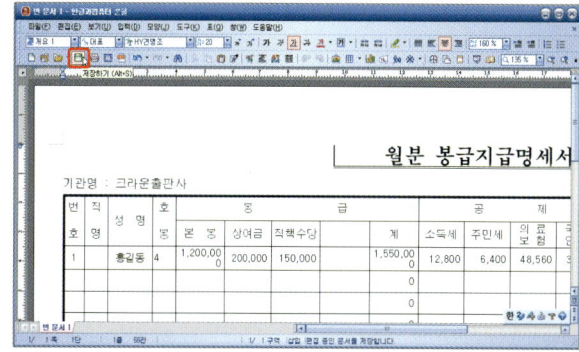

02 다른 이름으로 저장하기 대화상자가 표시되면 대화상자의 맨 아래쪽에 있는 [문서 암호] 버튼을 클릭합니다.

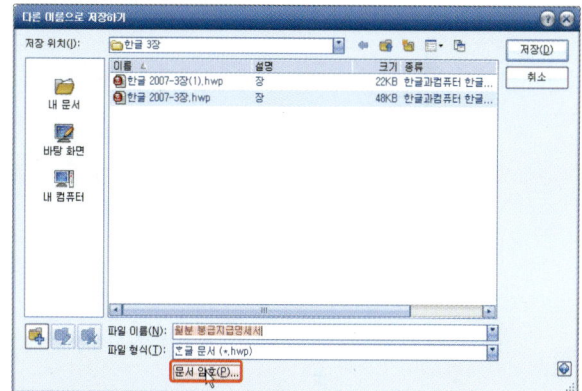

03 [문서 암호 설정] 대화상자가 표시됩니다. 이 대화상자의 [문서 암호] 입력상자에 사용할 암호를 입력합니다.

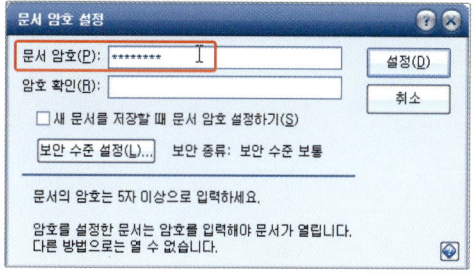

04 암호가 제대로 입력됐는지 확인하기 위해 다시 [암호 확인] 입력상자에 앞서 입력한 것과 똑같은 암호를 입력합니다.

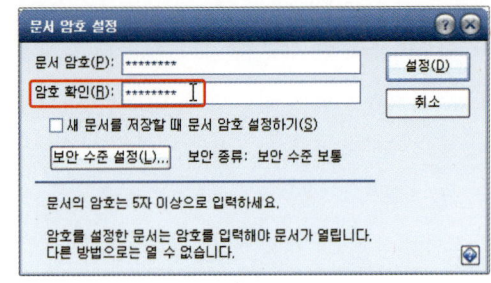

05 대화상자에 있는 [새 문서를 저장할 때 문서 암호 설정하기] 옵션을 선택하면 다음부터 파일을 저장할 때 자동으로 암호 설정 화면이 표시됩니다.

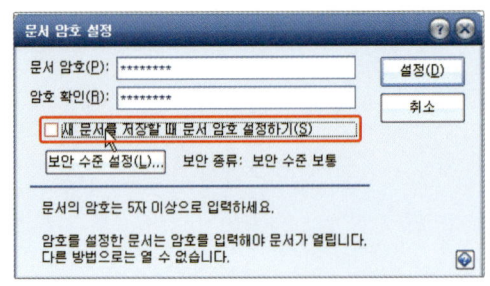

06 대화상자에 있는 [보안 수준 설정] 버튼을 클릭하면 [문서 보안 수준] 대화상자를 이용해서 문서의 보안 수준을 설정할 수 있습니다. 여기에서 [보안 수준 높음]을 선택하면 한글 2007 이하 버전에서는 암호를 알더라도 문서를 열어볼 수 없도록 보안 수준이 설정됩니다.

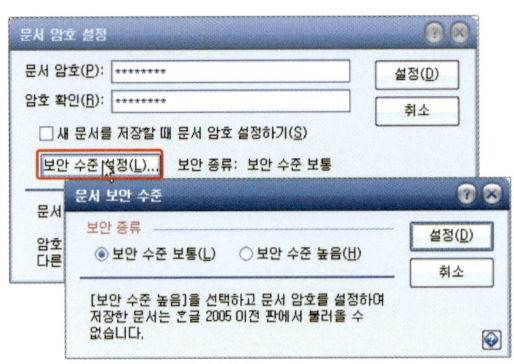

07 암호 설정이 끝났으면 [설정]과 [저장] 버튼을 순서대로 클릭해서 파일을 저장합니다.

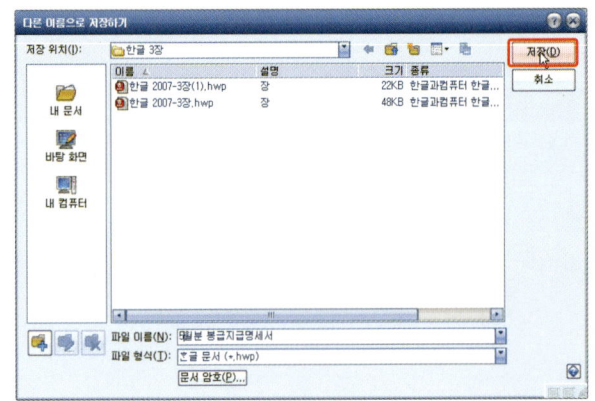

암호 걸린 문서 사용하기

이번에는 앞서 저장한 암호가 걸린 문서를 불러오는 방법에 대해 알아봅니다. 한 번 지정해 놓은 암호는 암호를 해제하기 전에는 계속 걸려있으니 절대 잊지 않도록 주의해야합니다.

01 암호가 걸려있는 문서를 불러와 보기 위해 [불러오기] 기능을 실행합니다.

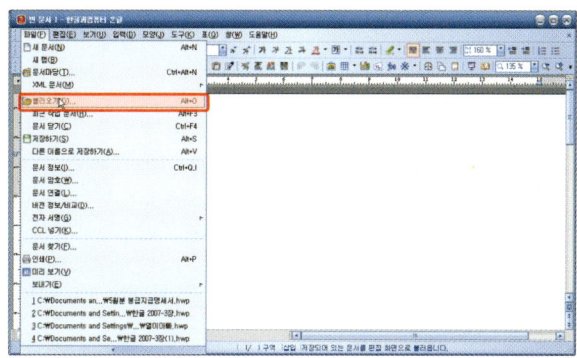

02 불러오기 대화상자에서 암호가 걸린 문서 하나를 선택한 후에 [열기] 버튼을 클릭합니다.

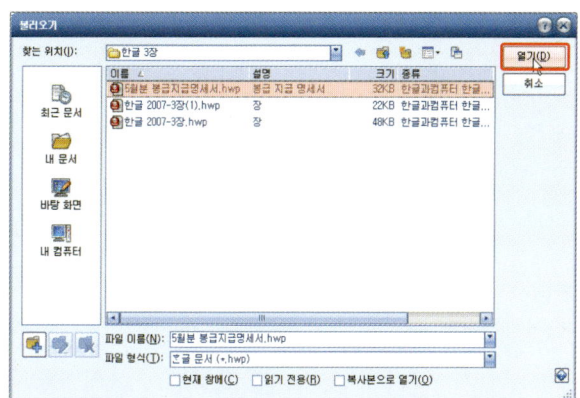

03 [문서 암호] 대화상자가 표시됩니다. 이 대화상자의 [현재 암호] 입력상자에 파일을 저장할 때 지정한 암호를 입력하고 [확인] 버튼을 클릭합니다.

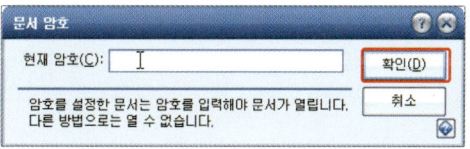

04 파일이 열리는 것을 확인할 수 있습니다. 만약, 암호가 한 글자라도 틀리면 문서를 열 수 없으니 암호를 잘 기억해 두시길 바랍니다.

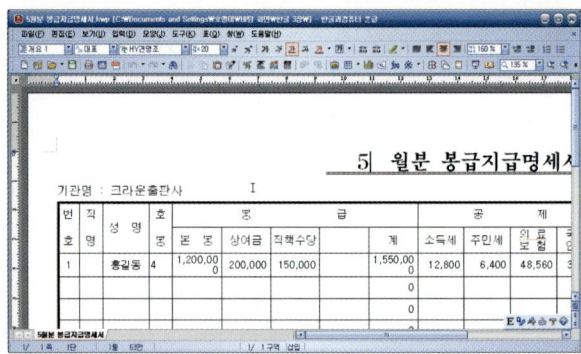

Reference

문서 암호 해제하기

문서에 지정한 암호를 해제하려면 다음의 방법을 사용하세요. 물론 이때에도 문서에 지정되어 있는 암호를 알고 있어야만 합니다.

01 암호가 걸려있는 문서가 열린 상태에서 [다른 이름으로 저장하기] 기능을 실행합니다.

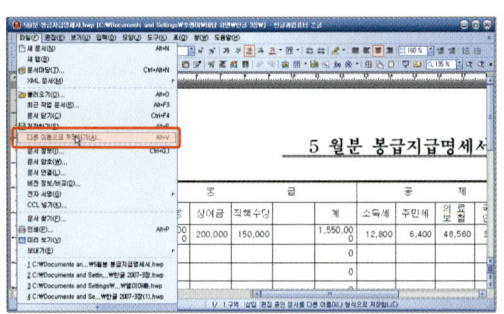

02 [다른 이름으로 저장하기] 대화상자의 [문서 암호] 버튼을 클릭합니다.

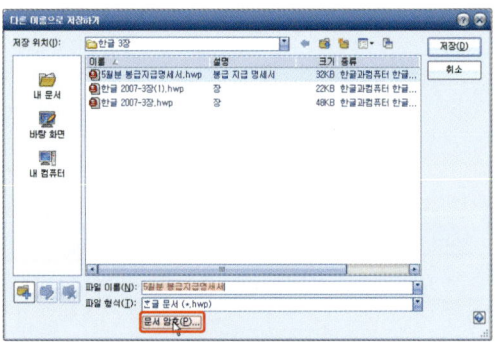

03 [문서 암호 변경] 대화상자가 표시되면 [암호 해제] 옵션을 선택한 후에 현재 설정되어 있는 암호를 입력하고 [변경] 버튼을 클릭합니다.

자동 저장 옵션 설정하기

문서를 잘 만드는 것 만큼이나 중요한 일이 바로 저장을 잘 하는 것인데요. 어지간히 습관을 들이지 않으면 문서 만드는데 집중하느라 저장하는 걸 잊게 마련입니다. 이때 발생할 수 있는 문제를 최소화 하기 위해 한글 2007의 자동 저장 옵션을 이용하는 방법에 대해 알아보겠습니다.

01 자동 저장 옵션을 설정하기 위해 먼저 [도구]-[환경 설정] 메뉴를 선택합니다.

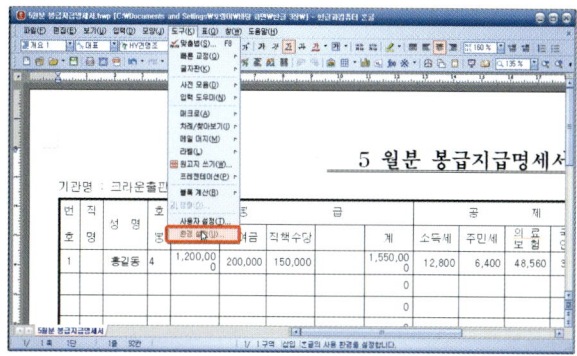

02 [환경 설정] 대화상자의 [편집] 탭에 있는 [무조건 자동 저장] 옵션을 선택하면 문서를 작업하는 도중에라도 지정한 시간 단위로 파일이 자동 저장됩니다.

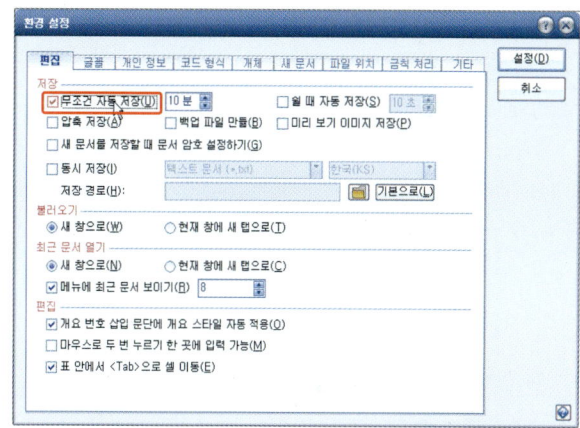

03 [쉴 때 자동 저장] 옵션을 선택하면 문서를 작업하고 있는 중에는 저장하지 않고 문서 작업을 지정한 시간만큼 쉬면 자동으로 저장합니다. 두 옵션을 함께 사용하면 더 효과적으로 파일을 저장할 수 있습니다.

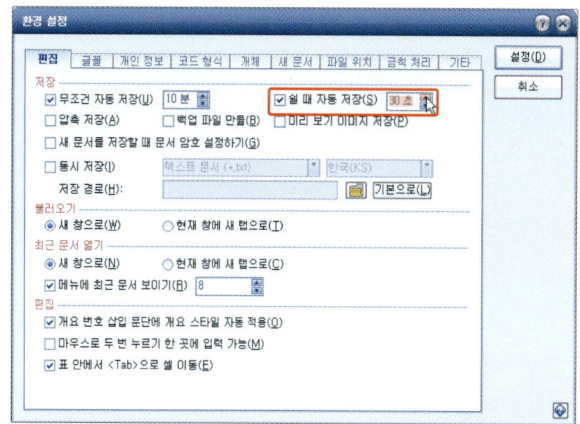

04 자동 저장 옵션 설정을 마친 후에 [설정] 버튼을 클릭하면 설정된 시간에 맞춰 자동 저장 기능이 실행됩니다.

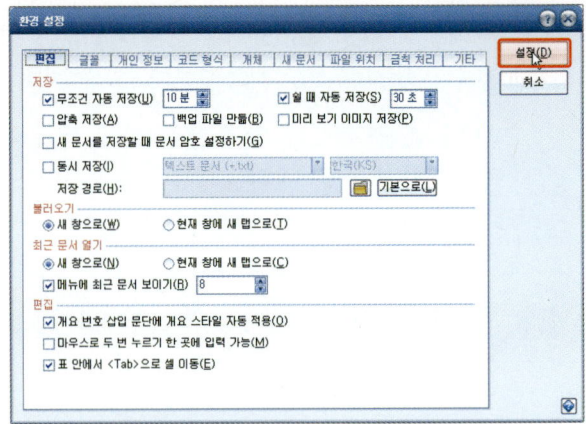

Reference

그 밖의 저장 관련 옵션

[환경 설정] 대화상자의 저장 관련 옵션에 대해 알아두면 편리하게 사용할 수 있습니다.

01 미리 보기 이미지 저장
이 옵션을 선택하면 파일을 저장할 때 문서 파일의 내용을 작은 이미지 파일 형태로 저장하여 불러오기 대화상자에서 문서의 내용을 대략적으로 파악할 수 있게 해 줍니다.

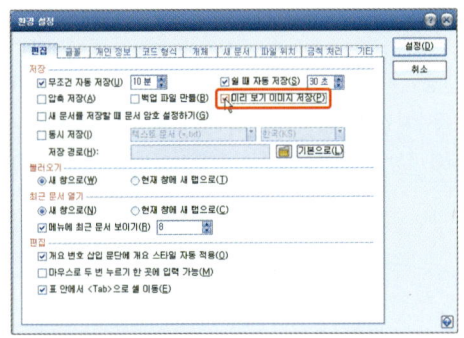

02 새 문서를 저장할 때 문서 암호 설정하기
이 옵션을 선택하면 파일을 저장할 때 자동으로 암호 설정 기능이 실행됩니다.

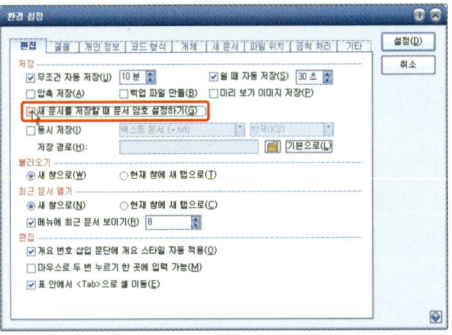

03 동시 저장
만약, 문서를 만들 때 한글 2007과 함께 다른 형식의 파일까지 만들어야 한다면 이 옵션을 이용해서 만들어야 할 다른 파일 형식을 지정합니다. 그렇게 하면 한글문서와 함께 지정한 문서가 같이 만들어집니다.

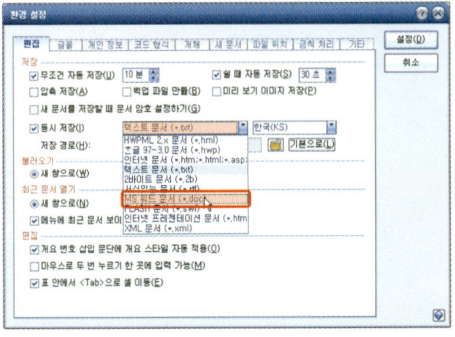

최근 문서 목록의 개수 설정하기

[파일] 메뉴의 아래쪽에 표시되는 최근 문서 목록은 익숙해지면 참 편리하게 사용할 수 있는 기능입니다. 만약 이 최근 문서 목록에 표시되는 개수를 좀 더 늘리거나 줄이고 싶다면 다음 원하는 숫자를 설정해서 표시할 수 있습니다.

01 최근 문서 목록의 개수를 설정하기 위해 [도구]-[환경 설정] 메뉴를 선택합니다.

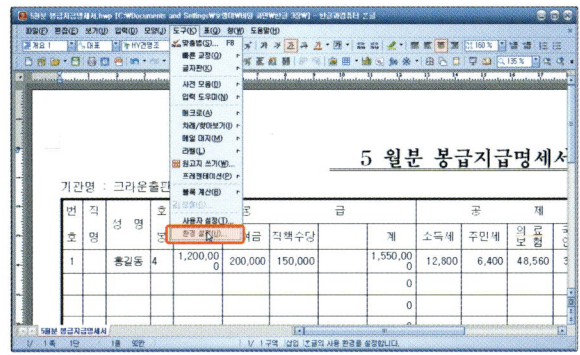

02 [환경 설정] 대화상자의 [편집] 탭에 있는 [메뉴에 최근 문서 보이기] 옵션이 선택된 상태에서 표시할 문서 개수를 지정하고 [설정] 버튼을 클릭합니다.

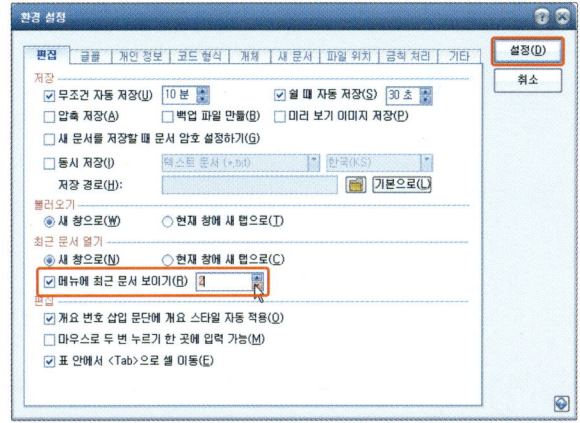

03 [파일] 메뉴를 펼쳐보면 지정한 개수만큼만 최근 문서가 표시되는 것을 확인할 수 있습니다.

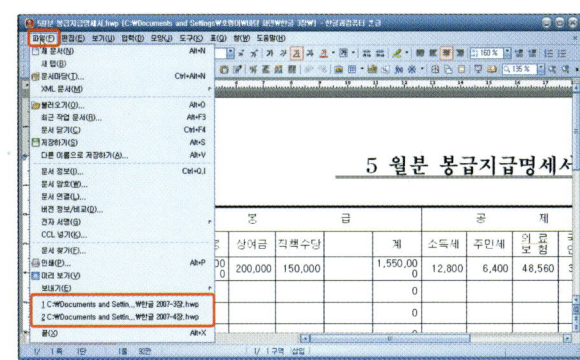

불러오기 대화상자에서 최근 문서 찾기

최근 문서 목록은 [파일] 메뉴뿐만 아니라 [불러오기] 대화상자에서도 사용할 수 있습니다. [불러오기] 대화상자에서 사용하는 최근 문서 목록은 좀 더 확장된 기능이라서 원하는 파일을 찾는데 더 편리합니다. 사용법에 대해 간단히 알아봅니다.

01 불러오기 대화상자를 표시하기 위해 [불러오기] 기능을 실행합니다.

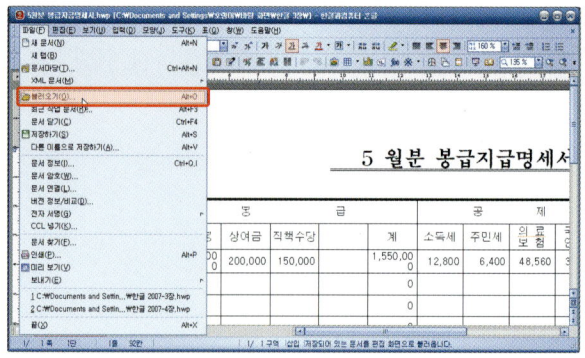

02 [불러오기] 대화상자의 왼쪽에 있는 [최근 문서] 버튼을 클릭합니다.

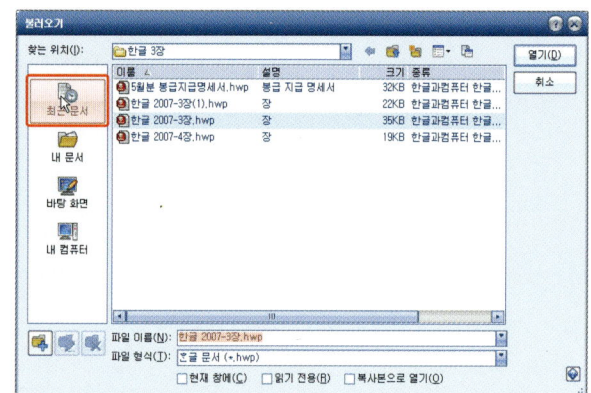

03 화면에 최근 작업한 파일과 폴더들이 표시되는 것을 확인할 수 있습니다. 이 목록을 이용하면 파일 이름이나 크기, 종류순으로 정렬해 보고 원하는 파일을 쉽게 찾을 수 있습니다.

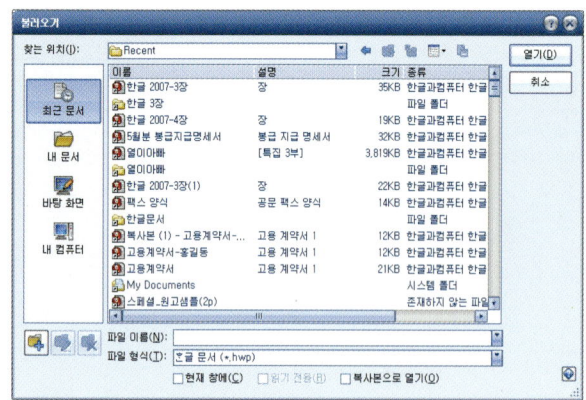

Chapter 01　입력한 내용 고치기
- ◆ 앞(왼쪽) 글자 지우기
- ◆ 뒤(오른쪽) 글자 지우기
- ◆ 새로운 내용으로 바꾸기
- ◆ 되돌리기
- ◆ 다시 실행하기
- ◆ 영어 대문자 설정하기

Chapter 02　블록 사용하기
- ◆ 마우스 클릭으로 선택하기
- ◆ 행 단위로 선택하기
- ◆ Shift 로 선택하기
- ◆ F3 으로 블록 지정하기
- ◆ F4 로 블록 지정하기

Chapter 03　이동하기와 복사하기
- ◆ 마우스 드래그로 이동하기
- ◆ 메뉴와 단축키로 이동하기
- ◆ 마우스 드래그로 복사하기
- ◆ 메뉴와 단축키로 복사하기

Chapter 04　찾기와 바꾸기
- ◆ 찾기
- ◆ 찾아 바꾸기

Chapter 05　글자 모양 고치기
- ◆ 글꼴 모양 지정하기
- ◆ 글꼴 크기 지정하기
- ◆ 글자 속성 지정하기
- ◆ 글자 색 지정하기
- ◆ 글자 테두리 사용하기
- ◆ 형광펜 칠하기

Chapter 06　맞춤 형식 지정하기
- ◆ 도구 아이콘 사용하기
- ◆ 대화상자로 맞춤형식 지정하기

PART 04

내용 고치기는 이렇게

>>> 내용을 잘못 입력했거나 제대로 만든 문서라도 나중에 입력된 내용을 고쳐야 하는 경우가 자주 생깁니다. Part 04에서는 입력된 내용을 수정해서 원하는 대로 고치는 여러 가지 방법들에 대해 알아보겠습니다.

CHAPTER

01 입력한 내용 고치기

한글 2007은 한번 입력한 내용이라도 쉽게 고치고 수정할 수 있는 기능들을 다양하게 지원하고 있습니다. 여기에서는 먼저 간단한 방법들을 이용해서 입력된 내용을 지우거나 새로운 내용으로 고치는 방법에 대해 알아봅니다.

앞(왼쪽) 글자 지우기

키보드의 오른쪽 위에 있는 [Back Space]는 커서의 바로 앞(왼쪽)에 있는 글자를 지울 때 사용하는 키입니다. 이 키는 누를 때마다 한 글자씩 지워지면서 커서가 왼쪽으로 이동합니다.

01 지울 글자의 뒤쪽(오른쪽)을 클릭해서 커서를 위치시킵니다.

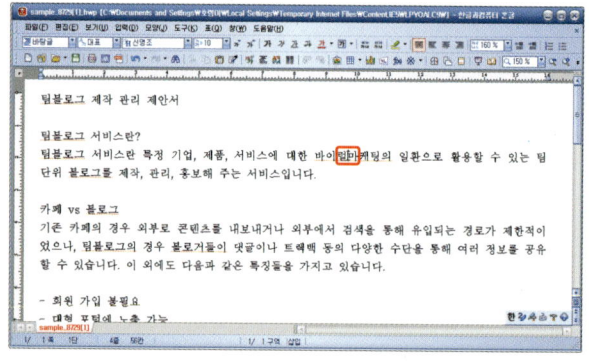

02 [Back Space]를 누르면 커서의 앞(왼쪽)에 있는 글자들이 하나씩 지워집니다.

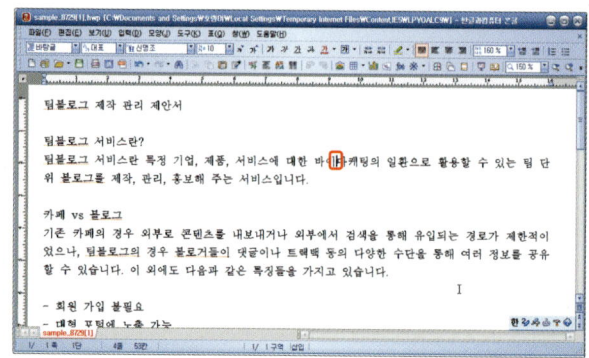

뒤(오른쪽) 글자 지우기

Del 또는 Delete 라고 써있는 키는 커서의 뒤(오른쪽)에 있는 글자를 지우는 용도로 사용할 수 있습니다. 이 키를 누르면 커서의 위치는 이동하지 않고 뒤에 있는 글자들이 하나씩 지워지면서 당겨집니다.

01 지울 글자의 앞쪽(왼쪽)을 클릭해서 커서를 위치시킵니다.

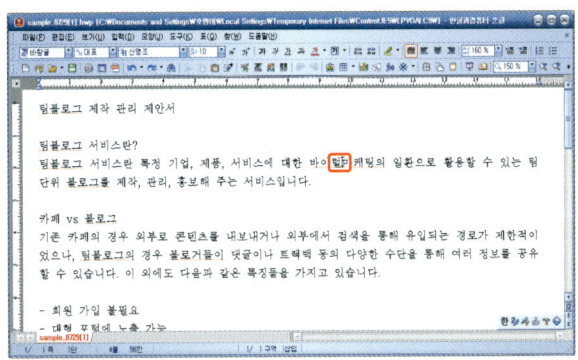

02 Del 이나 Delete 라고 써있는 키를 누르면 커서의 뒤쪽(오른쪽)에 있는 글자들이 한 글자씩 지워집니다.

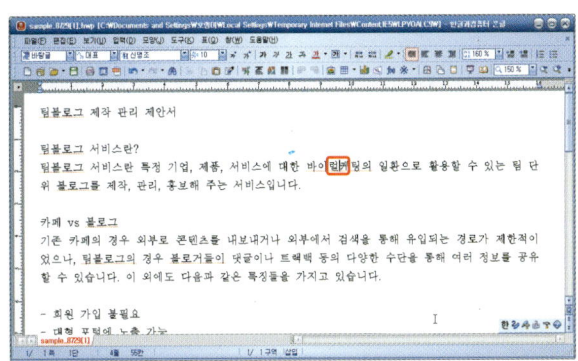

03 키를 계속 누르면 커서 뒤쪽에 있는 글자들이 한 글자씩 당겨지면서 지워집니다.

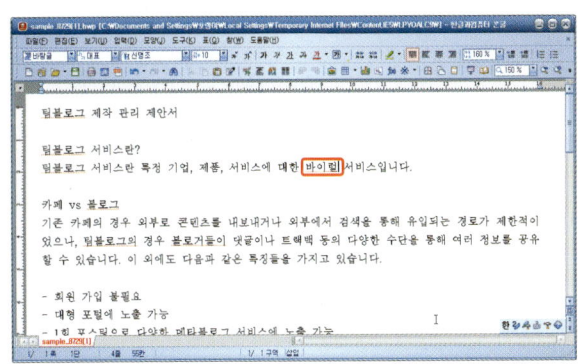

새로운 내용으로 바꾸기

이미 입력되어 있는 내용의 일부를 마우스로 드래그 한 후에 새로운 내용을 입력하면, 기존에 입력되어 있던 내용 대신 새로 입력한 내용으로 바뀝니다.

01 새로운 내용으로 대체할 내용 부분을 마우스로 지정해서 선택합니다. 이렇게 선택된 검정색 박스를 블록이라고 부릅니다.

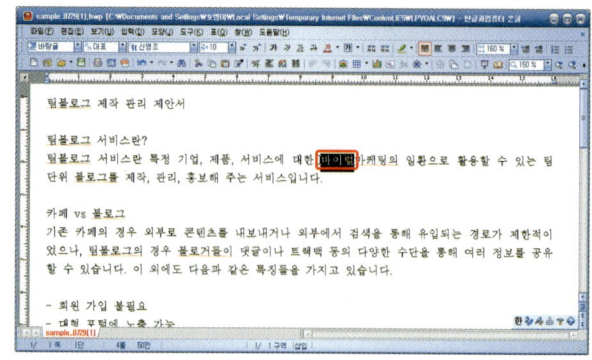

02 키보드로 새로운 내용을 타이핑하면 앞서 블록으로 지정했던 내용이 지워지고 새로 입력한 내용이 표시됩니다.

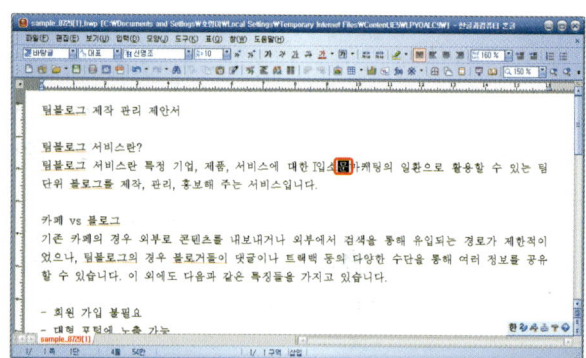

03 키보드의 맨 아래쪽에 있는 Space Bar 를 누르면 글자와 글자 사이에 한 글자의 공백을 만들 수 있습니다.

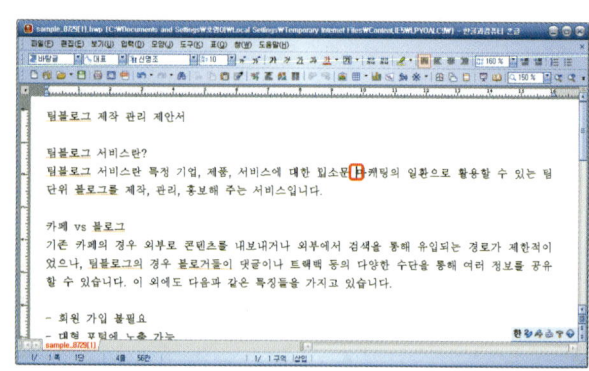

되돌리기

만약 글자를 지우거나 수정한 내용을 이전 상태로 되돌리고 싶다면 되돌리기 기능을 사용해서 원래 상태로 되돌릴 수 있습니다.

01 되돌리기 명령을 실행하려면 뭔가 실행한 기능이 있어야 합니다. 먼저 문서의 특정 부분을 블록으로 지정해 봅니다.

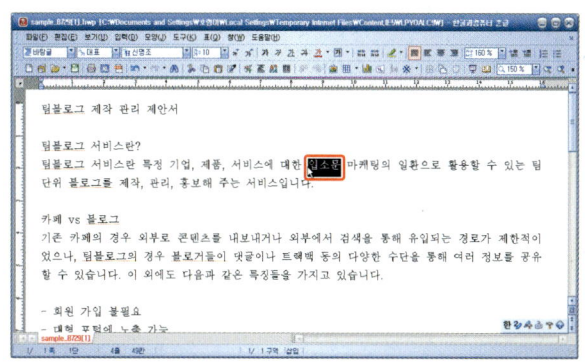

02 Delete 를 눌러서 블록으로 선택한 내용을 지운 후에 [편집]-[되돌리기] 메뉴를 선택하거나 Ctrl + Z 를 눌러봅니다.

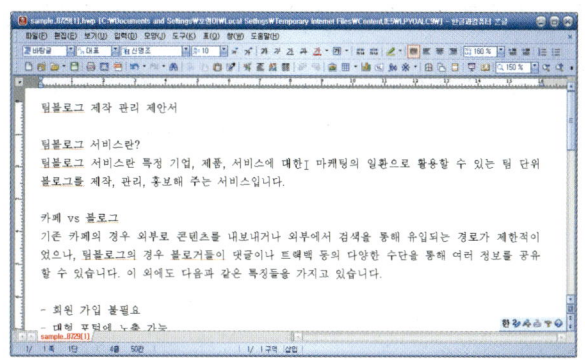

03 지워졌던 내용이 다시 화면에 표시되는 것을 확인할 수 있습니다.

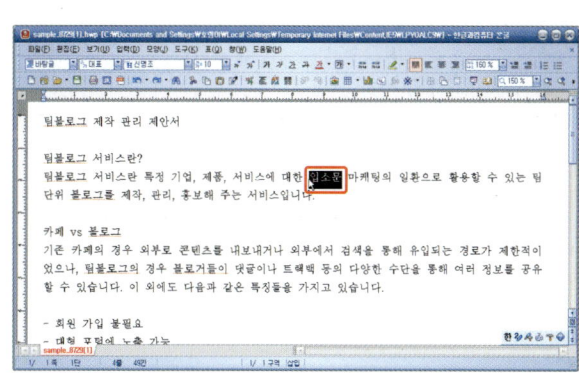

다시 실행하기

되돌리기 기능을 실행하다보면 너무 많이 되돌렸거나 막상 되돌리기 기능을 실행하고 보니 앞서 수정한 내용이 더 좋다는 생각이 든다면 다시 실행 기능을 이용하면 됩니다.

01 문서의 특정 부분에 그림처럼 새로운 단어를 입력해봅니다.

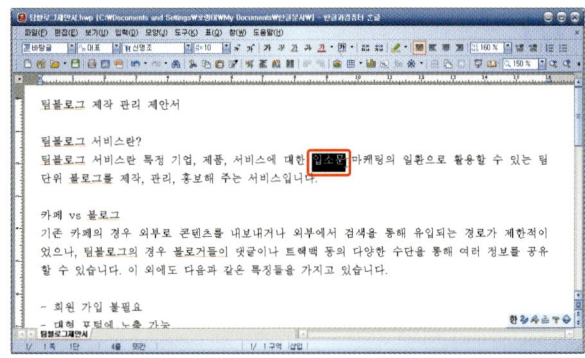

02 다시 실행 기능을 실행하려면 먼저 되돌리기 기능을 실행해야 하니 Ctrl+Z를 눌러서 앞서 입력한 내용을 취소시킵니다.

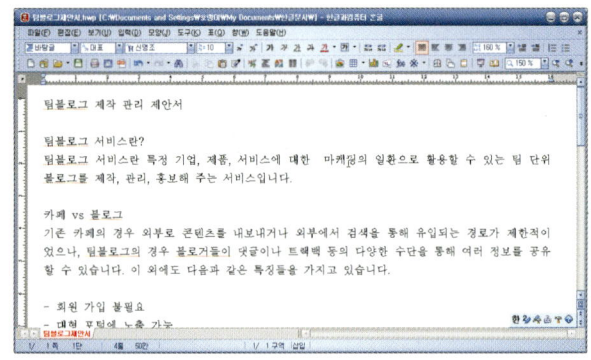

03 다시 [편집]-[다시 실행] 메뉴를 누르거나 Ctrl+Shift+Z를 누르면 사라졌던 내용이 다시 표시되는 것을 확인할 수 있습니다.

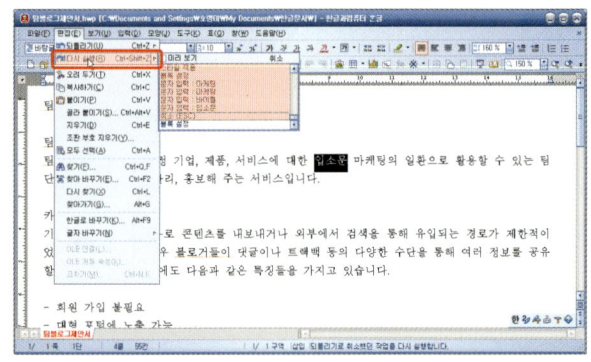

영어 대문자 설정하기

영어로 된 문장을 입력하면서 일일이 대문자와 소문자를 구분해서 입력하는 것은 상당히 귀찮은 일입니다. 또한, 긴 문장을 작성하다보면 대소문자 구분을 잘못 해 넣는 경우도 자주 발생합니다. 이럴 때 글자 바꾸기 기능을 사용하면 아주 편리합니다.

01 전부 소문자로 입력되어 있는 영어 문서를 블록으로 지정한 후에 [편집]-[글자 바꾸기]-[대문자/소문자 바꾸기] 메뉴를 선택합니다.

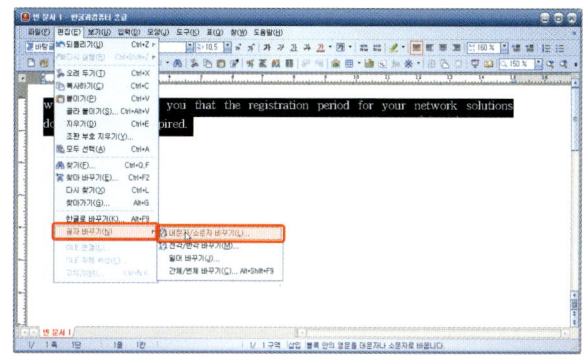

02 [대문자/소문자 바꾸기] 대화상자에서 적용할 바꾸기 옵션(단어 첫 글자만 대문자로)을 지정한 후에 [바꾸기] 버튼을 클릭합니다.

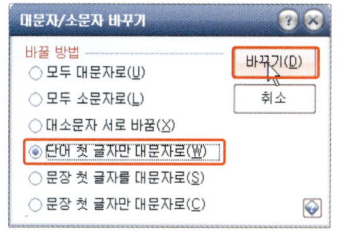

03 지정한 옵션에 따라서 문서의 단어 첫머리 글자가 대문자로 바뀌는 것을 확인할 수 있습니다.

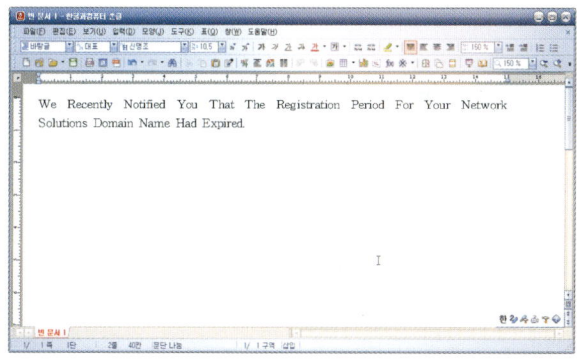

CHAPTER 02 블록 사용하기

마우스로 입력된 내용 부분을 드래그하면 까맣게 선택되는 상태를 블록이라고 합니다. 한글 2007에서는 입력한 내용을 편리하게 관리할 수 있도록 하기 위해 다양한 방법으로 블록을 지정하고, 블록으로 지정된 내용에 여러 가지 편집 명령을 적용할 수 있습니다.

마우스 클릭으로 선택하기

마우스의 왼쪽 버튼을 몇 번 클릭했느냐에 따라 커서의 위치를 중심으로 원하는 내용들을 편리하게 선택할 수 있습니다.

01 더블클릭
문장의 특정 부분에서 마우스를 두 번 클릭하면 마우스 포인터가 있는 부분의 단어가 블록으로 지정됩니다.

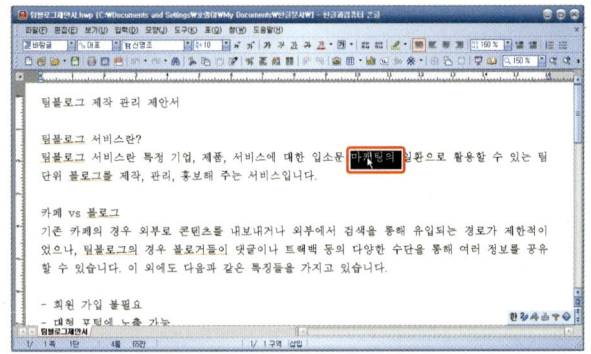

02 세 번 클릭
문장의 특정 부분에서 마우스의 왼쪽 버튼을 세 번 클릭하면 해당 문장이 통째로 선택됩니다.

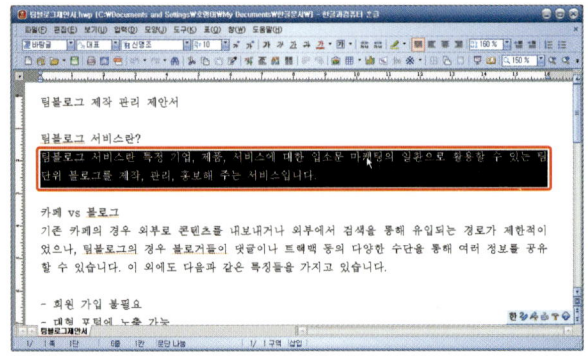

행 단위로 선택하기

문서의 왼쪽 여백 부분에서 마우스의 왼쪽 버튼을 클릭한 수에 따라 여러 종류의 선택 기능을 실행할 수 있습니다.

01 한 줄 선택하기
문서 왼쪽 여백 부분에서 마우스 왼쪽 버튼을 한 번 클릭하면 해당 행이 블록으로 지정됩니다.

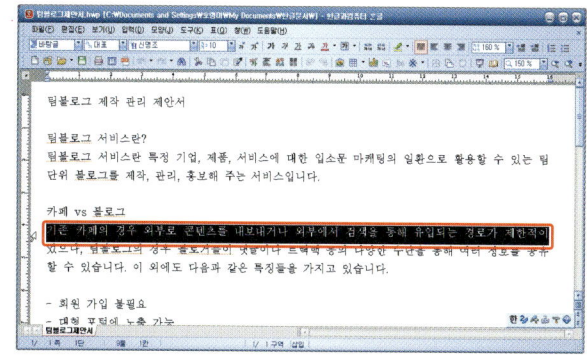

02 문장 선택하기
문서 왼쪽 여백 부분에서 마우스 왼쪽 버튼을 두 번 클릭하면 해당 문장이 블록으로 지정됩니다.

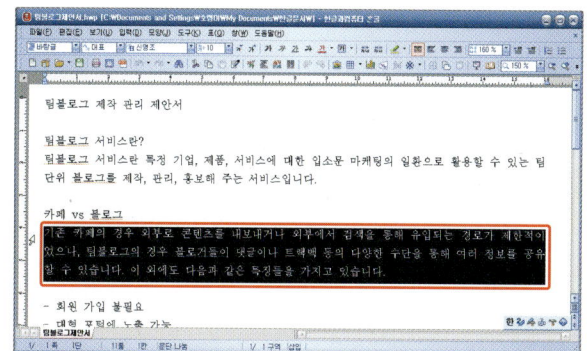

03 문서 전체 선택하기
문서 왼쪽 여백 부분에서 마우스 왼쪽 버튼을 세 번 클릭하면 현재 문서 전체가 블록으로 지정됩니다.

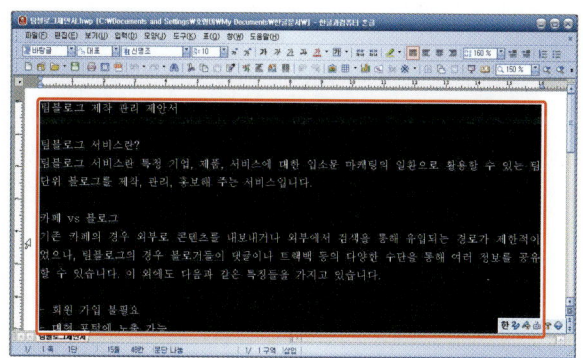

 로 선택하기

키보드의 Shift 를 누른 상태에서 방향키나 이동키를 눌러서 원하는 범위를 블록으로 지정할 수도 있습니다. 이 방법은 넓은 범위를 블록으로 지정하거나 원하는 내용을 정확히 선택하고 싶을 때 효과적으로 사용할 수 있습니다.

01 먼저 블록으로 지정할 기준 점을 클릭해서 커서를 위치시킵니다.

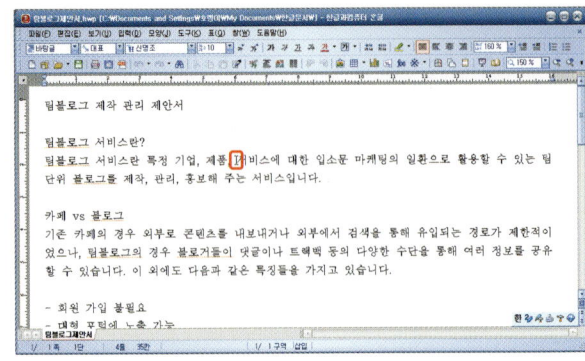

02 좌우 방향키 이용하기

Shift 를 누른 상태에서 왼쪽이나 오른쪽 방향키를 누르면 해당 방향으로 한 칸씩의 글자를 블록으로 지정할 수 있습니다.

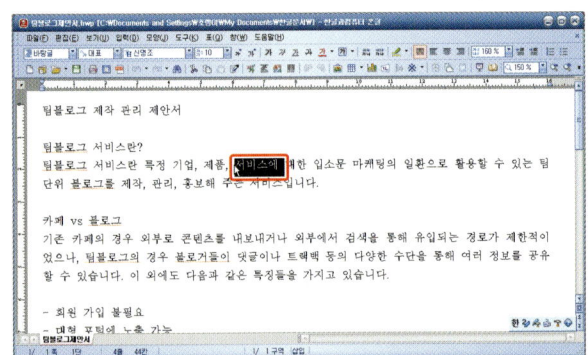

03 상하 방향키 이용하기

Shift 를 누른 상태에서 위나 아래쪽 방향키를 누르면 커서가 위치한 곳부터 위나 아래로 한 줄씩이 블록으로 지정됩니다.

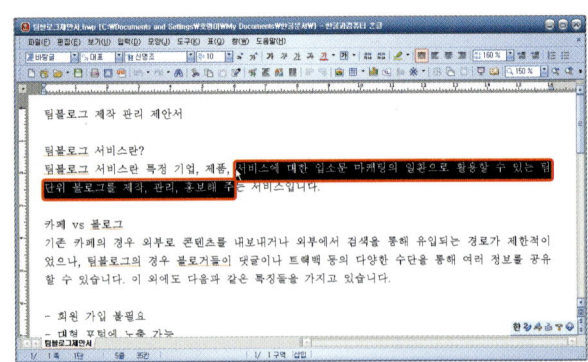

04 Home, End 사용하기

Shift를 누른 상태에서 Home 나 End를 누르면 커서가 위치한 곳을 기준으로 맨 앞쪽(왼쪽) 글자나 맨 뒤쪽(오른쪽) 글자까지가 블록으로 지정됩니다.

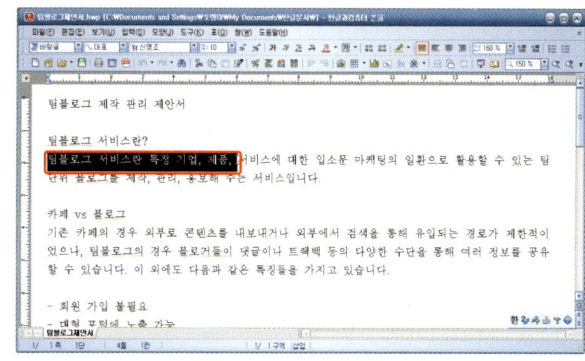

05 Page Up, Page Down 사용하기

Shift를 누른 상태에서 Page Up을 누르면 커서를 중심으로 맨 앞쪽까지의 글자와 바로 윗줄 한 줄까지를 블록으로, Page Down을 누르면 커서를 중심으로 맨 뒤쪽까지의 글자와 바로 아랫줄 한 줄까지를 블록으로 지정할 수 있습니다.

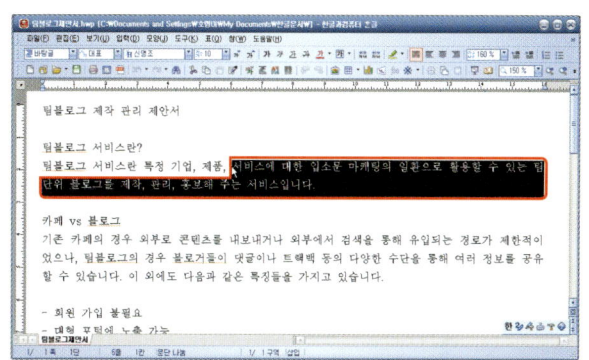

06 Ctrl + Page Up, Ctrl + Page Down 사용하기

Shift를 누른 상태에서 Ctrl + Page Up을 누르면 커서가 있는 위치부터 문서의 맨 첫 글자까지를 블록으로, Ctrl + Page Down을 누르면 커서부터 문서의 맨 마지막 글자까지를 블록으로 지정할 수 있습니다.

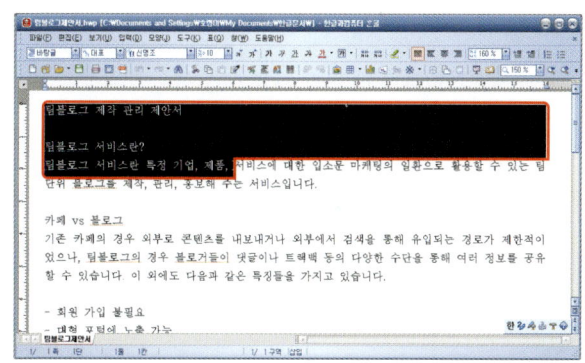

07 마우스 클릭으로 범위 지정하기

Shift를 누른 상태에서 마우스로 특정 부분을 클릭하면 커서가 위치한 곳부터 마우스로 클릭한 사이의 범위가 블록으로 지정됩니다.

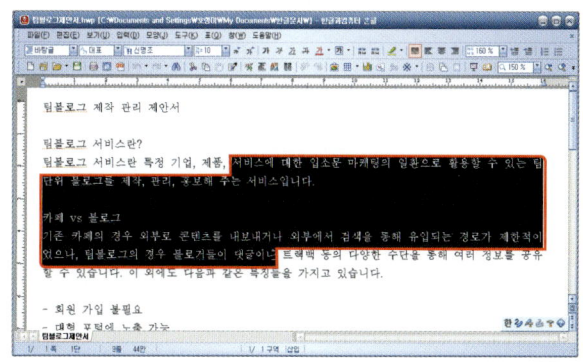

F3 으로 블록 지정하기

F3을 누르면 마치 Shift를 누르고 있는 것처럼, 방향키나 이동키를 눌러서 블록을 지정할 수 있습니다. 하지만 마우스 클릭과 조합해서 블록을 지정할 수는 없습니다.

01 먼저 블록으로 지정할 기준에 커서를 위치시킨 후에 F3을 누릅니다.

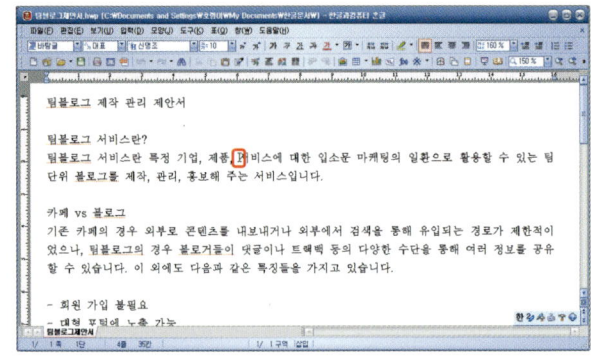

02 오른쪽이나 왼쪽 방향키를 누르면 해당 방향으로 한 글자씩 블록에 추가됩니다.

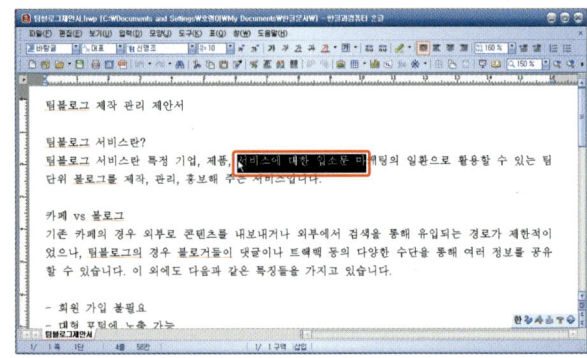

03 위나 아래쪽 방향키를 누르면 해당 방향으로 한 줄씩 블록에 추가됩니다.

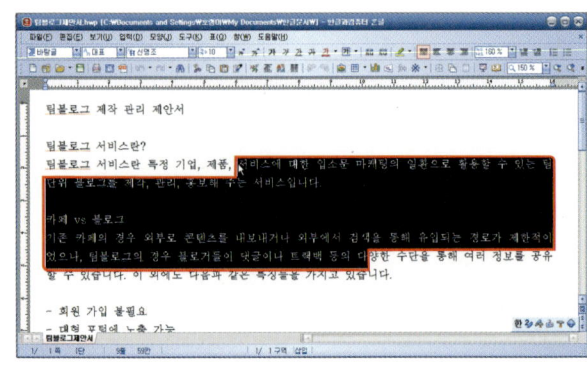

F4 로 블록 지정하기

F4는 F3과 비슷한 용도로 사용되지만 항목별로 내용을 선택하는데 사용됩니다. 임의로 만들어 둔 항목이나 여러 줄에 입력된 내용 중 일정 수의 글자만 블록으로 지정할 때 사용할 수 있습니다.

01 블록으로 지정할 기준 부분에 커서를 위치시킨 후에 F4를 누릅니다.

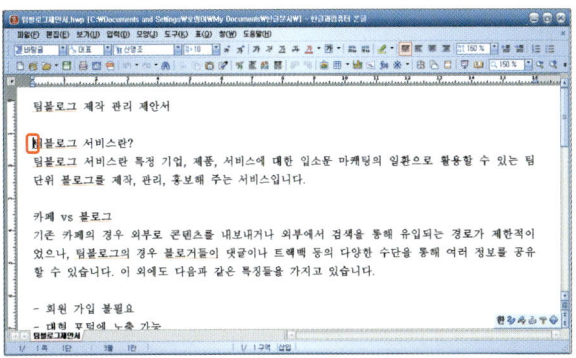

02 왼쪽이나 오른쪽 방향키를 누르면 F3을 사용할 때와 마찬가지로 한 글자씩 블록에 추가됩니다.

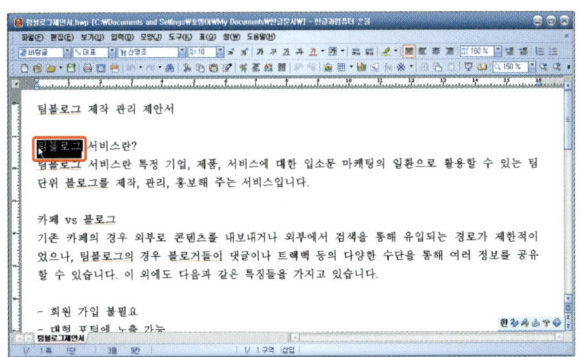

03 위쪽이나 아래쪽 방향키를 누르면 행 전체가 아니라 앞서 블록으로 지정한 글자 수 만큼만 블록으로 지정되며 위나 아래쪽 행이 블록에 추가되는 것을 확인할 수 있습니다.

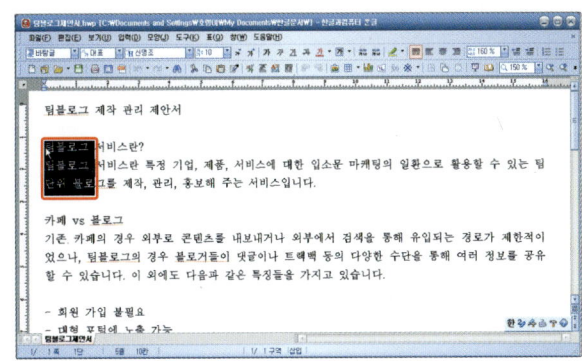

CHAPTER 03 이동하기와 복사하기

한글 2007에서는 입력된 내용을 수정하기만 할 수 있는 게 아니라 원하는 위치로 내용을 이동하거나 복사할 수 있습니다.

마우스 드래그로 이동하기

블록으로 지정한 내용을 마우스로 드래그하면 원하는 위치로 이동시킬 수 있습니다. 이때, 마우스 포인터의 모양이 중요하니 잘 관찰해 두시길 바랍니다.

01 이동할 내용을 블록으로 지정한 후에 블록의 중간 부분을 마우스로 드래그해서 적당한 위치로 이동시킵니다. 이때, 마우스 포인터의 모양이 화살표 모양이어야 합니다.

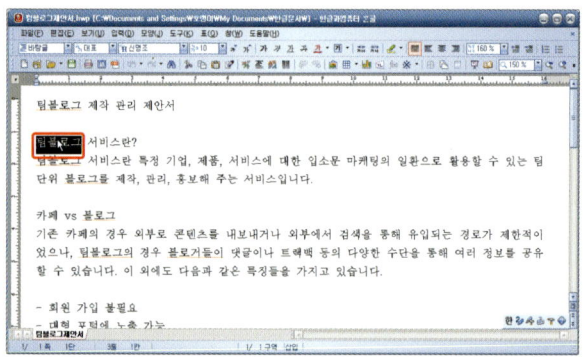

02 마우스 버튼에서 손가락을 떼면 블록으로 지정했던 내용이 사라지고 마우스로 드래그한 지점에 내용이 표시되는 것을 확인할 수 있습니다.

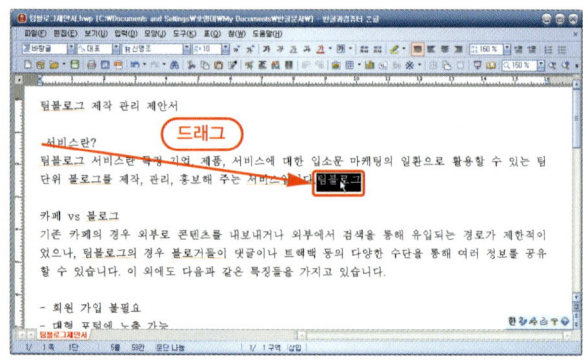

메뉴와 단축키로 이동하기

마우스 드래그로 이동시키는 방법은 간편하긴 하지만 마우스를 정교하게 조작해야 한다는 점에서 좀 불편할 수 있습니다. 이번에는 메뉴와 단축키를 이용해서 입력된 내용을 다른 위치로 이동하는 방법에 대해 알아봅니다.

01 이동할 내용을 블록으로 지정한 후에 블록의 중간 부분에서 마우스 오른쪽 버튼을 클릭하면 표시되는 단축 메뉴에서 [오려 두기]를 선택합니다.

> Tip [편집]-[오려 두기] 메뉴를 선택하거나 단축키 Ctrl+X 를 눌러도 됩니다.

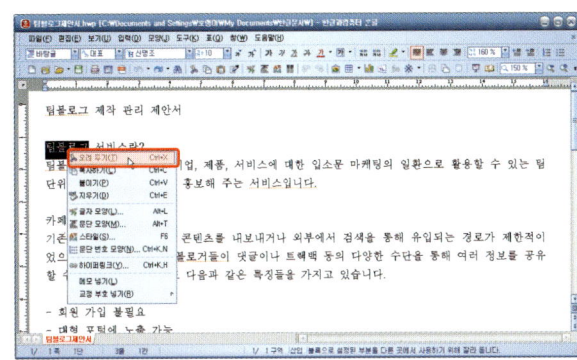

02 이동된 내용이 표시될 기준 점을 클릭한 후에 다시 단축 메뉴의 [붙이기]를 선택합니다. 이때, 지정한 기준 점의 바로 오른쪽부터 내용이 표시됩니다.

> Tip [편집]-[붙이기] 메뉴를 선택하거나 단축키 Ctrl+V 를 눌러도 됩니다.

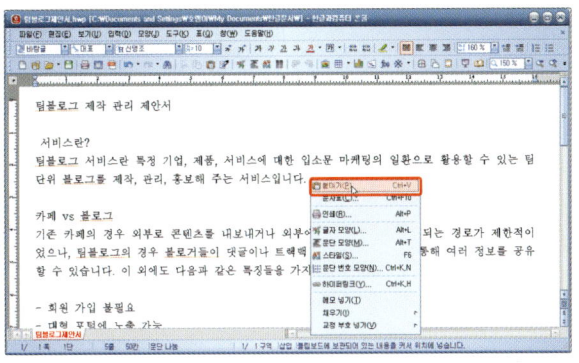

03 블록으로 지정했던 원본 내용이 사라지고 붙이기 기능을 실행한 곳으로 이동된 것을 확인할 수 있습니다.

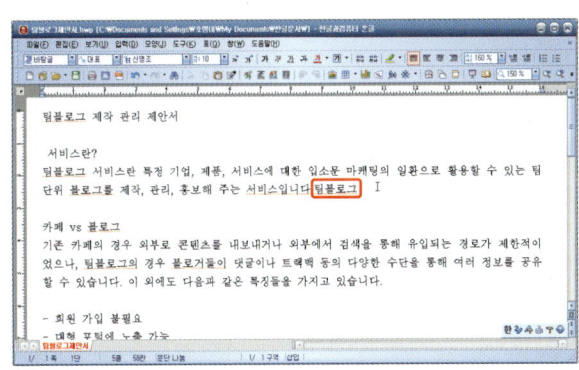

마우스 드래그로 복사하기

블록으로 지정한 내용을 Ctrl을 누른 상태에서 마우스로 드래그하면 원본 내용이 그대로 남아있는 상태에서 똑같은 내용을 다른 위치에 복사해 붙일 수 있습니다.

01 복사할 내용을 블록으로 지정한 후에 중간 부분에 마우스 포인터를 위치시킵니다.

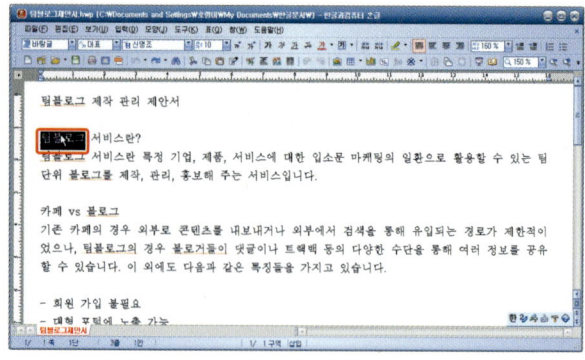

02 키보드에서 Ctrl을 누르면서 마우스를 드래그하면 이동 대신 복사 기능이 실행됩니다. Ctrl을 누른 상태에서 내용을 드래그하면 이때, 화살표 모양 마우스 포인터에 + 모양이 표시되는데, 이게 바로 이동이 아니라 복사를 하고 있다는 표시입니다.

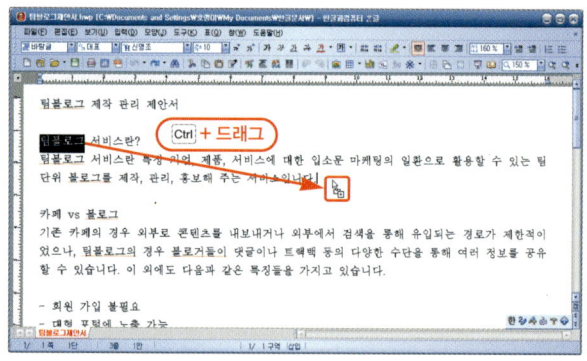

03 마우스로 드래그한 부분에 블록으로 지정했던 내용이 표시됩니다. 또한, 원본 내용도 그대로 남아있는 것을 확인할 수 있습니다.

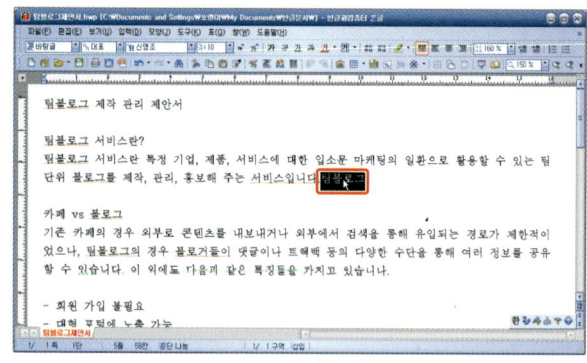

메뉴와 단축키로 복사하기

복사도 이동하기와 마찬가지로 메뉴와 단축키를 이용해서 편리하게 복사할 수 있습니다. 내용의 일부를 이동하거나 복사하는 기능은 자주 사용하는 것이니 잘 알아두시길 바랍니다.

01 복사할 내용을 블록으로 지정한 후에 바로 가기 메뉴에서 [복사하기]를 선택합니다.

> Tip [편집]-[복사하기] 메뉴를 선택하거나 단축키 Ctrl + C 를 눌러도 됩니다.

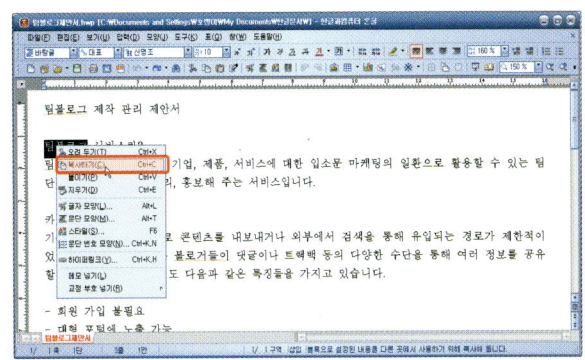

02 복사한 내용을 붙여넣을 위치에서 바로 가기 메뉴의 [붙이기]를 선택합니다. 이때, 지정한 기준 점의 바로 오른쪽부터 내용이 표시됩니다.

> Tip [편집]-[붙이기] 메뉴를 선택하거나 단축키 Ctrl + V 를 눌러도 됩니다.

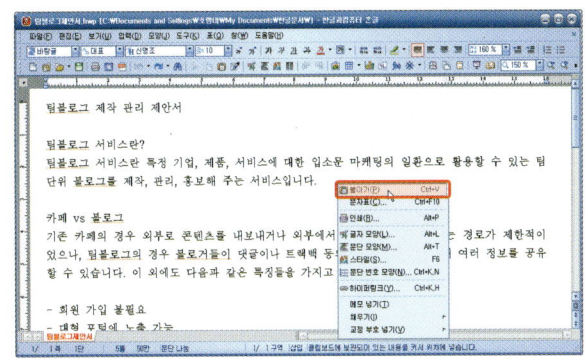

03 원본 내용과 복사된 내용이 모두 표시되는 것을 확인할 수 있습니다.

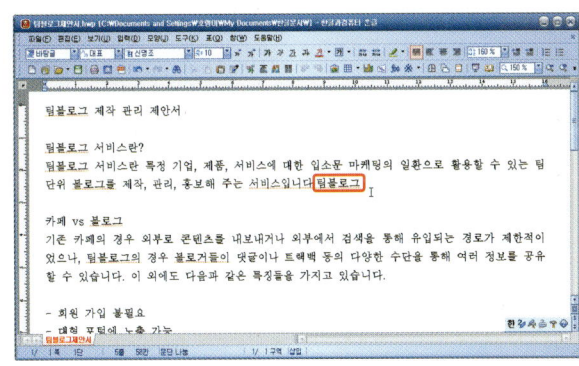

CHAPTER 04 찾기와 바꾸기

문서에 입력된 내용 중 특정 단어를 찾는 것은 쉽지 않은 일입니다. 이번에는 찾기와 바꾸기 기능을 이용해서 입력된 내용 중 원하는 내용을 찾고 수정하는 방법에 대해 알아봅니다.

 찾기

찾기는 문서에 입력되어 있는 내용 중에 원하는 내용을 찾아야 할 때 사용할 수 있는 기능입니다.

01 찾기 기능은 실행할 때 커서가 위치해 있었던 부분부터 찾게 되니 문서의 맨 시작점에 커서를 두고 실행시키는 것이 좋습니다.

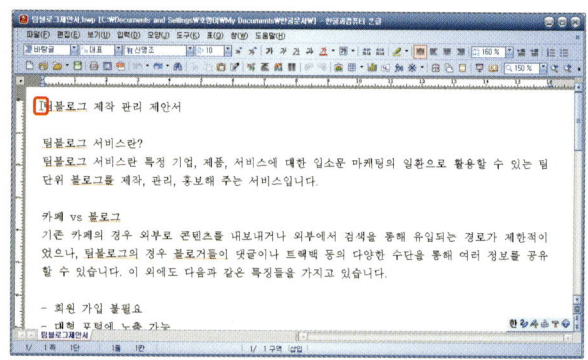

02 [편집]-[찾기] 메뉴를 선택하거나 단축키 Ctrl + Q, F 를 누릅니다.

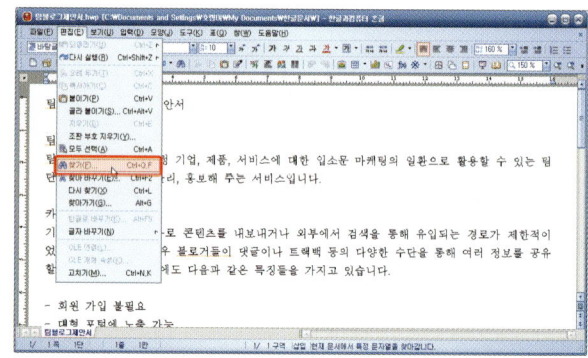

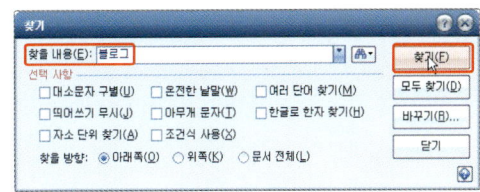

03 찾기 대화상자가 열리면 [찾을 내용] 입력상자에 찾고 싶은 내용을 입력하고 [찾기] 버튼을 클릭합니다.

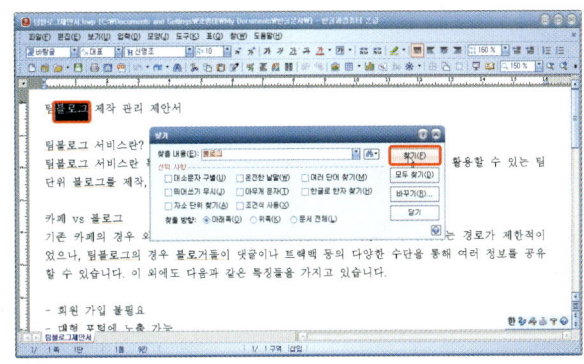

04 입력한 내용을 문서에서 찾아서 블록으로 선택해 주는 것을 확인할 수 있습니다.

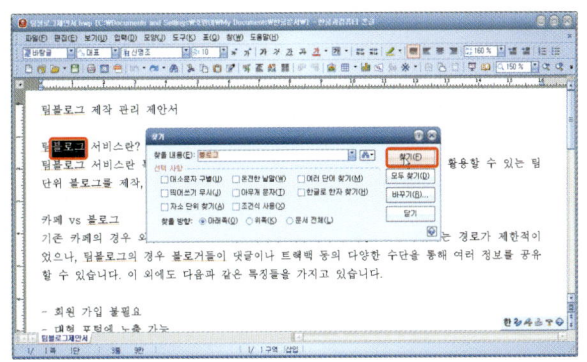

05 다시 한 번 [찾기] 버튼을 클릭하면 같은 내용이 입력 된 두 번째 위치를 블록으로 선택해서 보여 줍니다.

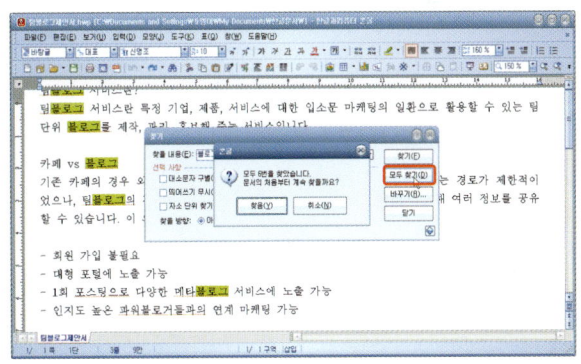

06 대화상자의 [모두 찾기] 버튼을 클릭하면 문서 전체에 해당 내용이 표시된 부분을 강조해서 표시해 주고, 그 내용이 몇 번 입력되어 있는지 표시해줍니다.

Chapter 04 찾기와 바꾸기 • **095**

찾아 바꾸기

찾아 바꾸기 기능은 문서에서 원하는 내용을 찾아서 새로운 내용으로 자동으로 바꾸는 기능입니다. 여러 회사에 보내야 하는 제안서 등의 경우 이 방법을 사용하면 아주 편리합니다.

01 커서를 문서의 맨 앞쪽에 위치시킨 후에 [편집]-[찾아 바꾸기] 메뉴를 선택하거나 단축키 Ctrl + F2 를 누릅니다.

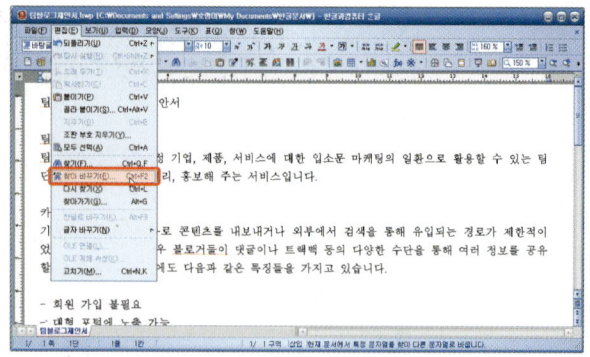

02 [찾아 바꾸기] 대화상자가 표시되면 [찾을 내용]과 [바꿀 내용] 입력상자에 각각 찾고 싶은 내용과 새로 입력할 내용을 입력합니다.

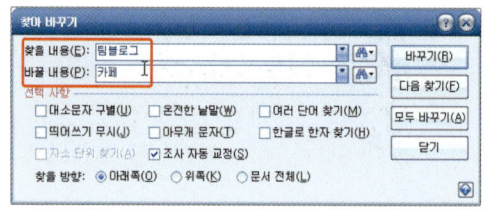

03 [다음 찾기] 버튼을 클릭하면 [찾을 내용] 입력상자에 입력한 내용이 입력된 가장 첫 번째 부분을 블록으로 선택하여 보여줍니다.

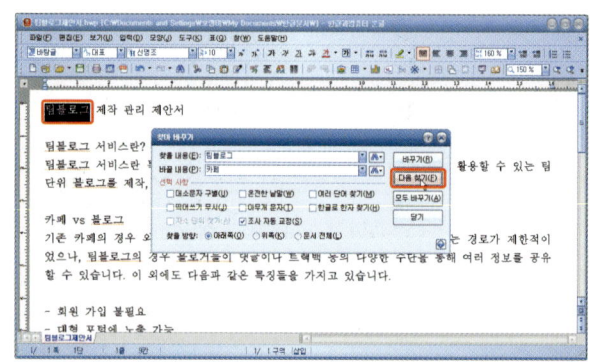

04 [바꾸기] 버튼을 클릭하면 현재 블록으로 선택되어 있는 부분이 [바꿀 내용]에 입력한 내용으로 바뀌고 다음 단어를 찾아서 블록으로 표시해 줍니다.

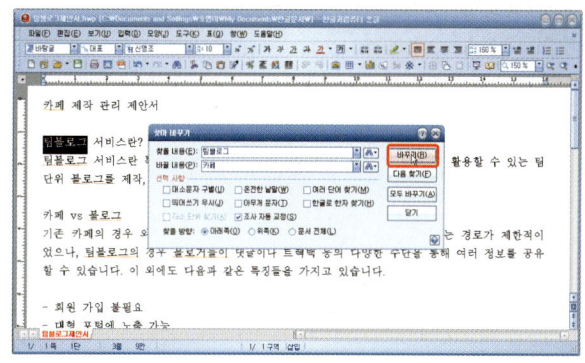

05 만약 찾은 내용이 변경하면 안 되는 내용이라면 [다음 찾기]를 클릭해서 넘어갑니다.

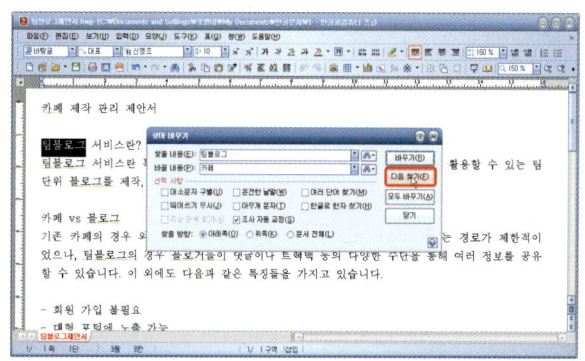

06 만약, 찾아 바꾸는 내용을 문서에 있는 모든 단어에 한 번에 적용하고 싶다면 [찾아 바꾸기] 대화상자의 찾을 방향을 [문서 전체]로 지정한 후에 [모두 바꾸기] 버튼을 클릭합니다.

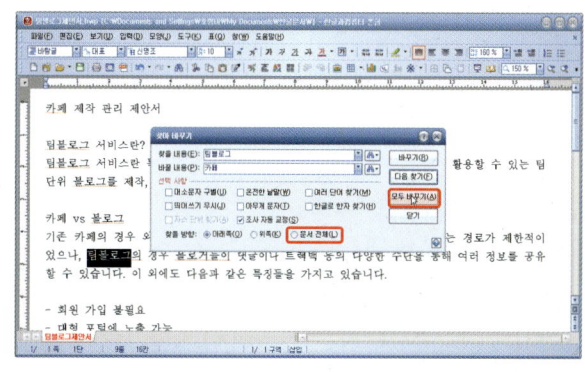

07 입력된 모든 내용이 새로운 내용으로 대체되고 결과가 대화상자에 표시되는 것을 확인할 수 있습니다. 하지만 모두 바꾸기는 예상하지 못했던 결과를 얻게 될 수도 있으니 주의해서 사용해야 합니다.

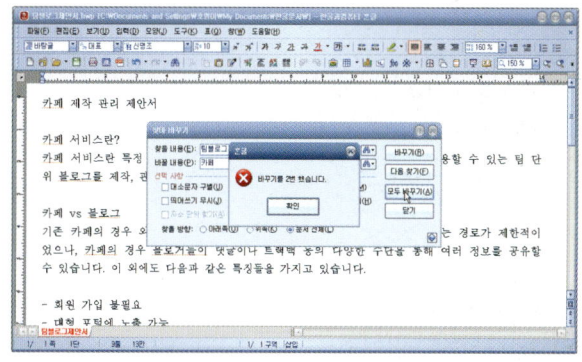

CHAPTER 05 글자 모양 고치기

문서에 입력된 내용의 글자 모양이 모두 똑같으면 강조해야 할 내용이나 문장의 종속관계를 알기가 어렵습니다. 이번에는 글자 모양 설정 기능을 이용해서 용도에 맞는 글자 모양을 적용하는 방법에 대해 알아봅니다.

글꼴 모양 지정하기

한글 20007에서는 문서에 입력된 각 항목을 효과적으로 표현할 수 있도록 하기 위해 다양한 모양의 글꼴을 준비해두고 있습니다. 문서에 원하는 모양의 글꼴을 적용하는 방법에 대해 알아보겠습니다.

01 먼저, 글자 모양을 바꿀 범위를 블록으로 지정합니다.

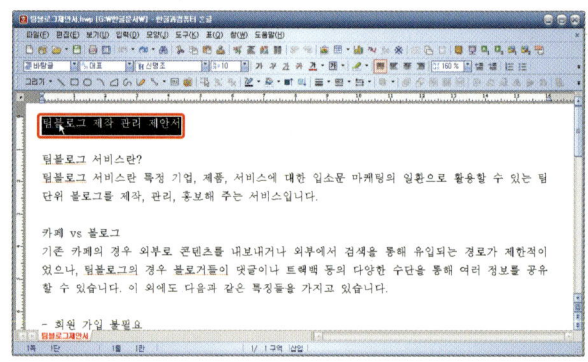

02 서식 도구상자에 있는 [글꼴] 목록을 펼친 후에 적용하고 싶은 글꼴의 이름을 선택합니다.

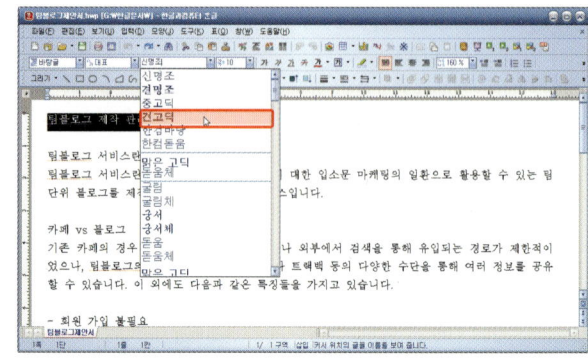

03 선택한 글꼴이 블록에 적용되는 것을 확인할 수 있습니다.

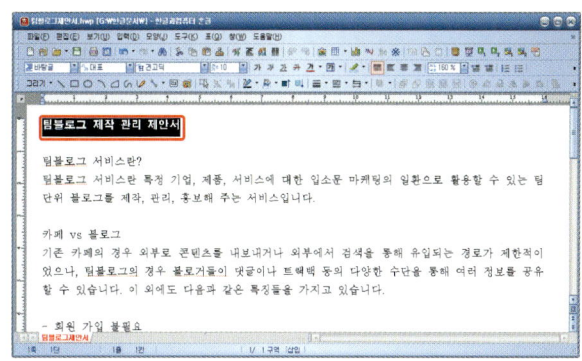

04 이번에는 대화상자를 사용해서 글꼴을 적용해 보기 위해 내용 중 일부를 블록으로 지정한 후에 단축 메뉴에서 [글자 모양]을 선택합니다.

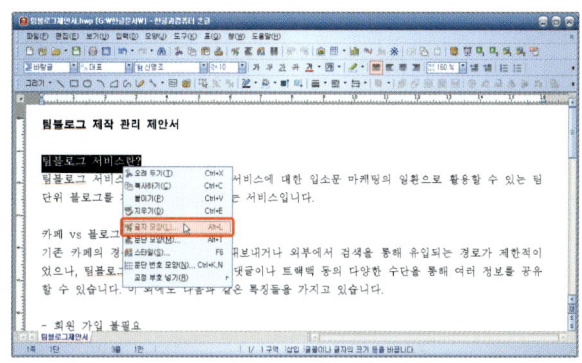

05 [글자 모양] 대화상자가 표시되면 [기본] 탭에 있는 [글꼴] 목록에서 원하는 모양의 글꼴을 선택합니다. 이때, 선택한 글꼴의 모양이 대화상자의 미리 보기 창에 적용되는 것을 확인할 수 있습니다.

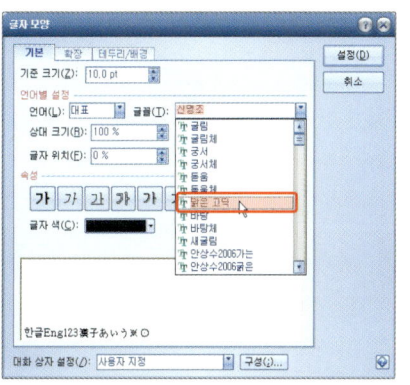

06 [글자 모양] 대화상자가 표시되면 [기본] 탭에 있는 [글꼴] 목록에서 원하는 모양의 글꼴을 선택합니다. 이때, 선택한 글꼴의 모양이 대화상자의 미리 보기 창에 적용되는 것을 확인할 수 있습니다.

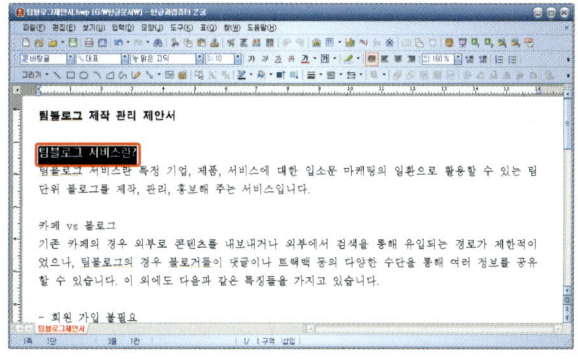

글꼴 크기 지정하기

이번에는 문서 특정 부분의 글자 크기를 조절하는 방법에 대해 알아보겠습니다. 기본 설정으로 되어 있는 글자의 크기는 10pt입니다. 이 포인트를 기준으로 강조해야 할 내용은 조금 크게, 좀 덜 중요한 내용들은 좀 작게 표시하면 좋습니다.

01 먼저 글자 크기를 지정할 범위를 블록으로 지정한 후에 서식 도구 상자에 있는 글자 크기 목록 버튼을 클릭합니다.

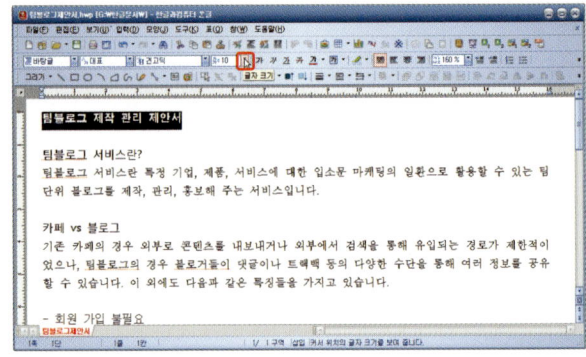

02 화면에 표시되는 글자 크기 목록에서 원하는 크기를 선택합니다. 또는 글자 크기가 적혀 있는 부분을 클릭해서 글자 크기를 직접 입력해도 됩니다.

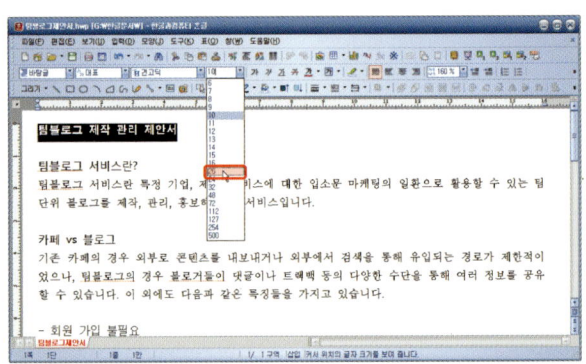

03 선택한 글자 크기가 블록에 적용되는 것을 확인할 수 있습니다.

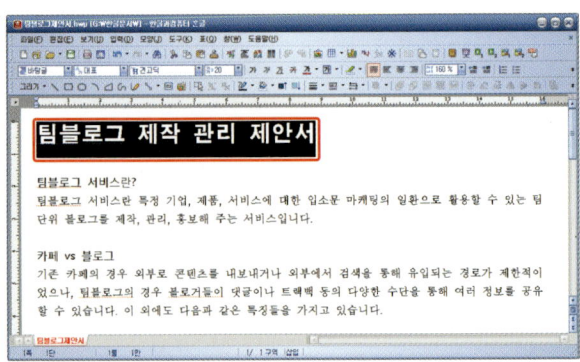

04 이번에는 대화상자를 사용해서 글자 크기를 조절해 보기 위해 새로운 블록을 선택한 후에 단축 메뉴의 [글자 모양]을 선택합니다.

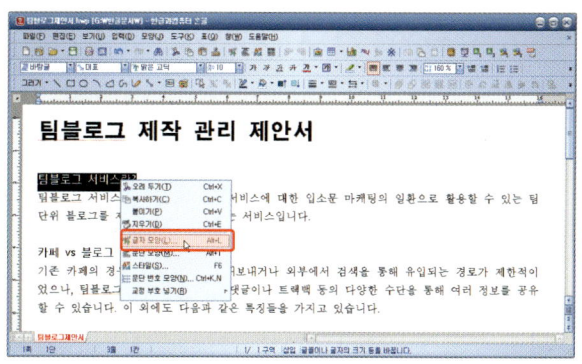

05 [글자 모양] 대화상자가 표시되면 [기본] 탭에 있는 [기준 크기] 값을 적당히 조절합니다. 크기를 조절할 때마다 미리 보기 창에 있는 글자 크기가 따라서 바뀌는 것을 확인할 수 있습니다.

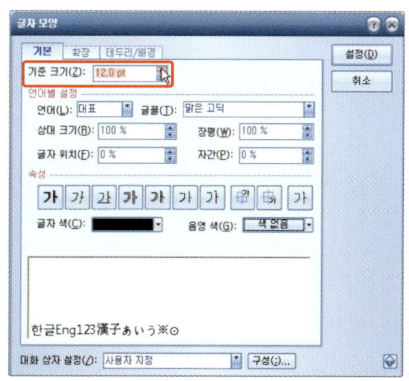

06 지정한 글자 크기가 블록에 적용되는 것을 확인할 수 있습니다.

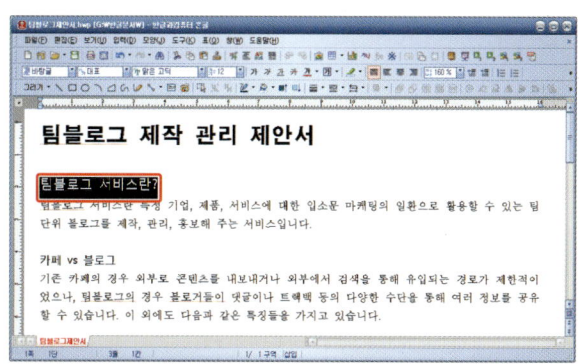

07 같은 방법으로 다른 내용들에 적당한 글자 크기를 적용해 봅니다.

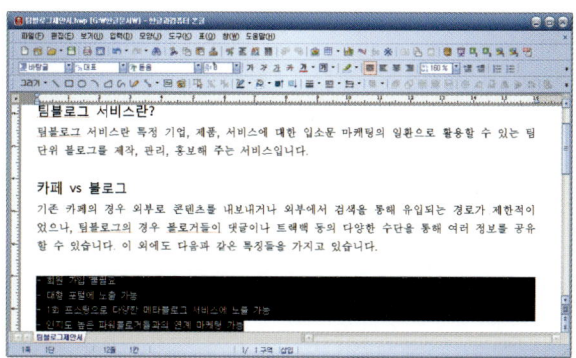

글자 속성 지정하기

같은 모양과 크기의 글자라도 속성을 변경해서 더 강조하거나 특별한 표시를 해 줄 수 있습니다. 이번에는 글자 속성을 지정하는 방법에 대해 알아보겠습니다. 글자 속성을 지정하는 방법에는 도구 아이콘을 사용하는 방법과 대화상자를 사용하는 방법이 있는데, 대화상자를 사용하면 더 다양한 종류의 글자 속성을 지정할 수 있습니다.

01 문서에서 한 부분을 블록으로 지정한 후에 서식 도구 상자에 있는 글꼴 속성 도구 중 [밑줄]을 클릭해봅니다.

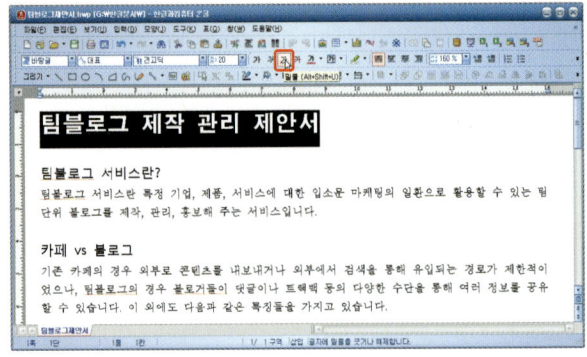

02 블록으로 지정한 내용에 밑줄이 그어지는 것을 확인할 수 있습니다.

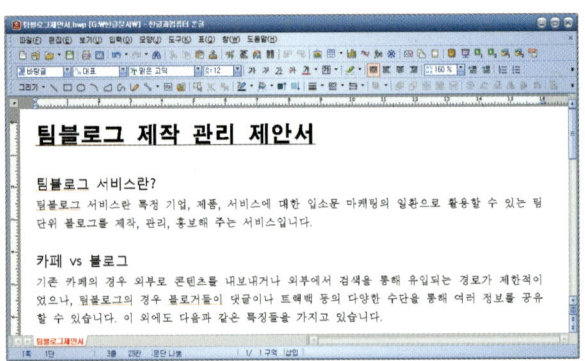

03 이번에는 다른 내용을 블록으로 지정한 후에 [진하게]와 [기울임] 도구 아이콘을 순서대로 클릭해봅니다. 이렇게 하면 선택한 두 개의 속성이 모두 적용되는 것을 확인할 수 있습니다.

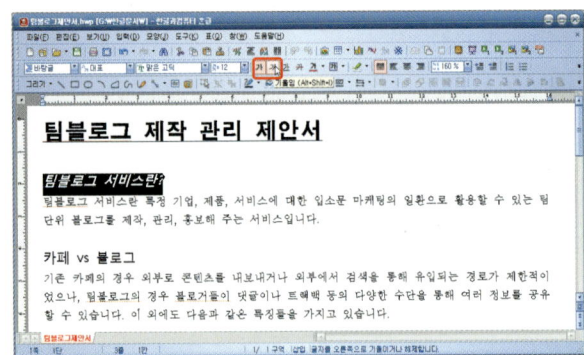

04 이번에는 대화상자를 이용해서 글자 속성을 지정해 보기 위해 새로운 블록을 지정한 후에 단축 메뉴의 [글자 모양]을 선택합니다.

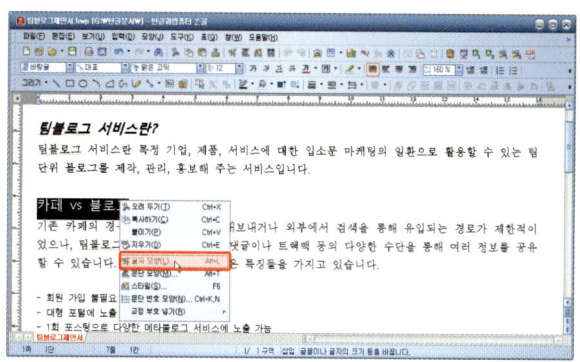

05 [글자 모양] 대화상자의 [기본] 탭에 있는 속성들을 이용해서 원하는 속성을 지정한 후에 [설정] 버튼을 클릭합니다. 대화상자에는 [서식] 도구 상자에는 없는 속성들이 많이 있습니다.

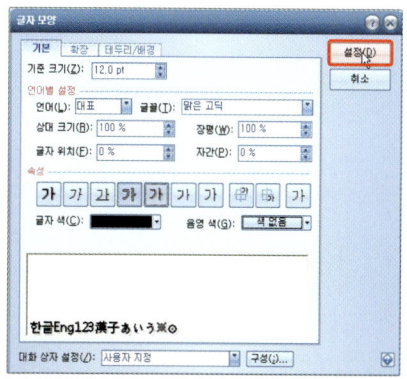

06 지정한 속성들이 블록에 적용되는 것을 확인할 수 있습니다.

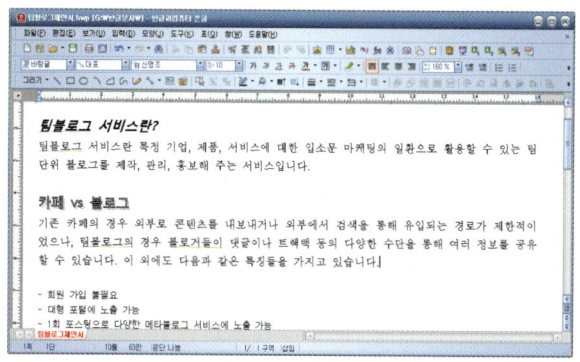

Reference

위 첨자와 아래 첨자

[글자 모양] 대화상자의 속성 목록에 있는 [위 첨자]와 [아래 첨자]는 지정된 글자 크기의 1/4 크기로 줄여서 자승이나 기호 등을 표시할 때 사용하는 속성입니다.

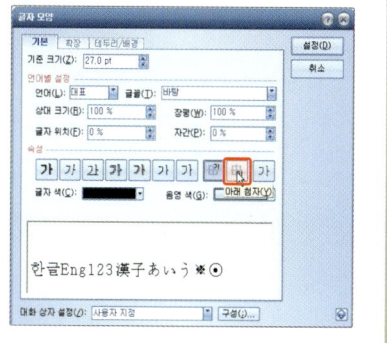

Chapter 05 글자 모양 고치기 • 103

글자 색 지정하기

한글 2007에서는 다양한 방법을 이용해서 글자의 색상을 변경할 수도 있습니다. 이렇게 하면 문서를 좀 더 보기 좋게 꾸밀 수 있습니다. 여기에서는 글자의 색상을 변경하는 몇 가지 방법에 대해 알아봅니다.

01 글자 색을 지정할 범위를 블록으로 지정한 후에 [서식] 도구 상자에 있는 [글자 색] 목록 버튼을 클릭합니다.

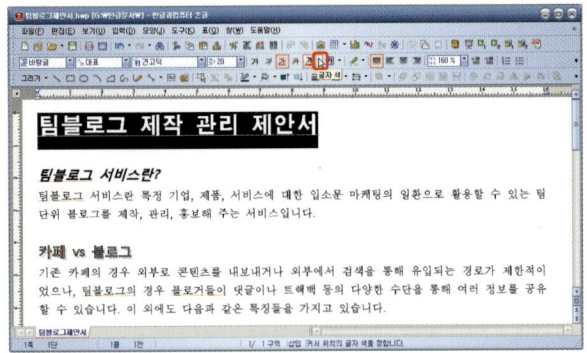

02 화면에 표시되는 색상 목록에서 원하는 색상을 클릭합니다.

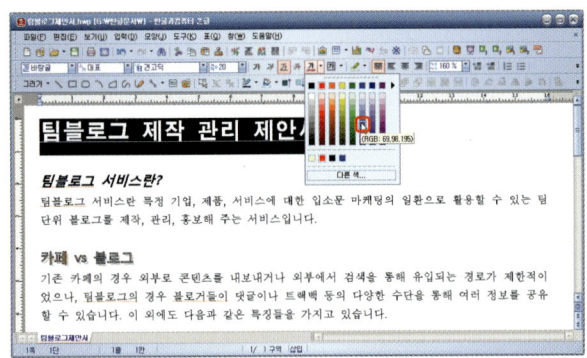

03 선택한 색상이 블록의 글자에 적용되는 것을 확인할 수 있습니다.

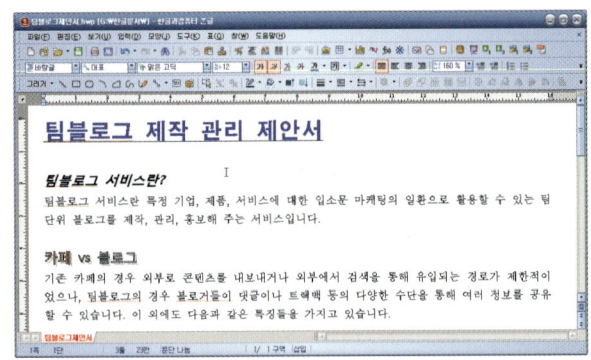

04 이번에는 다른 블록을 지정한 후에 목록에 없는 색상을 적용해 보기 위해 [글자 색] 목록에 있는 [다른 색]을 선택합니다.

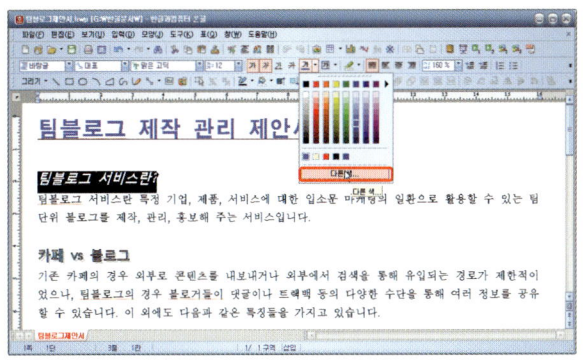

05 화면에 표시되는 [색] 대화상자의 레버와 색상표 등을 이용해서 원하는 색상을 만든 후에 [설정] 버튼을 클릭합니다.

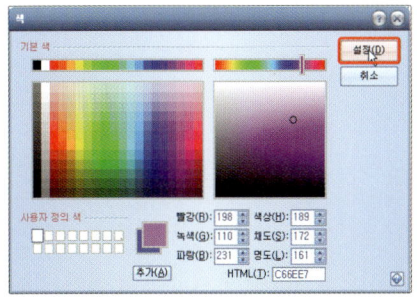

06 선택한 색상이 블록의 내용에 적용됩니다. [색] 대화상자를 이용하면 아주 미세한 색상까지 지정할 수 있습니다.

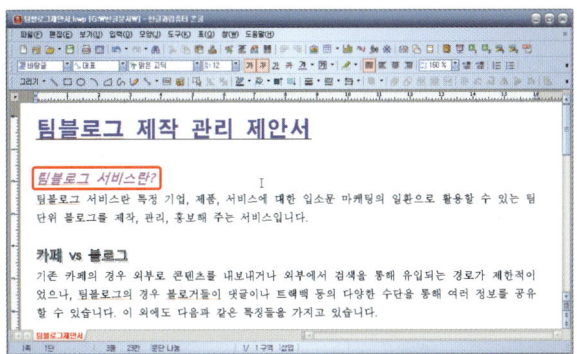

Reference

팔레트에 추가하기

[색] 대화상자를 이용해서 글자에 적용할 색상을 정한 후에 대화상자에 있는 [추가] 버튼을 클릭하면, 현재 설정된 색상이 팔레트에 추가됩니다. 이렇게 추가된 색상은 다음에 적용하고 싶을 때 번거로운 설정 과정을 거칠 필요 없이 쉽게 선택할 수 있어 편리합니다.

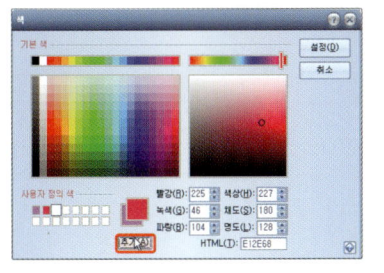

글자 테두리 사용하기

글자에 테두리를 쳐서 강조하고 싶다면 한글 2007의 글자 테두리 기능을 이용하면 됩니다. 사용법도 아주 간단합니다.

01 테두리를 적용할 범위를 블록으로 지정한 후에 [글자 테두리] 도구 아이콘을 클릭합니다.

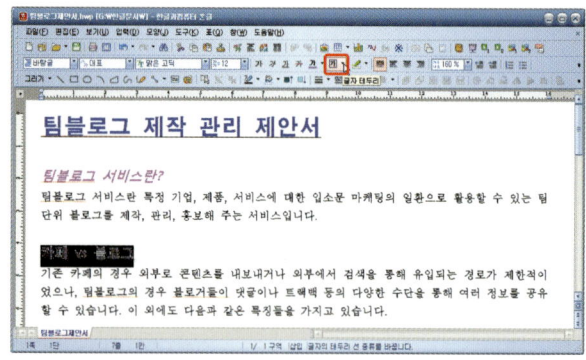

02 화면에 표시되는 테두리 선의 종류 중에서 원하는 모양을 클릭하여 선택합니다.

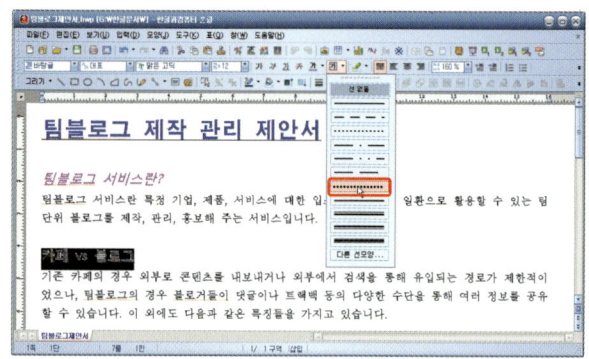

03 블록으로 지정했던 내용에 선택한 모양의 선을 이용한 테두리가 적용된 것을 확인할 수 있습니다.

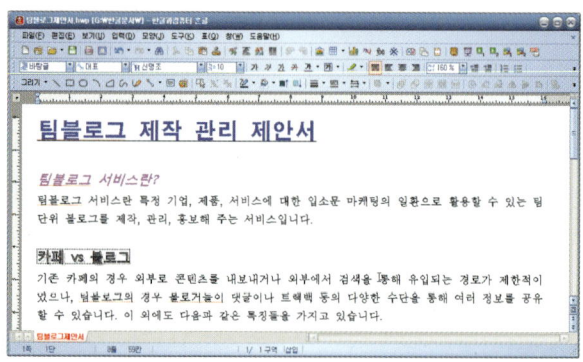

형광펜 칠하기

우리가 일반적으로 종이 문서의 중요한 부분에 형광펜을 칠해서 잘 보이도록 표시해 두는 것처럼, 한글 2007에서 만들어진 문서에도 형광펜을 칠할 수 있습니다.

01 형광펜을 칠할 범위를 블록으로 지정한 후에 [형광펜] 도구 아이콘을 클릭합니다.

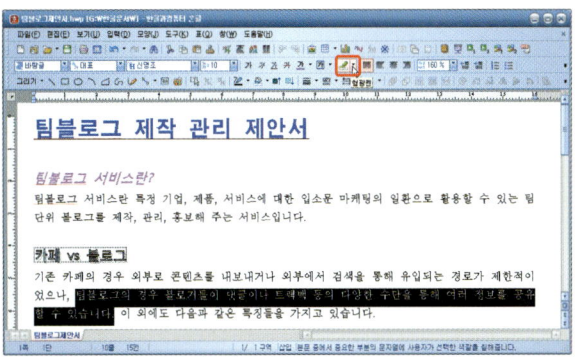

02 화면에 표시되는 색상 목록에서 원하는 형광펜 색상을 클릭해서 선택합니다. 이 색상 목록을 글자 색상 목록과 똑같은 방법으로 사용할 수 있습니다.

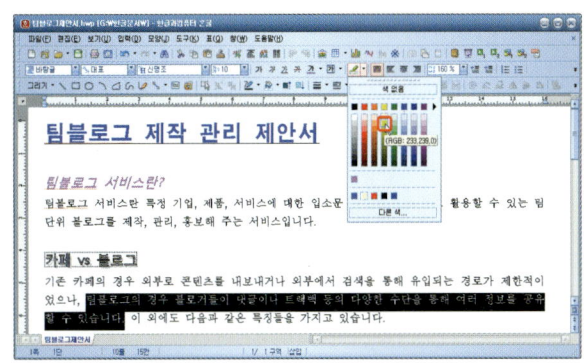

03 블록으로 지정했던 부분에 선택한 색상의 형광펜이 칠해지는 것을 확인할 수 있습니다.

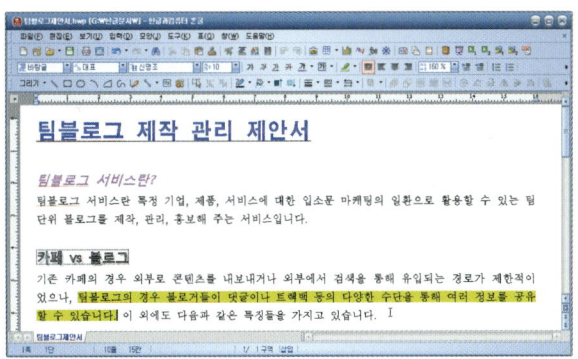

CHAPTER

06 맞춤 형식 지정하기

보통은 문서의 내용을 작성할 때 왼쪽을 기준으로 내용을 기록하지만 때에 따라서는 중간이나 오른쪽을 기준으로 표기해야 할 때도 있습니다. 예를 들어, 공문서의 경우 날짜와 날인 등을 하는 항목은 오른쪽을 기준으로 정렬해서 표기해야 합니다. 이번에는 용도에 따라 내용의 맞춤 형식을 지정하는 방법에 대해 알아봅니다.

도구 아이콘 사용하기

대부분의 기능이 그렇듯이 맞춤 형식을 지정할 때에도 도구 아이콘을 사용하는 방법과 대화상자를 사용하는 두 가지 방법을 사용할 수 있습니다. 여기에서는 먼저 도구 아이콘을 이용하는 방법에 대해 알아보겠습니다.

01 한 줄의 맞춤 형식을 지정할 때는 블록으로 선택할 필요가 없습니다. 맞춤 형식을 지정할 행의 아무 곳이나 마우스로 클릭해서 커서를 위치시킵니다.

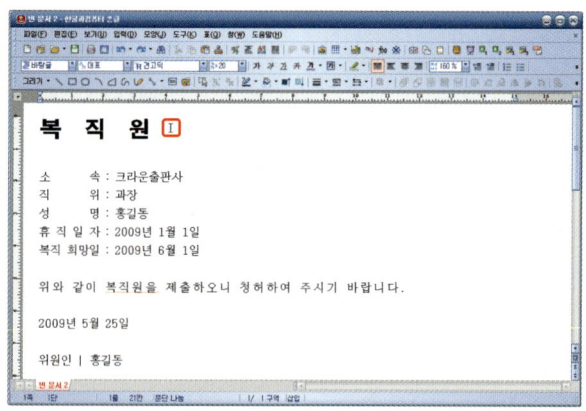

02 [서식] 도구 상자에 있는 맞춤 형식 도구 아이콘 중에 [가운데 정렬]을 클릭하면, 커서가 있는 행의 내용이 가운데 맞춤으로 정렬되는 것을 확인할 수 있습니다.

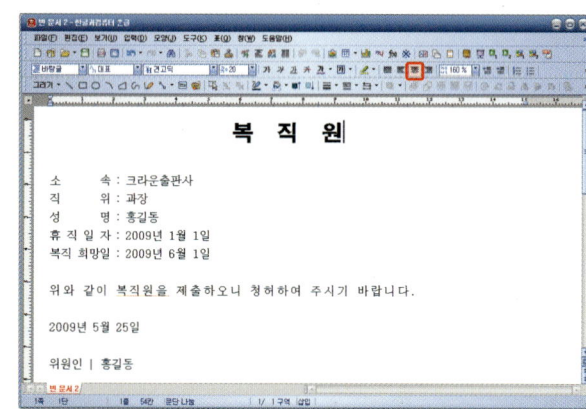

03 이번에는 여러 줄에 맞춤 형식을 지정하기 위해 그림과 같이 여러 줄을 블록으로 지정합니다.

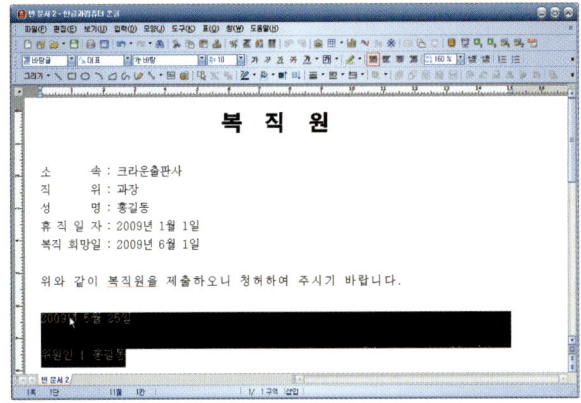

04 공문서의 날짜와 서명 등은 주로 오른쪽을 기준으로 정렬하므로 [오른쪽 정렬] 아이콘을 클릭합니다.

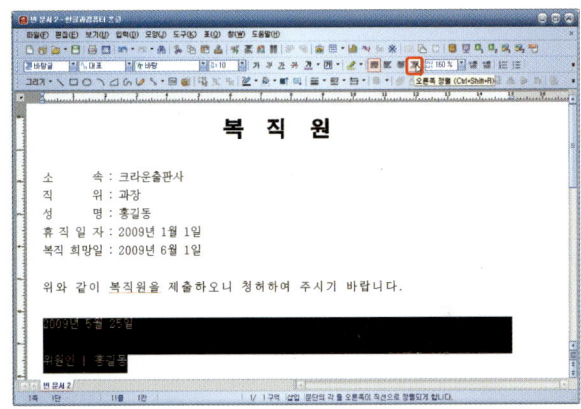

05 블록으로 지정한 날짜와 위원인 정보가 오른쪽을 기준으로 정렬되는 것을 확인할 수 있습니다.

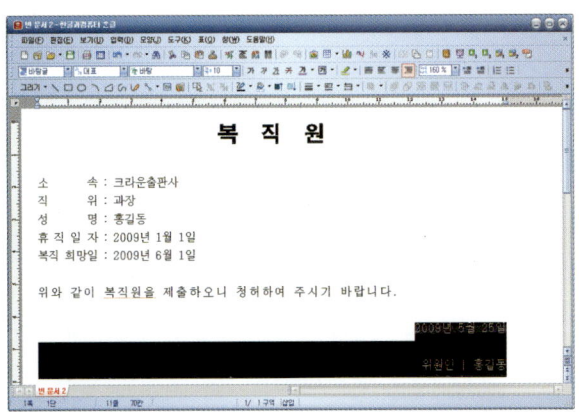

Reference

양쪽 정렬과 왼쪽 정렬

흔히 [양쪽 정렬]과 [왼쪽 정렬]의 차이점을 이해하지 못하는 경우가 많은데요. 이 두 정렬 방법은 정렬 형식을 적용한 문장이 여러 줄 일 때 쉽게 그 차이를 느낄 수 있습니다.

보통은 문서의 내용을 작성할 때 왼쪽을 기준으로 내용을 기록하지만 때에 따라서는 중간이나 오른쪽을 기준으로 표기해야 할 때도 있습니다.	보통은 문서의 내용을 작성할 때 왼쪽을 기준으로 내용을 기록하지만 때에 따라서는 중간이나 오른쪽을 기준으로 표기해야 할 때도 있습니다.
〈양쪽 정렬〉	〈왼쪽 정렬〉

대화상자로 맞춤형식 지정하기

대화상자를 사용하는 일은 언제나 도구 아이콘을 사용하는 것보다 번거롭습니다. 그럼에도, 대화상자를 사용해야 하는 이유는 대화상자를 이용해야만 지정할 수 있는 옵션들이 있기 때문입니다.

01 먼저 맞춤 형식을 지정할 범위를 블록으로 지정합니다.

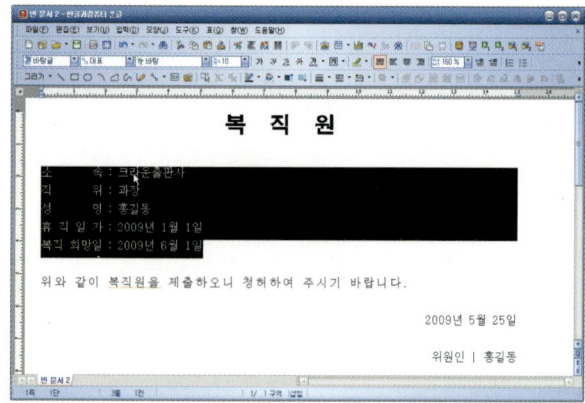

02 대화상자를 이용해서 맞춤 형식을 지정해 보기위해 단축 메뉴의 [문단 모양]을 선택합니다.

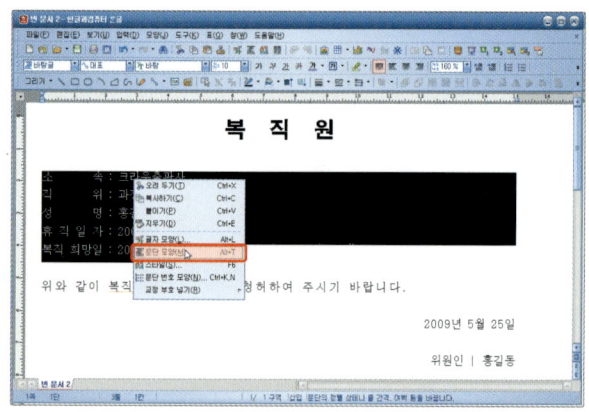

03 화면에 표시되는 [문단 모양] 대화상자의 [기본] 탭에 있는 [정렬 방식] 버튼들 중에서 원하는 방식의 버튼을 클릭합니다. 이렇게 하면 대화상자의 아래쪽에 있는 미리 보기 창에 정렬 형식이 적용되는 방식이 표시됩니다.

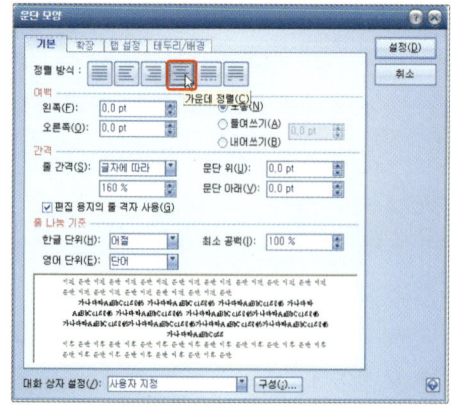

04 도구 상자에는 없는 정렬 방식인 [배분 정렬]을 선택하고 [설정] 버튼을 클릭합니다.

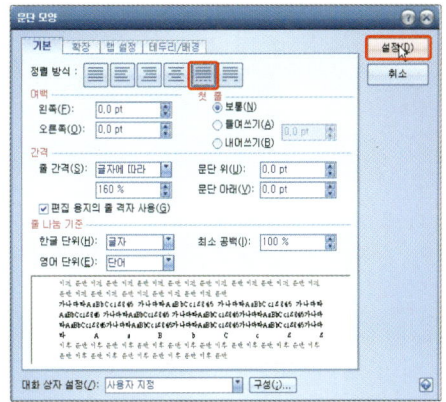

05 블록으로 지정했던 내용들이 제멋대로 정렬된 것처럼 보입니다.

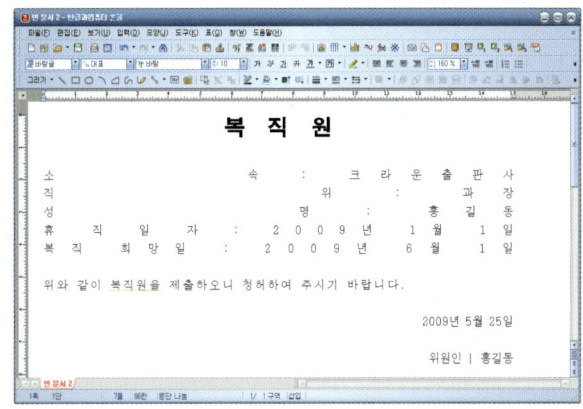

Reference

배분 정렬과 나눔 정렬

[문단 모양] 대화상자에만 표시되는 [배분 정렬]과 [나눔 정렬]은 어떤 역할을 하는 것인지 알아둡니다.

01 배분 정렬
배분 정렬은 양쪽 정렬을 하되 만약 한 행의 내용이 한 줄에 꽉 차지 않을 경우 모든 글자 사이의 간격을 일정하게 조절해서 양쪽 정렬이 되도록 설정합니다.

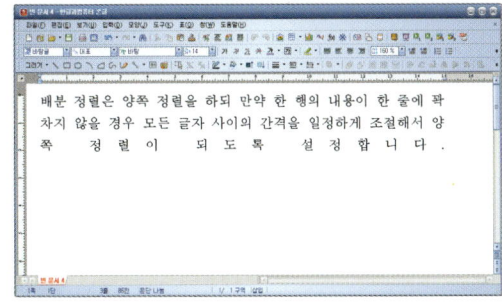

02 나눔 정렬
나눔 정렬은 양쪽 정렬을 하되 만약 한 행의 내용이 한 줄에 꽉 차지 않을 경우 단어와 단어 사이의 간격을 일정하게 조절해서 양쪽 정렬이 되도록 설정합니다.

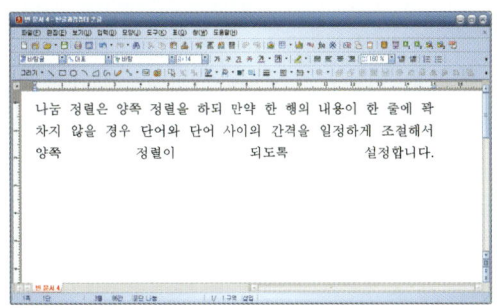

Chapter 01 도형 그리기
- 그리기 도구 상자 표시하기
- 그리기 도구 상자 조절하기
- 직선 그리기
- 15도 단위로 직선 그리기
- 직사각형 그리기
- 정사각형 그리기
- 원과 호 그리기
- 다각형 그리기
- 곡선 그리기
- 자유선 그리기
- 개체 연결선 그리기
- 글상자 만들기

Chapter 02 그리기마당 사용하기
- 그리기 조각 사용하기
- 클립아트 삽입하기
- 최근 이용한 그리기마당 사용하기
- 그리기마당 개체 검색하기

Chapter 03 그림 넣고 꾸미기
- 그림 삽입하기
- 그림 잘라내기
- 그림 넣기 대화상자 살펴보기
- 포토샵 없이 뽀샵질 하기
- 효과 제거하기
- 그림 위치 설정하기
- 그림 회전시키기

Chapter 04 글맵시 사용하기
- 글맵시 삽입하기
- 글맵시 개체 설정하기

PART 05

그림과 도형 사용하기

▶▶▶ 문서를 작성하다 보면 도형이나 그림을 넣어야 할 때가 있습니다. 이럴 때에는 한글 2007의 개체 입력 기능을 이용하면 다양한 종류의 이미지를 문서에 넣을 수 있습니다. 여기에서는 자주 사용되는 주요 이미지 개체를 넣는 방법에 대해 알아봅니다.

CHAPTER

01 도형 그리기

[보기]-[도구 상자]-[그리기] 메뉴를 선택하면 여러 가지 도형을 그리고 편집할 수 있는 도구 상자가 표시됩니다. 이 도구 상자를 이용해서 원하는 모양의 도형을 그리는 방법에 대해 알아봅시다.

 ## 그리기 도구 상자 표시하기

도형을 그리고 편집하려면 먼저 그리기 도구 상자를 화면에 표시해 두고 사용하는 것이 좋습니다.

01 그리기 도구 상자를 표시하기 위해 [보기]-[도구 상자]-[그리기] 메뉴를 선택합니다.

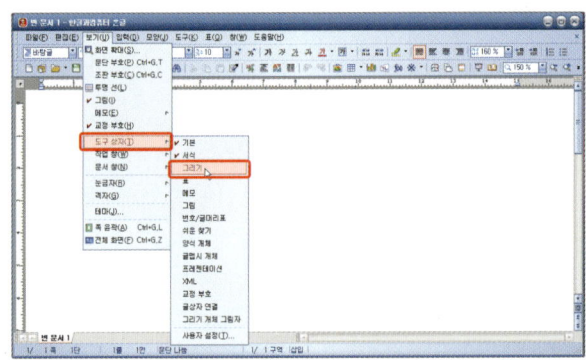

02 화면에 [그리기] 도구 상자가 표시되는 것을 확인할 수 있습니다.

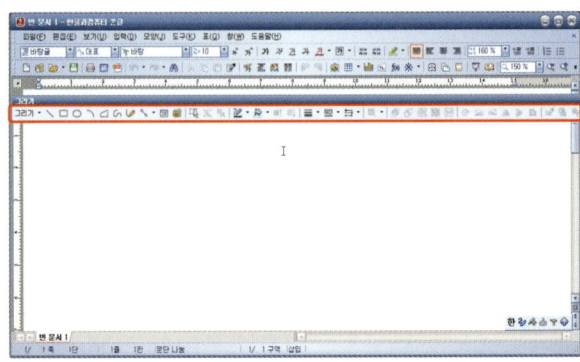

그리기 도구 상자 조절하기

화면에 표시된 그리기 도구 상자가 다른 도구 상자들처럼 화면에 고정되어 있지 않은 형태로 표시된다면 다음 방법을 이용해서 화면에 고정시킬 수 있습니다.

01 먼저, [그리기] 도구 상자의 제목 표시줄 부분에 마우스 커서를 올려놓습니다.

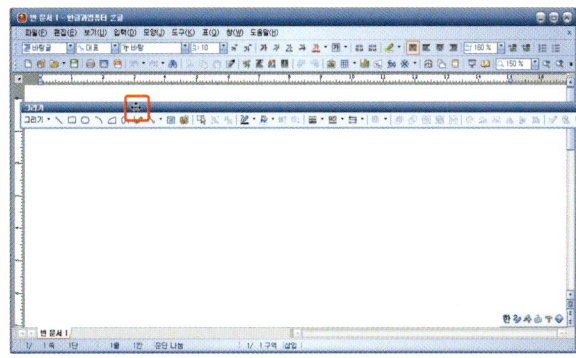

02 마우스를 드래그해서 다른 도구 상자들이 있는 위치로 옮기면 도구 상자가 고정되는 것을 확인할 수 있습니다.

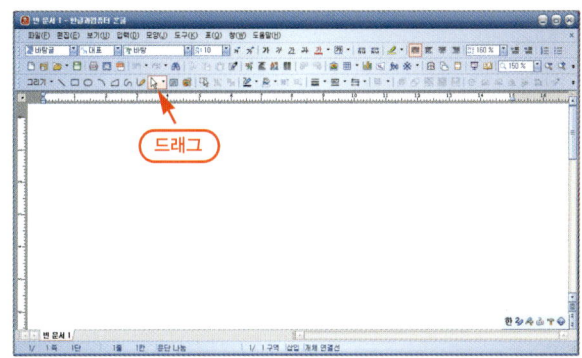

03 고정된 도구 상자의 왼쪽에 있는 점선 부분을 드래그하면 화면의 좌우나 아래쪽으로 도구 상자를 이동시켜서 고정할 수도 있습니다.

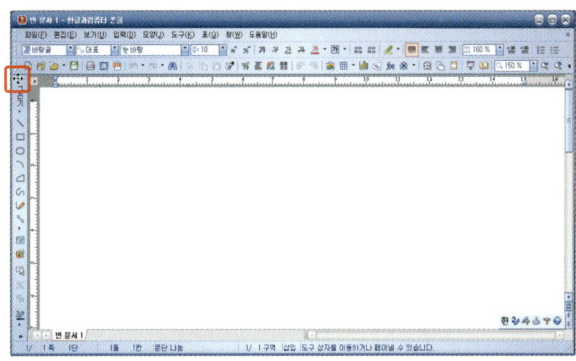

직선 그리기

그리기 도구 상자를 이용해서 그릴 수 있는 가장 간단한 도형은 직선입니다. 따라하기를 통해 직선을 그리는 방법에 대해 알아봅시다.

01 직선을 그리기 위해 먼저 그리기 도구 상자에 있는 [직선] 아이콘을 클릭합니다.

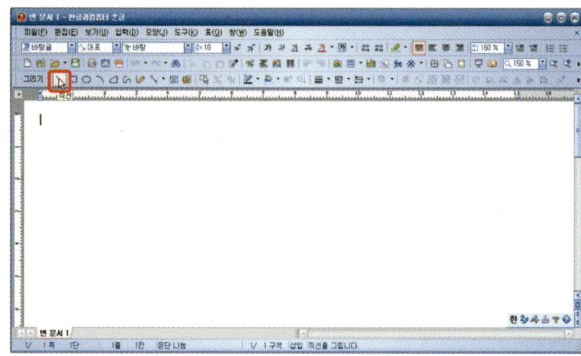

02 직선을 그릴 시작 지점에 + 모양의 마우스 포인터를 위치시킵니다.

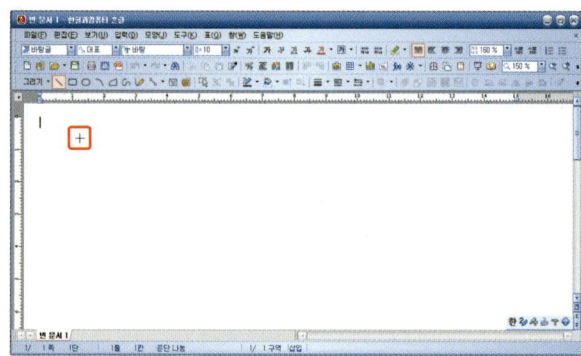

03 마우스를 드래그해서 직선의 끝 지점을 지정해 주면 직선이 그려집니다.

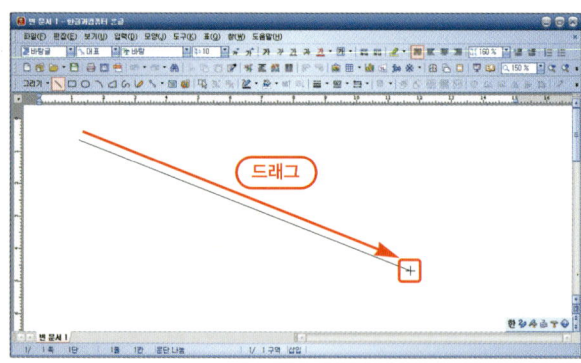

15도 단위로 직선 그리기

직선을 그릴 때 수평선이나 수직선을 그려야 하거나 특정한 각도에 맞춰 직선을 그리고 싶다면 직선을 그릴 때 Shift를 누르고 있으면 됩니다.

01 [직선] 아이콘을 클릭한 후에 그릴 직선의 시작점에 + 모양의 마우스 포인터를 위치시킵니다.

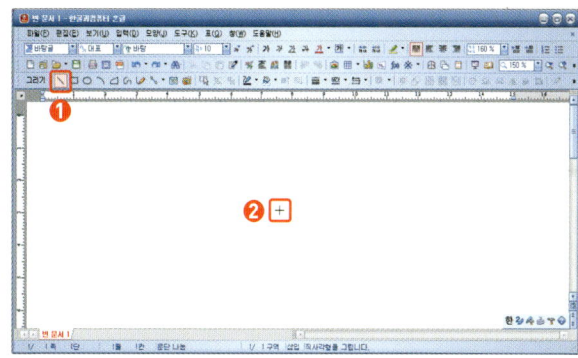

02 키보드의 Shift를 누른 상태에서 마우스를 오른쪽 방향으로 드래그하면 수평선이 그려지는 것을 확인할 수 있습니다.

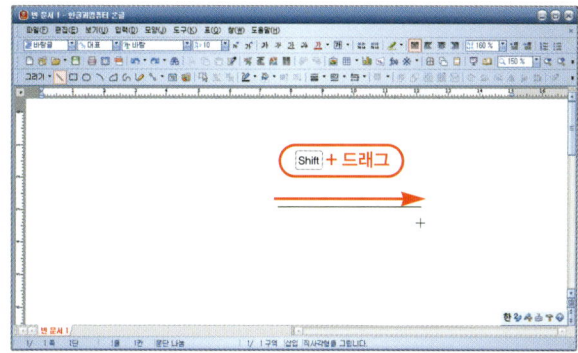

03 같은 방법으로 마우스를 여러 방향으로 이동시켜 보면 직선이 15도 단위로 정확하게 그려집니다.

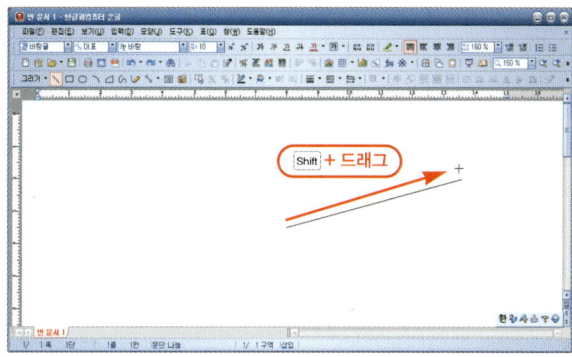

직사각형 그리기

그리기 도구 상자의 [직사각형] 아이콘을 이용하면 원하는 모양의 직사각형을 그릴 수 있습니다.

01 직사각형을 그리기 위해 먼저 그리기 도구 상자에 있는 [직사각형] 아이콘을 클릭합니다.

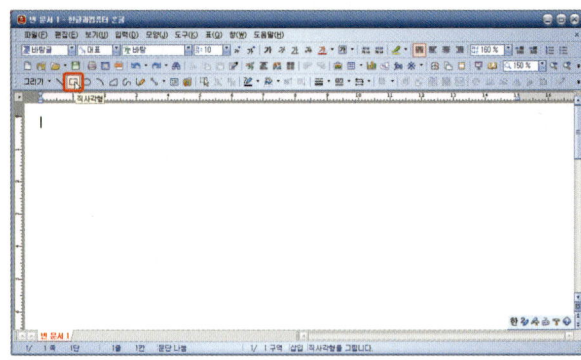

02 + 모양의 마우스 포인터를 그릴 직사각형의 기준 꼭지점이 될 곳에 위치시킵니다.

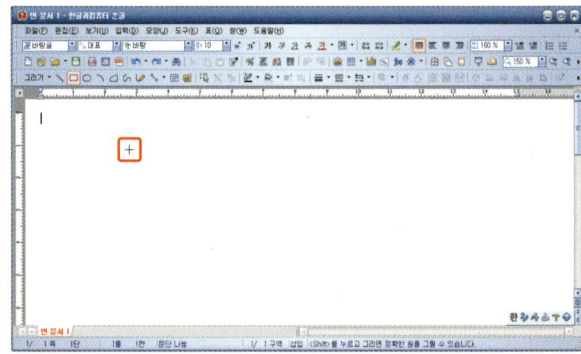

03 마우스를 드래그하면 기준점과 마지막 점을 대각선으로 하는 직사각형이 그려집니다.

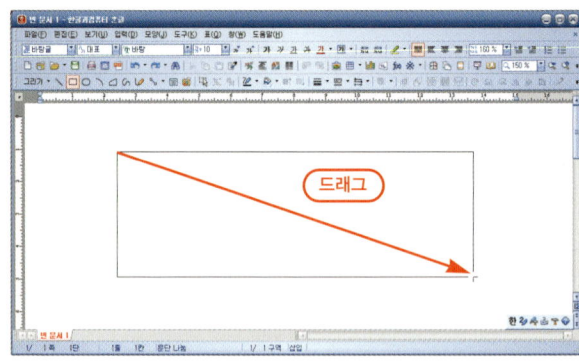

정사각형 그리기

네 변의 길이가 같은 정사각형을 그리고 싶다면 [직사각형] 아이콘을 클릭한 후에 Shift 를 누른 상태에서 직사각형을 그리면 됩니다.

01 [직사각형] 아이콘을 클릭한 후에 정사각형을 그릴 기준 점에 + 모양 마우스 포인터를 위치시킵니다.

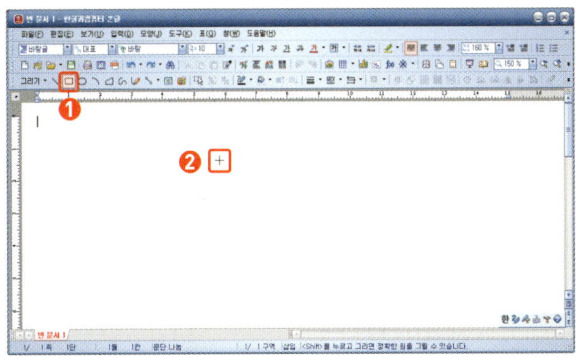

02 키보드의 Shift 를 누른 상태에서 마우스를 드래그하면 마우스의 움직임에 따라 정사각형이 그려지는 것을 확인할 수 있습니다.

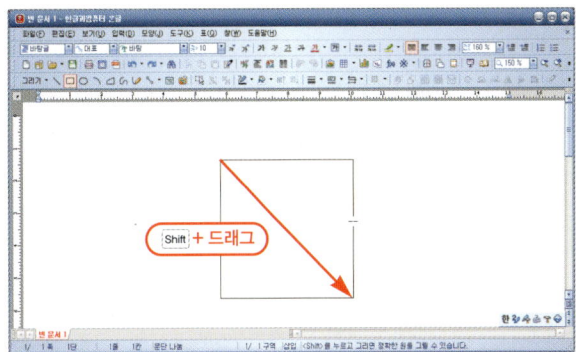

03 Ctrl 을 누른 상태에서 마우스를 드래그하면 시작점을 중심점으로 하는 직사각형이나 정사각형(Ctrl + Shift)을 그릴 수 있습니다.

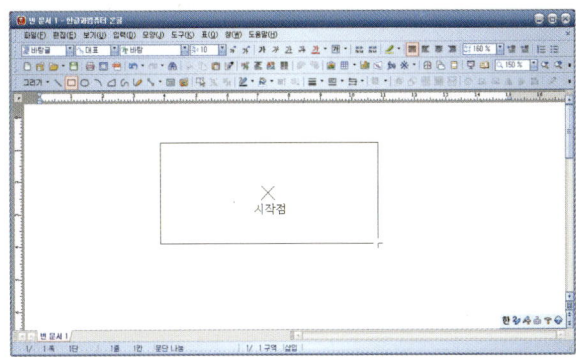

원과 호 그리기

원과 호는 지정한 두 점을 기준으로 한 가상의 직사각형을 그리고 그 안에 원과 호가 접하도록 도형이 그려집니다.

01 도형을 그리기 위해 먼저 [타원]이나 [호] 아이콘을 클릭합니다.

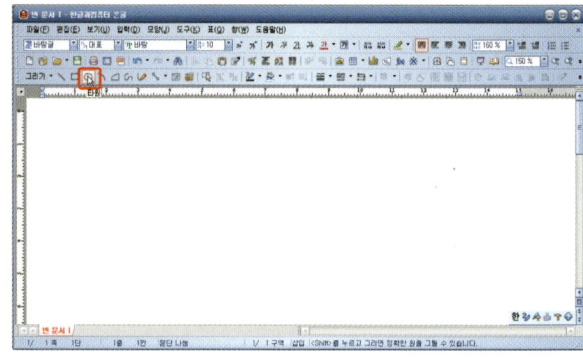

02 도형의 시작점으로 사용할 부분에 + 모양 마우스 포인터를 위치시킵니다.

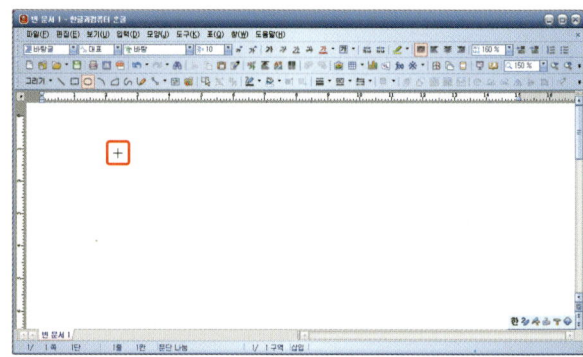

03 마우스를 드래그하면 지정한 두 점을 대각선으로 사용하는 가상의 직사각형 안에 접하는 타원이나 호가 그려집니다. 이때, Shift를 누르고 있으면 정원이나 90도의 호가 그려지고, Ctrl을 누르고 있으면 시작점을 중심점으로 하는 타원이나 호가 그려집니다.

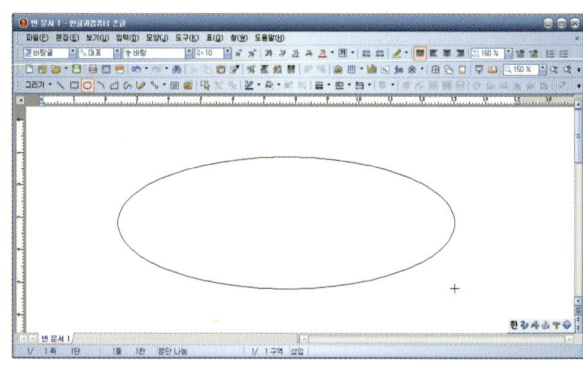

다각형 그리기

다각형은 마우스로 드래그한 부분이나 클릭한 점들을 꼭지점으로하는 그림이 그려지도록 하는 기능입니다. 이 기능을 이용하면 원하는 모양의 그림을 자유롭게 그릴 수 있습니다.

01 먼저 다각형으로 여러 가지 모양을 그려보기 위해 [다각형] 아이콘을 클릭합니다.

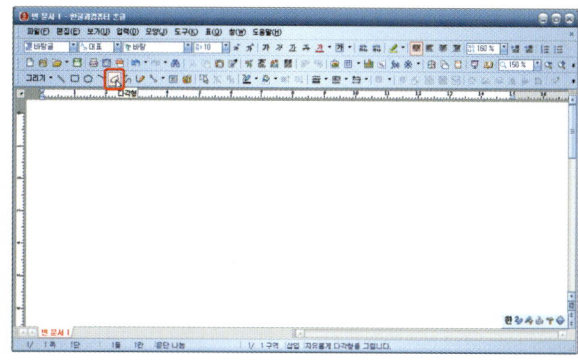

02 원하는 모양대로 마우스를 드래그하면 마우스가 움직이는 모양에 따라서 선(자유곡선)이 그려집니다.

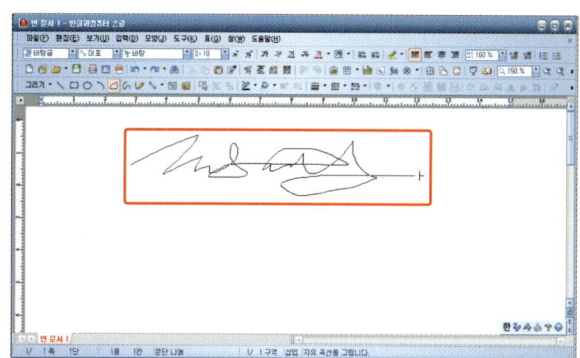

03 맨 처음 찍었던 점으로 마우스 포인터를 위치시키거나 키보드의 Esc를 누르면 선이 고정된 형태의 도형으로 만들어집니다.

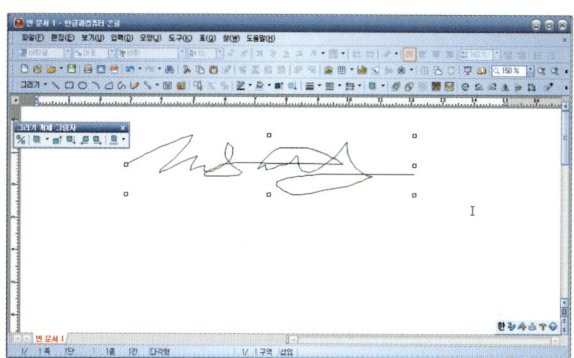

04 마우스를 클릭해서 원하는 다각형을 그려보기 위해 앞서 그린 자유곡선을 클릭해서 선택한 후에 Delete를 눌러서 지웁니다.

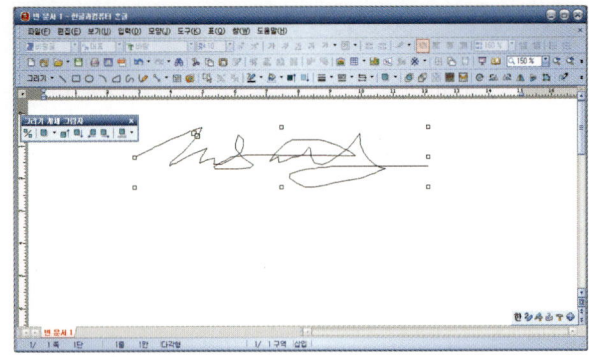

05 [다각형] 아이콘을 클릭한 후에 그리고 싶은 다각형의 시작점에 + 모양 마우스 포인터를 위치시킵니다.

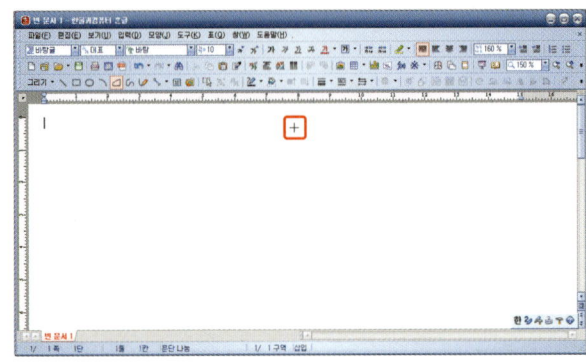

06 여러 곳으로 마우스 포인터를 이동시키면서 마우스를 클릭해봅니다.

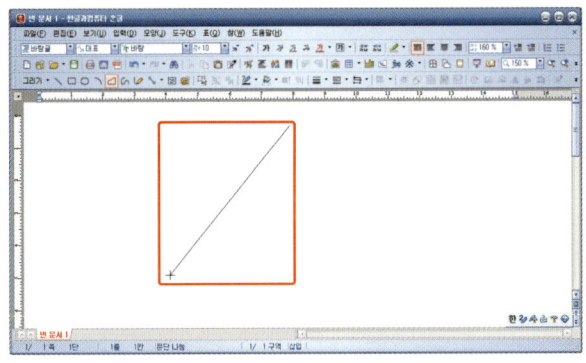

07 마우스로 클릭한 점들을 잇는 다각형이 그려지는 것을 확인할 수 있습니다. 이때, 다각형은 처음 클릭한 점을 다시 클릭했을 때나 Esc를 누를 때까지 계속 점이 추가되면서 그려집니다.

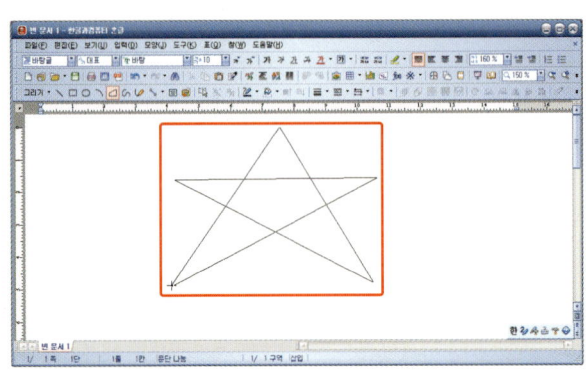

곡선 그리기

곡선은 클릭한 점들을 꼭지점으로 하는 다각형을 접선으로 하는 곡선을 그릴 때 사용합니다. 사용법은 다각형을 그릴 때와 비슷합니다.

01 곡선을 그리기 위해 먼저 그리기 도구 상자에 있는 [곡선] 아이콘을 클릭합니다.

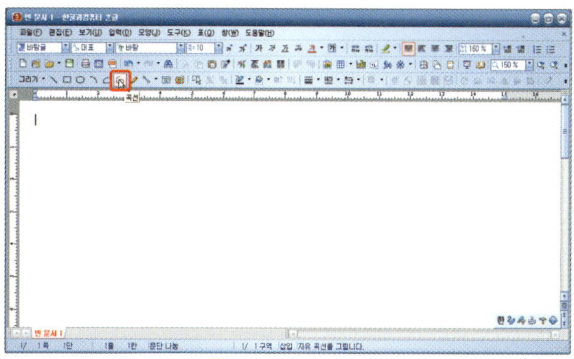

02 + 모양의 마우스 포인터를 그리고 싶은 곡선의 첫 번째 꼭지점 부분에 위치 시킨 후에 클릭합니다.

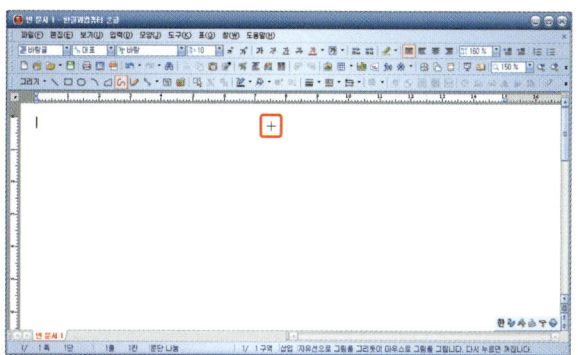

03 같은 방법으로 곡선의 기준이 될 꼭지점들을 여러 개 클릭해서 지정하면 각 꼭지점을 잇는 가상의 직선을 접선으로하는 곡선이 그려집니다. 이때, 처음 클릭한 점을 다시 클릭하거나 Esc를 누를 때 까지 곡선이 계속 연결되면서 그려집니다.

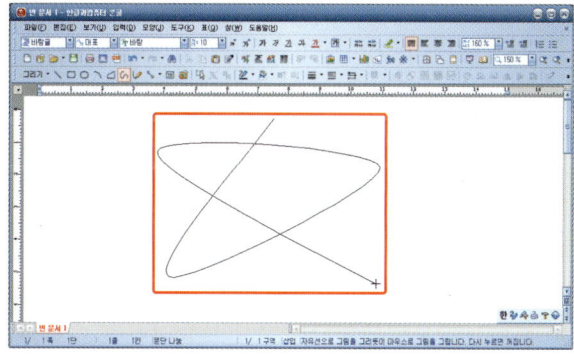

자유선 그리기

자유선은 [다각형] 아이콘을 클릭하고 마우스를 드래그했을 때처럼 마우스의 움직임에 따라 선이 그려지는 기능입니다. 다만, 다각형에서는 처음에 찍은 점까지 마우스를 드래그해서 막힌 도형을 만들거나 Esc를 눌러야 자유곡선 그리기가 완료됐지만, 자유선은 마우스 버튼에서 손을 떼면 선 그리기가 완료됩니다.

01 자유선을 그려보기 위해 그리기 도구 상자에 있는 [자유선] 아이콘을 클릭합니다.

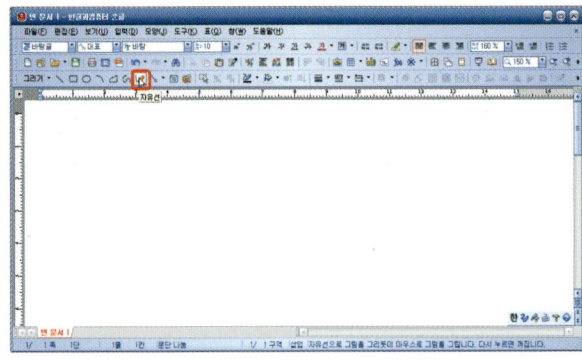

02 마우스를 드래그해서 그리고 싶은 모양대로 움직여봅니다.

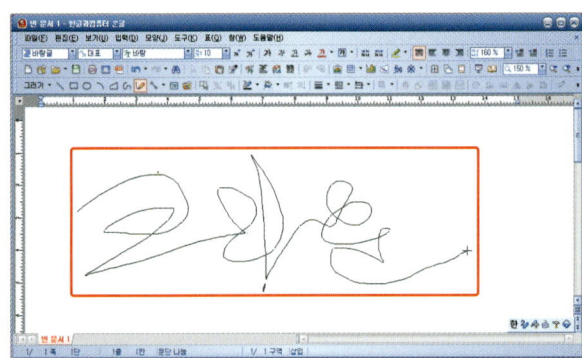

03 마우스 버튼에서 손을 떼면 마우스 포인터가 이동한 모양대로 도형이 완성되는 것을 확인할 수 있습니다.

개체 연결선 그리기

개체 연결선은 도형과 도형 혹은 도형과 다른 이미지들을 연결할 때 사용하는 선입니다. 이 선을 이용하면 순서도나 조직도 같은 것을 쉽게 그릴 수 있습니다.

01 그리기 도구 상자에 있는 [개체 연결선] 아이콘을 클릭한 후에 다시 연결선 목록에서 원하는 모양의 연결선 종류를 클릭합니다.

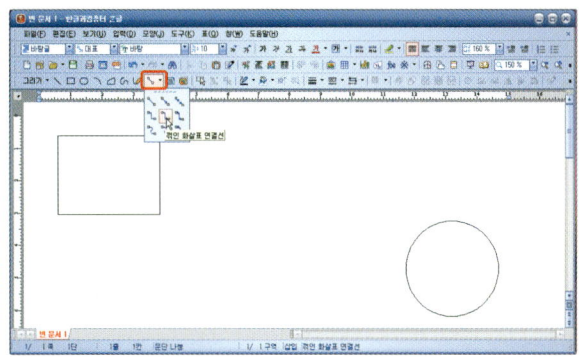

02 연결할 도형의 기준 점에 + 모양 마우스 포인터를 위치시킵니다.

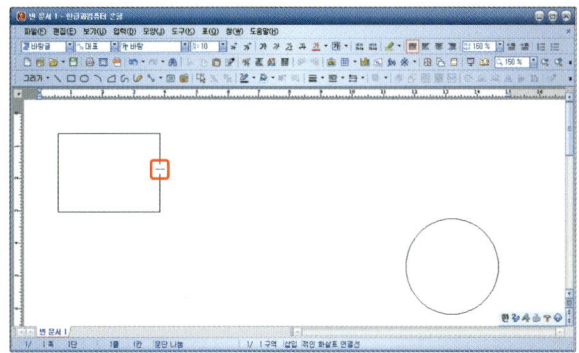

03 마우스를 드래그해서 두 개의 도형을 잇는 연결선을 만듭니다.

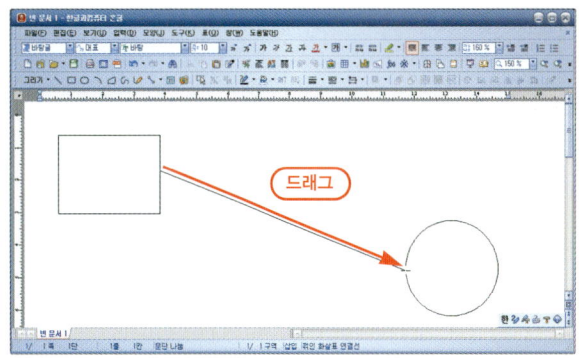

04 마우스 버튼에서 손을 떼면 선택한 모양의 연결선이 그려진 것을 확인할 수 있습니다.

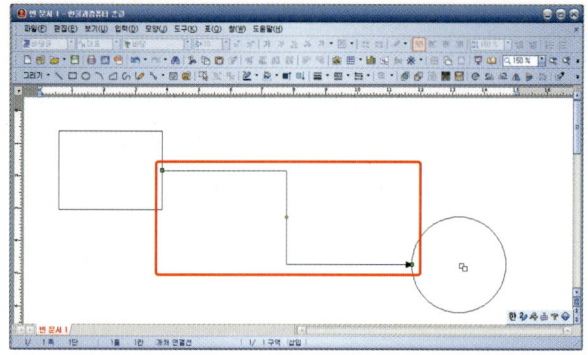

05 연결선의 중간에 있는 노란 색 마름모 점은 연결선의 꺾이는 부분을 조절하는 점입니다. 이 점 위에 마우스 포인터를 위치시켜봅니다.

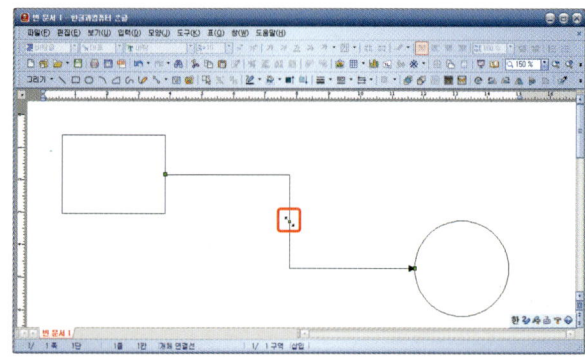

06 마우스를 드래그해서 노란색 마름모 점을 이동시켜봅니다.

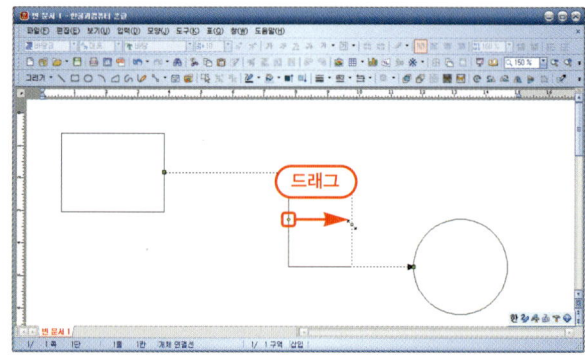

07 마우스 버튼에서 손을 떼면 지정한 위치에서 연결선이 꺾이게 되는 것을 확인할 수 있습니다.

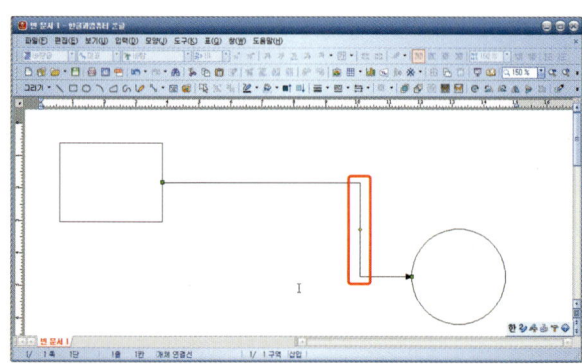

글상자 만들기

글상자 기능은 도형에 원하는 내용을 입력할 수 있도록 지원하는 기능입니다. 이 기능을 이용하면 그림이나 도형, 문서의 여러 곳에 원하는 내용을 표시할 수 있습니다.

01 글상자를 입력하기 위해 먼저 그리기 도구 상자에 있는 [글상자] 아이콘을 클릭하거나 단축키 Ctrl + N , B 를 누릅니다.

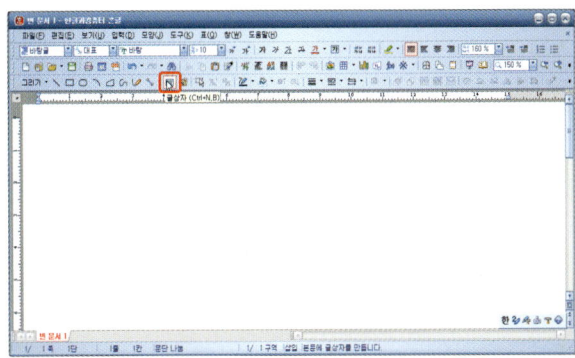

02 화면과 같이 두 점을 지정해서 직사각형을 그립니다.

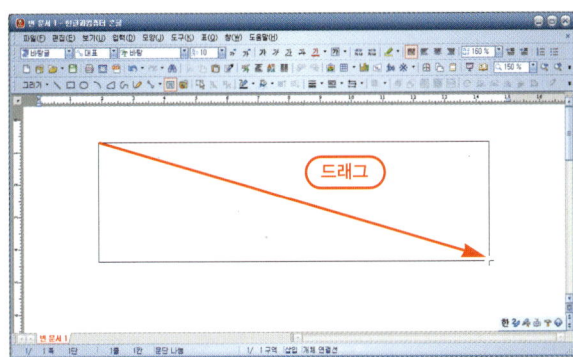

03 키보드를 이용해서 내용을 입력하면 앞서 그려진 도형에 글자가 입력되는 것을 확인할 수 있습니다.

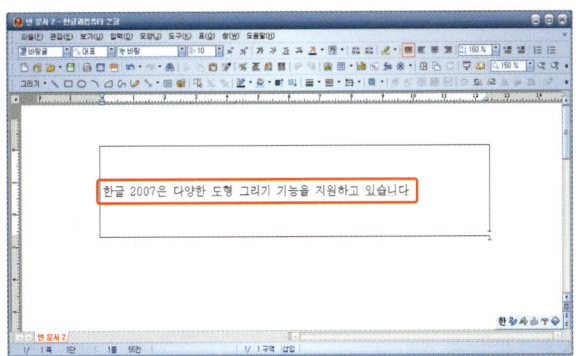

CHAPTER 02 그리기마당 사용하기

도형을 이용하면 여러 가지 모양의 도형을 그릴 수 있지만 그림 실력이 아주 뛰어난 사람이 아니라면 그것만으로는 원하는 그림을 그리기에 부족할 것입니다. 이번에는 좀 더 효과적으로 사용해 볼 수 있는 한글 2007의 그리기마당 기능의 사용법을 알아봅니다.

그리기 조각 사용하기

그리기마당 대화상자에는 [그리기 조각]과 [클립아트] 탭이 있습니다. 여기에서는 먼저 [그리기 조각] 탭을 이용해서 원하는 모양의 그림을 삽입하는 방법에 대해 알아봅니다.

01 그리기마당을 이용해서 그림을 입력하기 위해 먼저 그리기 도구 상자에 있는 [그리기마당] 아이콘을 클릭합니다.

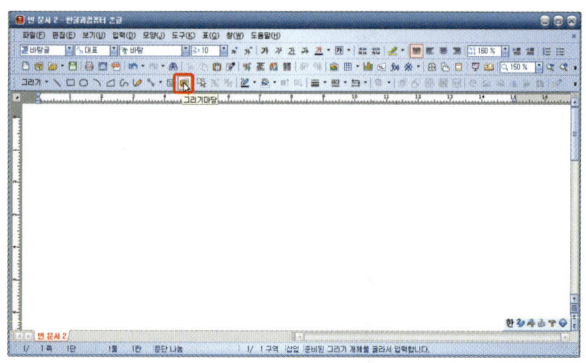

02 그리기마당 대화상자의 [그리기 조각] 탭에 있는 [선택할 꾸러미] 목록에서 원하는 꾸러미를 하나 선택합니다.

03 대화상자의 오른쪽에 표시되는 개체 목록에서 원하는 모양의 그리기 조각을 선택한 후에 [넣기] 버튼을 클릭합니다.

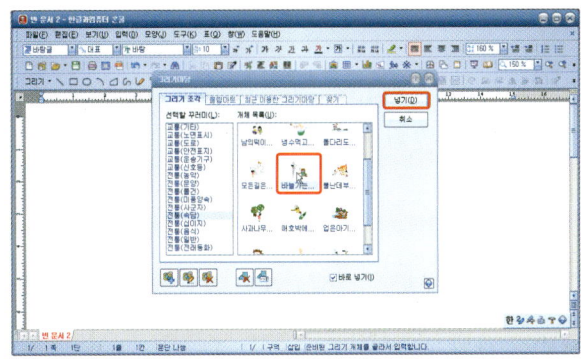

04 다시 문서 화면으로 돌아오면 + 모양의 마우스 포인터를 그리기 개체가 삽입될 시작 점에 위치시킵니다.

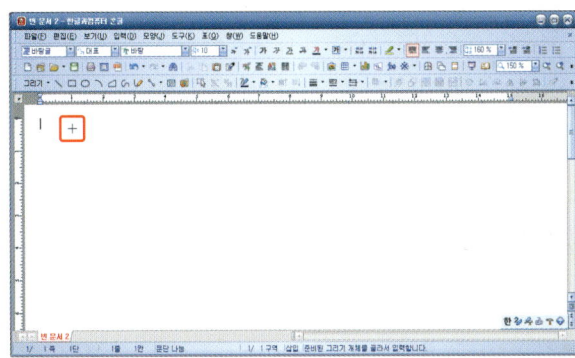

05 마우스를 드래그해서 그리기 개체가 삽입될 크기를 지정해줍니다. 이때, 마우스를 드래그하는 대신 클릭하면 삽입될 개체의 원본 크기로 개체가 삽입됩니다.

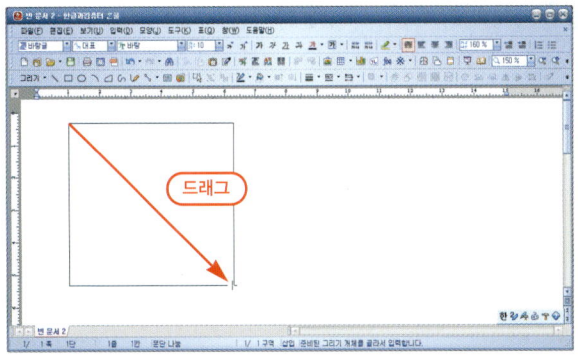

06 지정한 위치에 선택한 그리기 개체가 삽입되는 것을 확인할 수 있습니다.

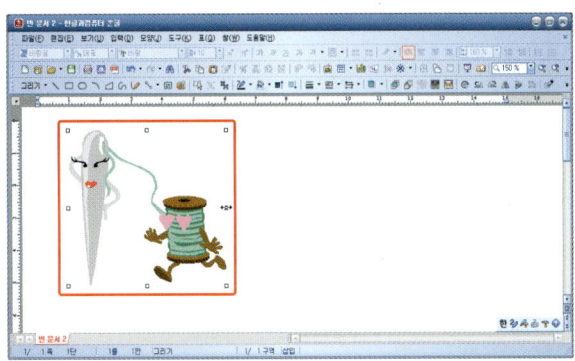

클립아트 삽입하기

한글 2007의 그리기마당 대화상자에 있는 [클립아트] 탭을 사용하면 여러 가지 종류의 클립아트를 손쉽게 삽입할 수 있습니다. 따라하기를 통해 금연 포스터를 만들고 캡션을 입력해 봅시다.

01 그리기 조각을 사용할 때와 마찬가지로 그리기 도구 상자에 있는 [그리기 마당] 아이콘을 클릭합니다.

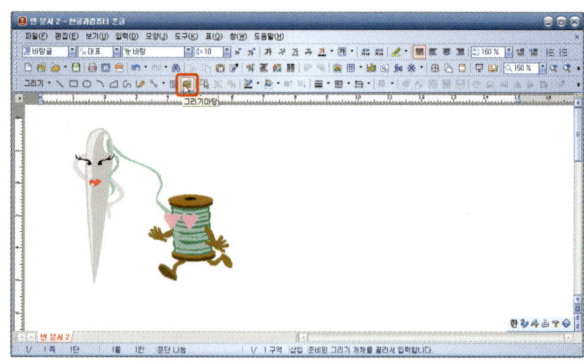

02 [그리기마당] 대화상자에 있는 [클립아트] 탭을 클릭해서 펼칩니다.

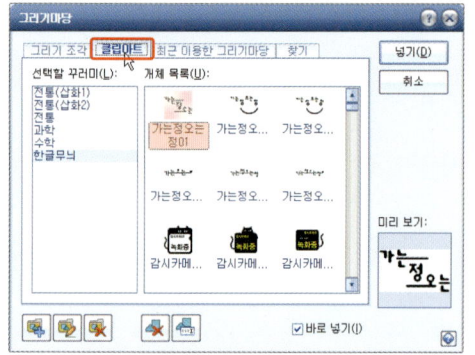

03 선택할 꾸러미 목록에서 [한글무늬]를 선택한 후에 대화상자의 오른쪽에 있는 개체 목록에서 [금연03]을 선택하고 [넣기] 버튼을 클릭합니다.

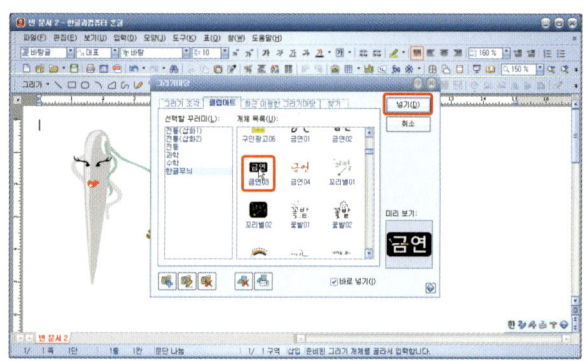

04 문서 영역을 마우스로 드래그해서 클립아트가 삽입될 위치와 크기를 지정합니다.

05 손쉽게 금연 포스터가 만들어지는 것을 확인할 수 있습니다.

06 이번에는 삽입된 클립아트에 캡션을 달아보기 위해 단축 메뉴의 [캡션 달기]를 선택합니다. 이 방법은 도형이나 다른 그림 파일 등에도 동일하게 사용할 수 있습니다.

07 클립아트의 아래쪽에 표시되는 캡션 입력상자에 원하는 내용의 캡션을 입력하고 편집화면의 아무 곳이나 클릭하면 캡션이 등록됩니다.

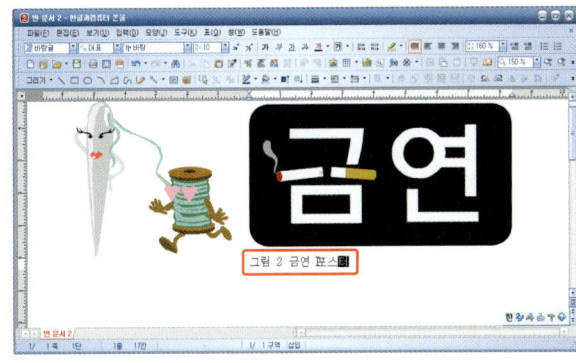

최근 이용한 그리기마당 사용하기

그리기마당 대화상자에는 최근에 사용한 그리기마당 개체들을 별도로 모아둔 탭이 있습니다. 이 탭을 이용하면 최근에 사용한 개체들을 쉽게 찾아서 사용할 수 있습니다.

01 최근에 이용한 그리기 개체를 사용하기 위해 먼저 [그리기마당] 아이콘을 클릭합니다.

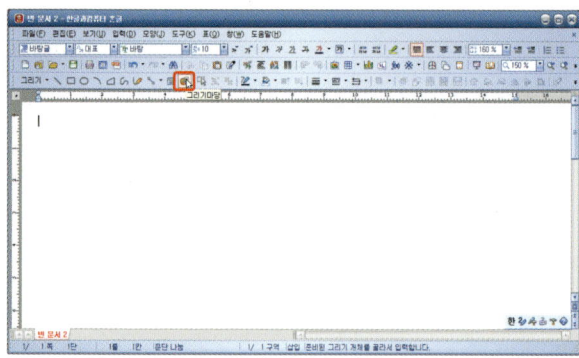

02 [그리기마당] 대화상자에 있는 [최근 이용한 그리기마당] 탭을 클릭한 후에 최근 사용한 개체 목록에서 원하는 모양의 개체를 선택합니다.

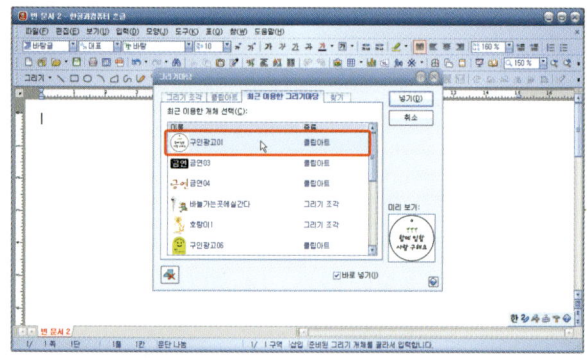

03 대화상자의 [넣기] 버튼을 클릭한 후에 편집 영역에 마우스로 드래그하면 원하는 모양의 그리기 개체를 쉽게 삽입할 수 있습니다.

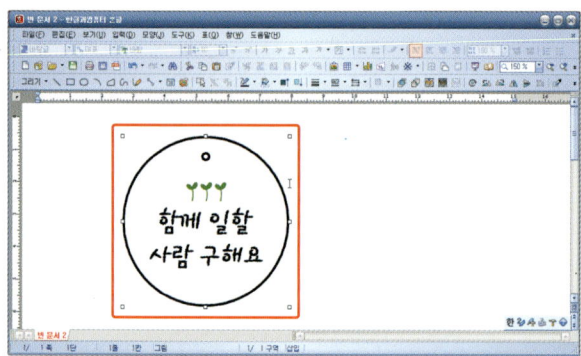

그리기마당 개체 검색하기

그리기마당의 개체들은 쉽게 원하는 그림을 삽입할 수 있다는 점에서 편리한 반면에 원하는 그림이 어느 목록에 들어있는지 모르면 여러 목록을 뒤져봐야 한다는 단점이 있습니다. 이번에는 검색 기능을 이용해서 원하는 그리기 개체를 쉽게 찾는 방법에 대해 알아봅니다.

01 [그리기마당] 대화상자를 불러온 후에 [찾기] 탭을 클릭합니다.

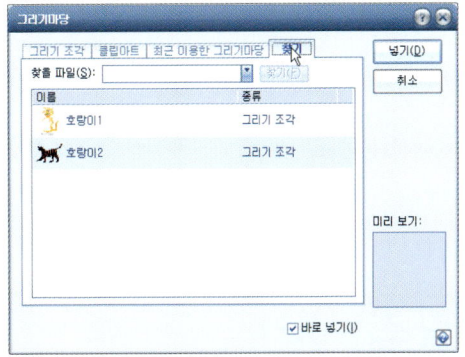

02 [찾을 파일] 입력상자에 찾고 싶은 그림과 관련된 내용을 입력한 후에 [찾기] 버튼을 클릭합니다.

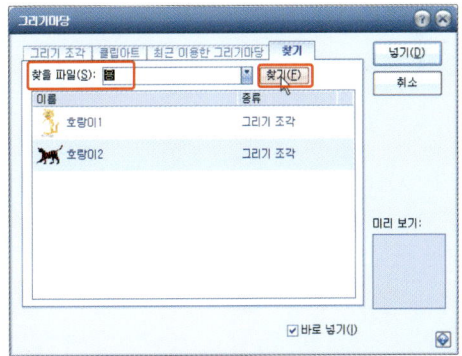

03 검색된 이미지 개체 목록에서 원하는 개체를 선택한 후에 [넣기] 버튼을 클릭해서 이미지를 삽입합니다.

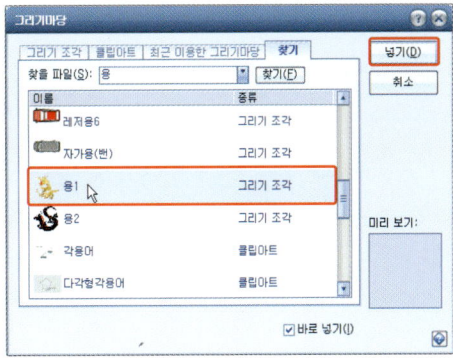

CHAPTER

03 그림 넣고 꾸미기

회사 로고나 제품 이미지 등 문서를 만들다 보면 클립아트나 도형으로는 해결할 수 없는 이미지들이 필요하게 마련입니다. 이럴 때에는 삽입할 그림이나 사진 파일을 준비한 후에 문서에 삽입할 수 있습니다.

 ## 그림 삽입하기

먼저 문서에 그림을 삽입하는 방법에 대해 알아봅니다. 이렇게 삽입한 그림에는 여러 가지 속성을 적용하거나 꾸밀 수 있습니다.

01 서식 도구 상자에 있는 [그림] 아이콘을 클릭합니다.

 또는 [입력]-[개체]-[그림] 메뉴를 선택하거나 단축키 Ctrl + N , I 를 누릅니다.

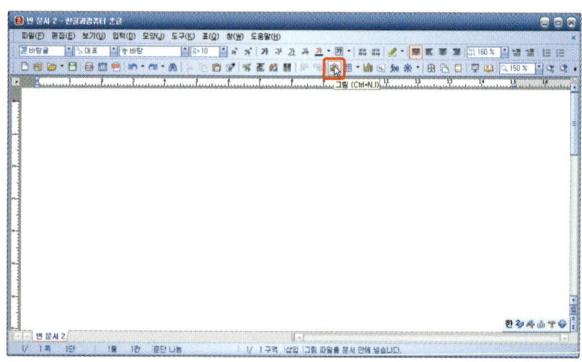

02 [그림 넣기] 대화상자가 표시되면 삽입할 그림 파일이 있는 폴더로 이동한 후에 삽입할 그림 파일을 선택하고 [넣기] 버튼을 클릭합니다.

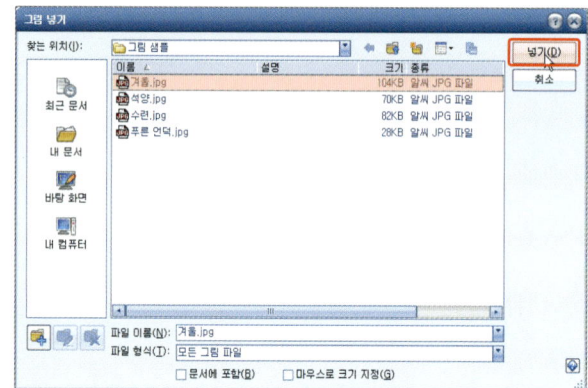

03 선택한 그림 파일이 문서에 삽입되는 것을 확인할 수 있습니다. 만약 자동으로 삽입되지 않는다면 마우스를 드래그해서 그림 파일이 삽입될 범위를 지정해줍니다.

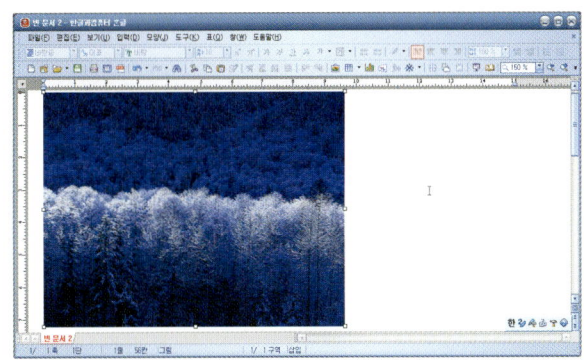

04 그림이 삽입 됐을 때나 삽입된 그림을 클릭했을 때 테두리 부분에 표시되는 여덟 개의 사각 점은 그림 파일의 크기를 조절할 때 사용할 수 있습니다. 여덟 개의 조절점 중 하나에 마우스 포인터를 위치시켜봅니다.

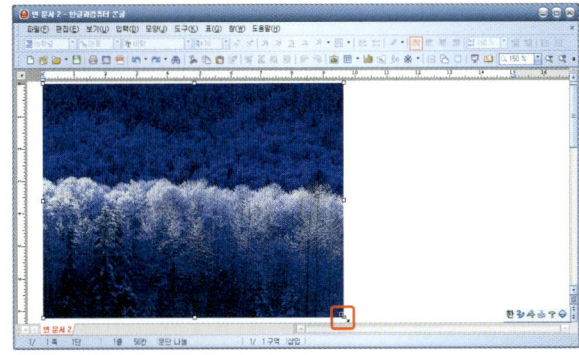

05 마우스를 드래그하면 조절될 그림의 테두리 부분에 점선이 표시되는 것을 확인할 수 있습니다.

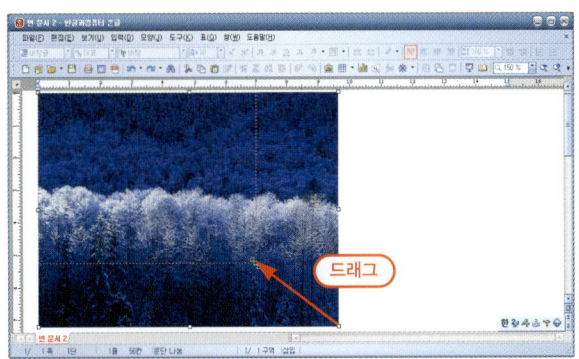

06 마우스 버튼에서 손을 떼면 조절한 크기에 맞춰 그림 파일의 크기가 바뀝니다.

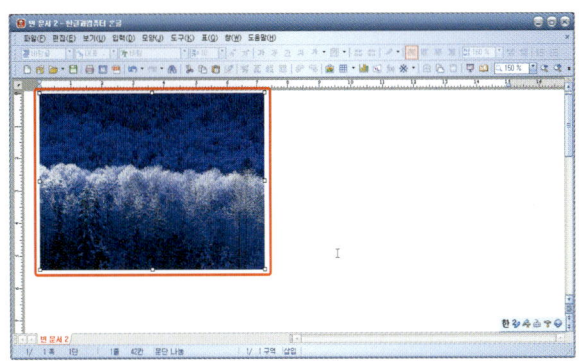

그림 잘라내기

만약 삽입한 그림 파일 중에 일부분만 사용하고 싶다면 간단한 방법으로 필요 없는 부분을 잘라낼 수 있습니다.

01 삽입된 그림 파일의 잘라 내야 할 방향에 있는 조절점에 마우스 포인터를 위치시킵니다.

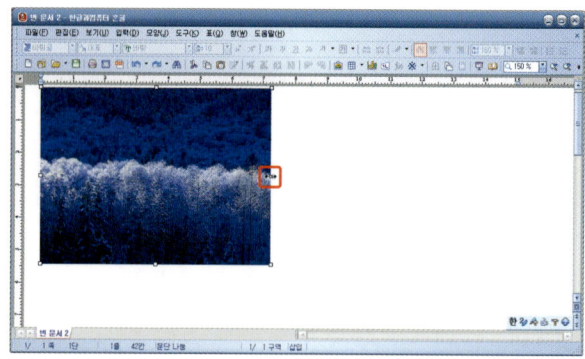

02 Shift를 누른 상태에서 마우스를 드래그하면 마우스 포인터의 모양이 바뀌면서 점선의 가이드라인이 표시됩니다.

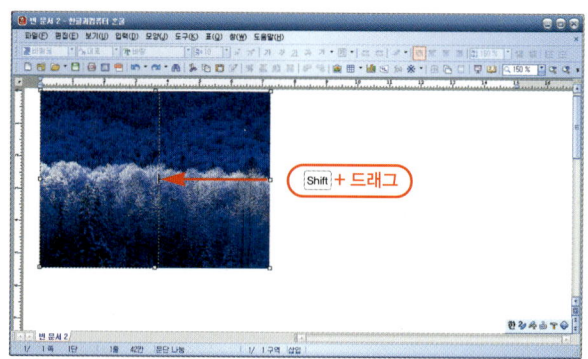

03 잘라낼 부분을 적당히 지정하고 마우스 버튼에서 손을 떼면 지정한 만큼 그림이 잘려 나간 것을 확인할 수 있습니다. 잘려진 부분을 다시 Shift를 누른 상태에서 드래그하면 되살릴 수도 있습니다.

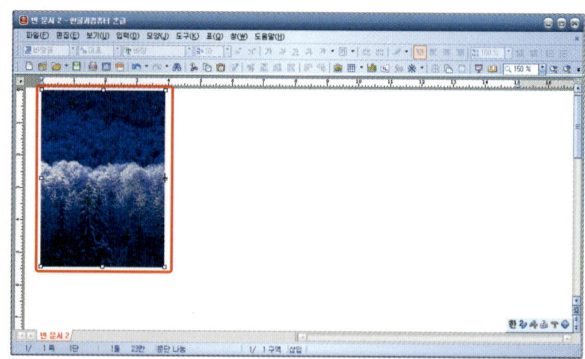

그림 넣기 대화상자 살펴보기

그림 넣기 대화상자에 있는 옵션을 잘 이용하면 그림 파일을 원하는 대로 삽입할 수 있습니다. 여기에서는 [문서에 포함]과 [마우스로 크기 지정] 옵션에 대해 살펴봅니다.

01 문서에 포함

대화상자의 [문서에 포함] 옵션을 선택한 상태에서 그림 파일을 삽입하면 삽입한 파일이 문서 파일과 하나로 합쳐집니다.

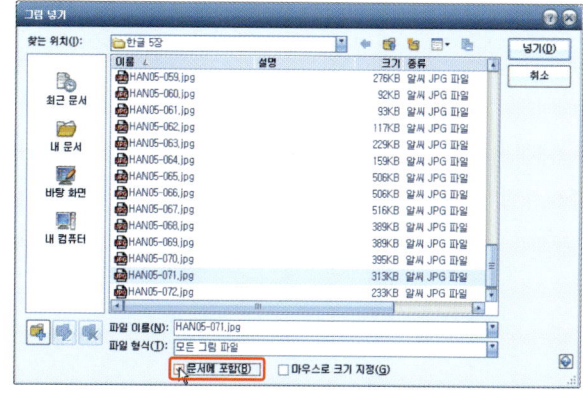

> **Tip**
> 장점 : 그림 파일을 문서에 포함하면 문서 파일과 그림 파일을 따로 관리할 필요가 없어 편리합니다.
> 단점 : 문서에 포함된 그림이 많을 경우 문서 파일의 용량이 너무 커지고 액세스 속도가 느려진다는 단점이 있습니다.

02 마우스로 크기 지정

이 옵션을 선택하면 그림 파일을 삽입할 때 그림이 삽입될 위치와 크기를 마우스로 드래그해서 지정해 줘야 합니다.

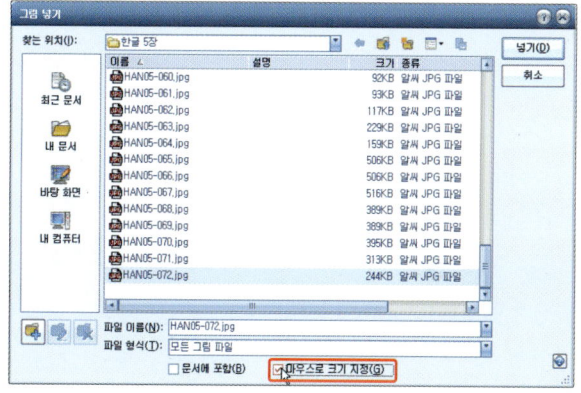

> **Tip**
> 장점 : 그림 파일이 삽입될 크기와 위치를 정확히 지정할 수 있습니다.
> 단점 : 여러 개의 그림 파일을 삽입해야 할 경우 매번 마우스로 그림 파일이 삽입될 위치와 크기를 지정해야 하기 때문에 불편합니다.

포토샵 없이 뽀샵질 하기

촬영한 사진이 너무 어둡거나 밝게 찍혔을 경우 포토샵 등의 이미지 툴을 이용해서 사진에 효과를 적용해야 합니다. 한글 2007에서는 사진의 밝기나 간단한 효과를 별도의 이미지 툴 없이 조절할 수 있는 기능을 지원하고 있습니다.

01 별도의 설정을 하지 않았다면 삽입된 그림 파일을 선택했을 때 [그림] 도구 상자가 화면에 표시돼야 합니다. 만약 그림처럼 [그림] 도구 상자가 표시되지 않는다면 다음 방법을 사용합니다.

02 [보기]-[도구 상자]-[그림] 메뉴를 선택합니다. 이렇게하면 다음부터 그림 파일을 선택하면 자동으로 [그림] 도구 상자가 화면에 표시됩니다.

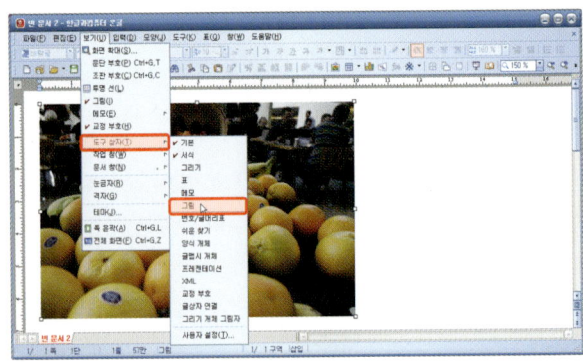

03 화면에 [그림] 도구 상자가 표시되는 것을 확인할 수 있습니다.

04 도구 상자에 있는 [밝게]와 [어둡게] 아이콘을 이용하여 그림의 밝기를 밝거나 어둡게 조절할 수 있습니다.

05 [선명하게]와 [희미하게] 아이콘은 사진의 선명도를 조절하는 기능을 합니다. 선명도를 높이면 사진 각 부분의 대비 값이 커져 선명해 지기는 하지만 사진이 점차 그림처럼 변하니 적당히 조절하는 것이 중요합니다.

06 [그림 효과] 아이콘을 클릭하면 여러 가지 효과를 적용할 수 있습니다. 여기에서는 그림을 희미하게 표시해 주는 [워터마크]를 선택해봅니다.

07 선택한 그림에 워터마크 효과가 적용되어 희미하게 보이는 것을 확인할 수 있습니다.

효과 제거하기

삽입된 그림 파일에 적용한 여러 효과를 제거하고 원래 이미지 상태로 되돌리고 싶다면 다음 방법을 사용합니다.

01 먼저 효과가 적용되어 있는 그림 파일을 선택합니다.

02 [그림 효과] 버튼을 클릭한 후에 목록에서 [효과 없앰]을 선택합니다.

03 그림 파일에 적용된 효과들이 전부 해제되는 것을 확인할 수 있습니다. 만약 이때 [그림] 도구 상자에 있는 [그림을 원래대로] 아이콘을 클릭하면 그림의 원본 크기로 되돌려지면서 모든 적용효과도 해제됩니다.

그림 위치 설정하기

삽입한 그림 파일은 기본적으로 어울림 옵션이 적용된 상태로 글자와 함께 표시될 수 있도록 설정되어 있습니다. 한글 2007은 상황에 따라 여러 가지 옵션을 이용해서 그림을 표현할 수 있도록 지원하고 있습니다.

01 어울림
한 행에 그림과 글자가 같이 표시될 수 있는 옵션입니다. 그림 영역을 제외한 부분에 글자가 자동으로 맞춰져 표시됩니다.

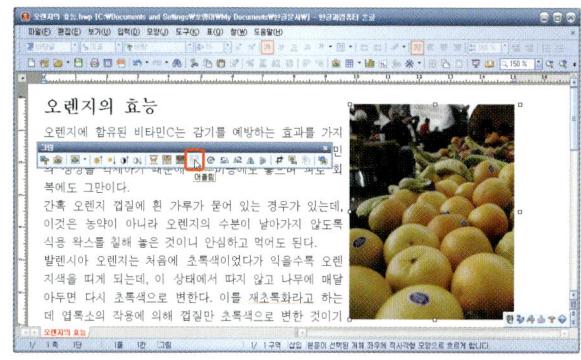

02 자리 차지
그림이 있는 행에는 다른 내용이 전혀 표시될 수 없는 옵션입니다.

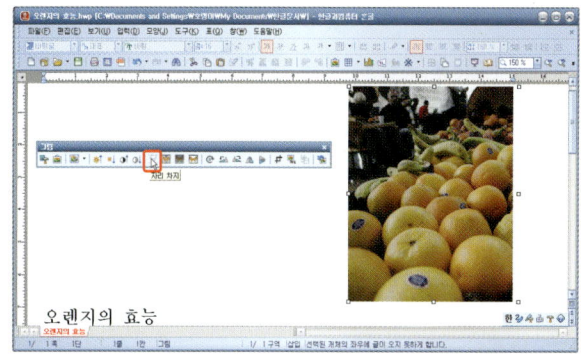

03 글 앞으로
글자와 그림이 같은 행에 존재하긴 하지만 글자 위로 그림이 올라와 있는 옵션입니다. 잘못 사용하면 글씨가 숨겨져서 보이지 않습니다.

04 글 뒤로

그림이 글 뒤쪽으로 위치하는 옵션입니다. 워터마크 처리된 그림에 사용하면 편리한 옵션입니다.

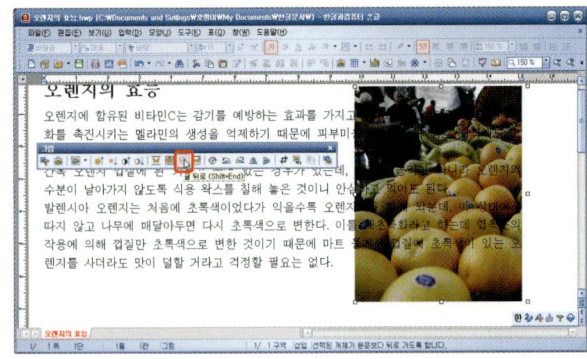

Reference

개체 속성 대화상자

문서에 삽입된 그림을 더블클릭하거나 그림이 선택된 상태에서 [그림] 도구 상자에 있는 [개체 속성]을 선택하면 표시되는 [개체 속성] 대화상자를 이용하여 그림의 여러 가지 속성을 지정할 수 있습니다.

01 [기본 탭]

이 탭을 이용하면 [그림] 도구 상자에는 없는 [글자처럼 취급] 옵션을 적용할 수 있습니다. 이 옵션을 선택하면 그림을 한 글자처럼 사용할 수 있습니다.

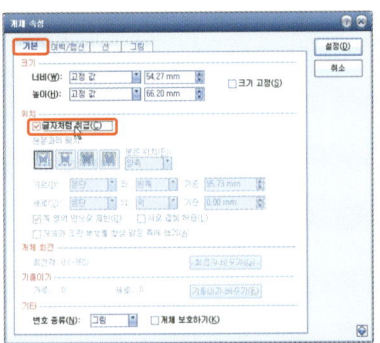

02 [여백/캡션 탭]

그림의 바깥 쪽 여백 값을 설정하거나 캡션이 표시될 위치 등을 설정할 수 있습니다.

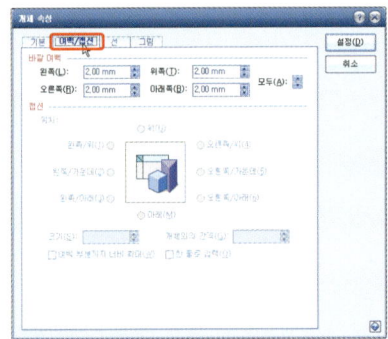

03 [선 탭]

그림의 테두리에 적용될 선의 모양과 굵기, 색상 등을 설정할 수 있습니다.

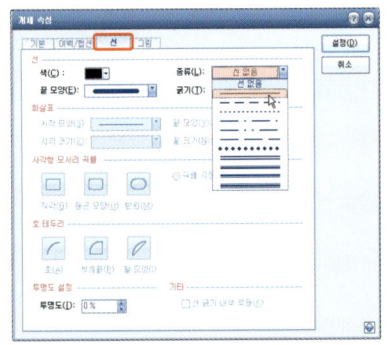

04 [그림 탭]

파일의 저장 경로 및 이름 확인을 할 수 있습니다. 또한, 그림 확대/축소 비율, 자르기, 여백, 워터마크, 반전 효과 등을 설정할 수 있습니다.

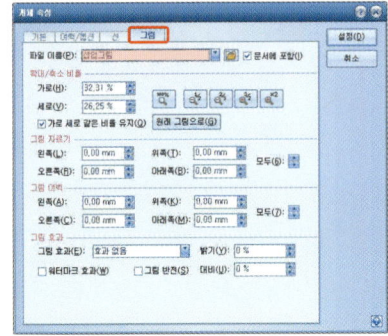

그림 회전시키기

문서에 삽입된 그림이나 도형 등은 원하는 각도로 회전시킬 수 있습니다. 여러 가지 방법을 이용해서 그림을 회전시키는 방법에 대해 간단히 알아봅시다.

01 회전시킬 그림을 선택한 후에 [그림] 도구 상자에 있는 [개체 회전] 아이콘을 클릭합니다.

02 그림의 테두리 부분에 표시되는 초록색 둥근 점을 마우스로 드래그합니다.

03 마우스 버튼에서 손을 떼면 그림이 회전된 상태로 고정되는 것을 확인할 수 있습니다. [개체 회전] 아이콘의 옆에 있는 아이콘들을 사용하면 그림을 일정 각도로 회전시키거나 대칭 반전시킬 수 있습니다.

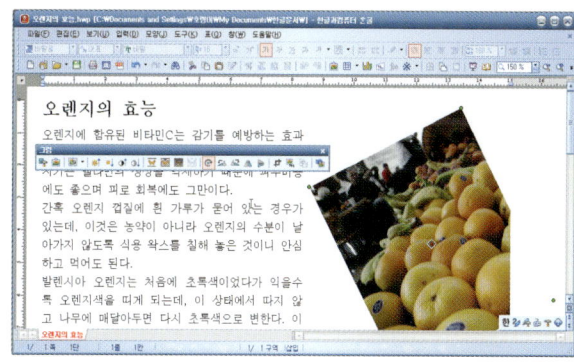

CHAPTER

04 글맵시 사용하기

한글 2007에서는 글자를 이용해서 화려한 모양으로 꾸밀 수 있는 기능을 지원하고 있습니다. 이 기능을 글맵시라고 부릅니다. 여기에서는 글맵시 기능을 이용해서 원하는 글자를 예쁘게 꾸며서 문서에 삽입하는 방법에 대해 알아봅니다.

글맵시 삽입하기

먼저 글맵시 기능을 이용해서 원하는 내용의 글자를 문서에 삽입하는 방법에 대해 알아보겠습니다.

01 글맵시를 삽입할 부분에 커서를 위치시킨 상태에서 [서식] 도구 상자에 있는 [글맵시] 아이콘을 클릭합니다.

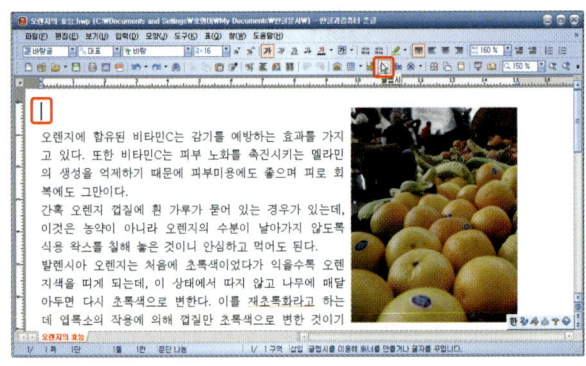

02 [글맵시 개체 만들기] 대화상자가 표시되면 [내용] 입력 상자에 원하는 내용을 입력합니다.

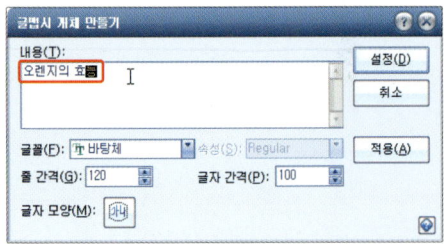

03 글맵시에 적용할 글꼴과 글자 간격 등을 지정한 후에 글자에 적용할 모양을 선택하기 위해 [글자 모양] 아이콘을 클릭합니다.

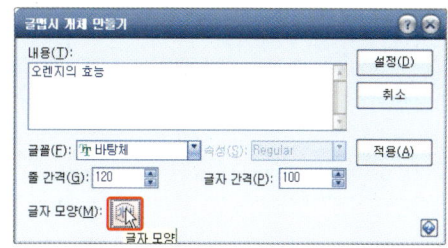

04 글자 모양 목록에서 적용하고 싶은 글자 모양을 선택합니다.

05 설정을 모두 마친 후에 [글맵시 개체 만들기] 대화상자의 [설정] 버튼을 클릭합니다.

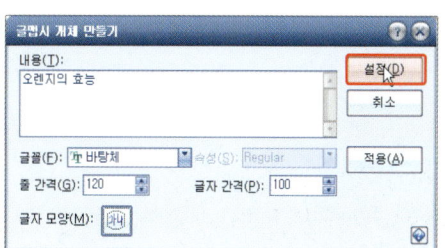

06 문서에 지정한 내용과 옵션이 적용된 글맵시가 삽입되는 것을 확인할 수 있습니다.

글맵시 개체 설정하기

삽입된 글맵시를 선택하면 화면에 표시되는 [글맵시 개체] 도구 상자를 이용하여 글맵시의 여러 가지 옵션을 설정할 수 있습니다.

01 삽입된 글맵시를 선택하면 화면처럼 [글맵시 개체] 도구 상자가 표시되는 것이 정상입니다. 만약 이 도구 상자가 자동으로 표시되지 않는다면 [보기]-[도구 상자]-[글맵시 개체] 메뉴를 선택합니다.

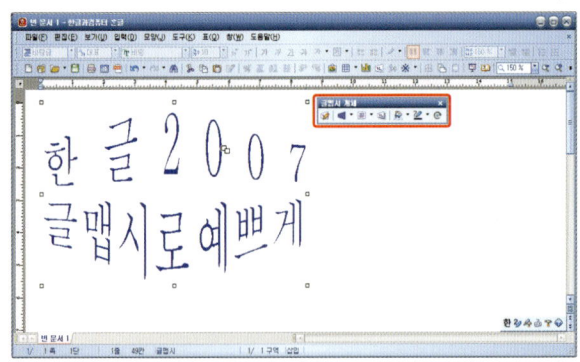

02 도구 상자의 맨 왼쪽에 있는 [글맵시 고치기] 아이콘을 클릭하면 글맵시를 만들 때와 같은 대화상자를 이용해서 글맵시의 내용과 모양 등을 수정할 수 있습니다. 두 번째에 있는 [글맵시 글자 모양] 아이콘은 글맵시에 적용할 글자 모양을 지정할 때 사용합니다.

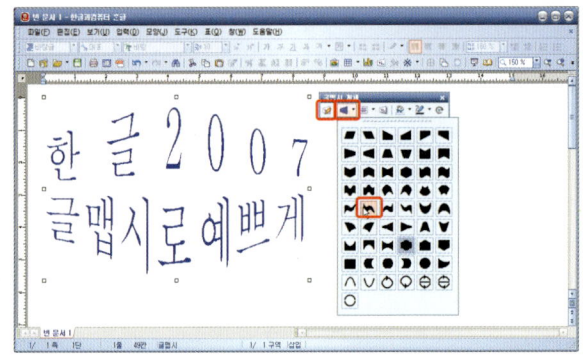

03 세 번째에 있는 [글맵시 문단 정렬] 아이콘은 삽입된 글맵시가 두 줄 이상일 때만 사용할 수 있는 기능입니다. 이 아이콘을 이용해서 두 줄 이상의 글맵시에 정렬 형식을 적용할 수 있습니다.

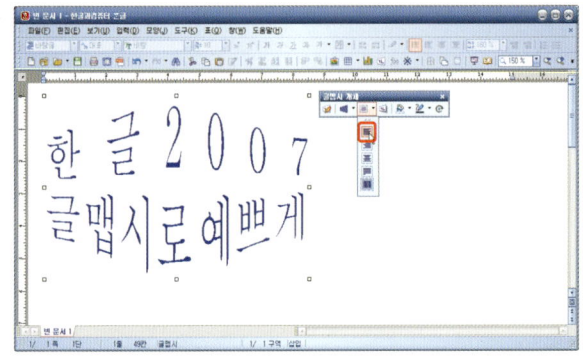

04 [글맵시 그림자] 아이콘은 클릭할 때마다 글맵시 그림자가 표시되거나 사라집니다.

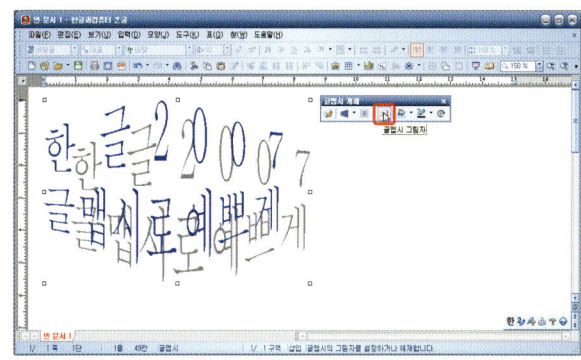

05 [채우기 색] 아이콘을 클릭하면 색상 목록을 이용해서 글맵시에 채워질 색상을 지정할 수 있습니다.

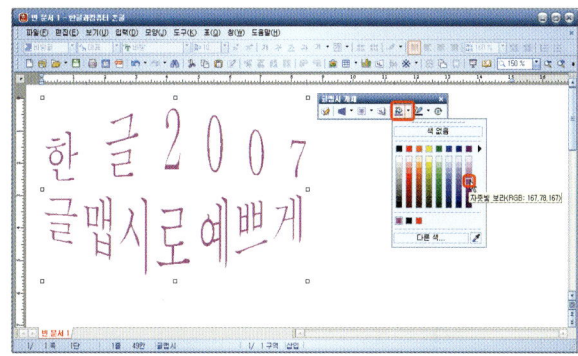

06 [선 색] 아이콘은 색상 목록을 이용해서 글맵시 글자들의 테두리 색상을 지정할 때 사용합니다.

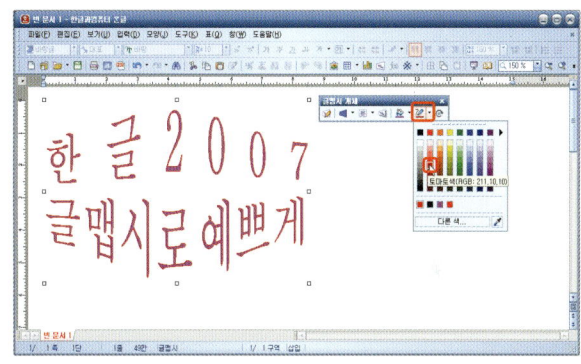

07 [개체 회전] 아이콘을 클릭하면 삽입된 글맵시를 회전시킬 수 있습니다.

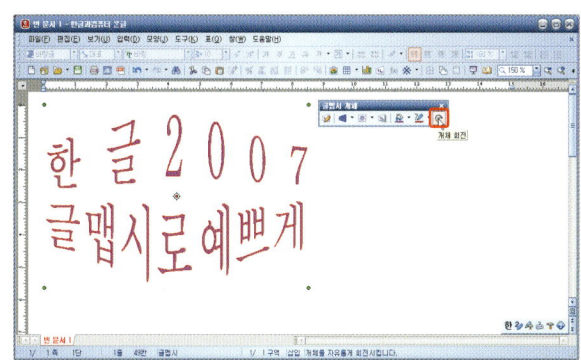

Chapter 01 표 그리기
- 메뉴를 이용해서 표 그리기
- 도구 아이콘으로 표 그리기
- 선을 이용해서 표 그리기
- 짧은 선 그리기
- 표의 선 지우기
- 대각선 그리기
- 선 모양 지정하기
- 셀 배경 색 칠하기

Chapter 02 셀 이동하기
- 마우스 클릭으로 이동하기
- 방향키로 이동하기

Chapter 03 셀 범위 지정하기
- 마우스 드래그로 선택하기
- 방향키로 블록 지정하기
- 로 블록 지정하기
- 을 이용해서 블록 지정하기

Chapter 04 셀 크기 변경하기
- 마우스 드래그로 크기 조절하기
- 키보드로 크기 조절하기

Chapter 05 표와 셀의 속성 지정하기
- 표/셀 속성 대화상자 사용하기
- 셀/테두리 배경 대화상자 사용하기

Chapter 06 줄/칸 추가하기와 지우기
- 줄/칸 지우기
- 줄/칸 삽입하기

Chapter 07 줄/칸 나누기와 합치기
- 줄/칸 합치기
- 줄/칸 나누기

Chapter 08 표 마당 사용하기
- 표 마당 그리기

Chapter 09 차트 만들기
- 차트 삽입하기
- 차트 데이터 입력하기
- 차트 이동하기와 크기 조절

Chapter 10 차트 꾸미기
- 차트 제목 입력하기
- 차트 제목 꾸미기
- 축 제목 지정하기
- 차트 종류 바꾸기

PART 06

표와 차트 만들기

››› 문서를 잘 만드는 사람들은 무엇이 다를까요? 바로 복잡한 문서를 보기 좋고 일목요연하게 정리하는 능력일 것입니다. 그리고 그런 것을 가능하게 해 주는 것이 바로 이번 Part 06에서 다루게 될 표와 차트입니다. 표와 차트를 이용해서 복잡한 데이터를 보기 좋게 꾸미는 방법들에 대해 알아봅시다.

CHAPTER

01 표 그리기

한글 2007에서는 여러 가지 방법을 이용해서 표를 그릴 수 있습니다. 여기에서는 각 방법을 이용해서 표를 그리는 방법에 대해 알아보겠습니다.

메뉴를 이용해서 표 그리기

가장 먼저 알아볼 방법은 메뉴를 이용해서 표를 그리는 것입니다. 이 기능을 이용하면 원하는 행과 열의 개수를 입력해서 원하는 모양의 표를 쉽게 만들 수 있습니다.

01 표를 그리기 위해 [표]-[표 만들기] 메뉴를 선택합니다.

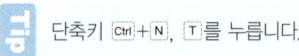 단축키 Ctrl + N , T 를 누릅니다.

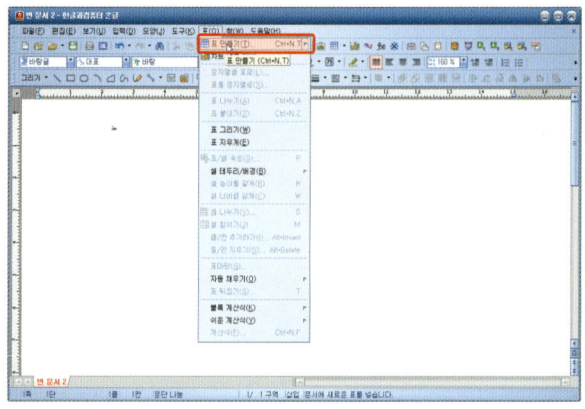

02 [표 만들기] 대화상자가 표시되면 만들어질 표의 줄과 칸 수를 각 입력상자에 입력합니다.

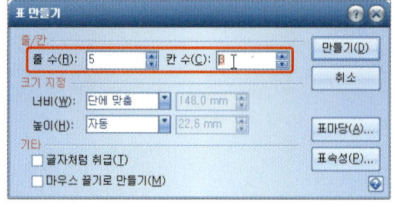

03 너비 목록은 만들어질 표의 너비 값을 지정하는 옵션입니다. 여기에서는 임의의 값을 지정해서 표를 만들어 보기 위해 [임의 값]을 선택합니다.

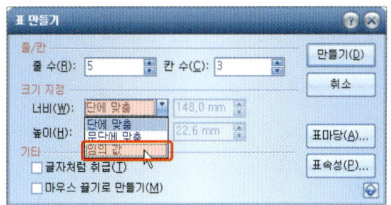

04 표의 너비 값으로 120을 지정합니다. 이 값의 단위는 mm입니다.

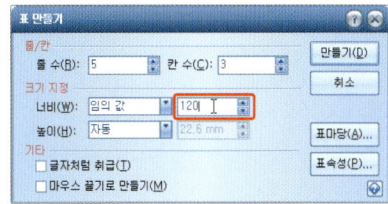

05 같은 방법으로 적당한 높이 값의 옵션과 값을 지정하고 [만들기] 버튼을 클릭합니다. 대화상자에 있는 [글자처럼 취급]과 [마우스 끌기로 만들기] 옵션은 그림을 삽입할 때와 같은 기능을 담당합니다.

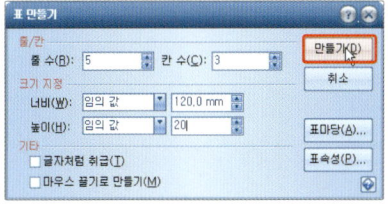

06 지정한 줄과 칸으로 구성된 표가 만들어지는 것을 확인할 수 있습니다.

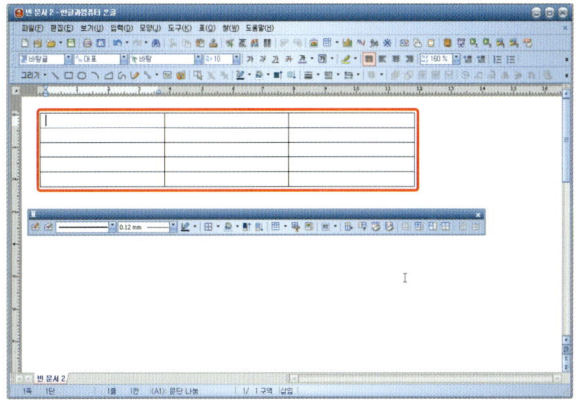

도구 아이콘으로 표 그리기

이번에는 도구 아이콘을 이용해서 표를 그리는 방법에 대해 알아보겠습니다. 이 방법을 사용하면 원하는 칸 수의 표를 빠르게 만들 수 있지만 마우스 조작이 서툴다면 사용하기 힘들 수도 있습니다.

01 기본 도구 상자에 있는 [표 만들기] 아이콘을 클릭하면 [표]-[표 만들기] 메뉴를 선택했을 때처럼 대화상자가 표시됩니다. 여기에서는 아이콘의 옆쪽에 있는 목록 버튼을 클릭해야 합니다.

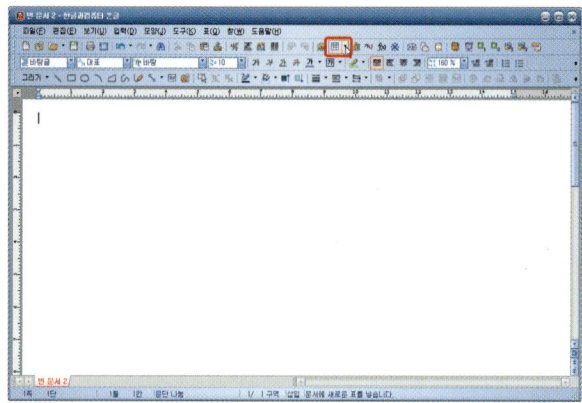

02 표 입력상자가 표시되면 마우스 움직임에 따라 그려질 표의 칸 수가 달라집니다. 이 입력상자를 조절해서 원하는 줄과 칸 수를 지정한 후에 마우스 왼쪽 버튼을 클릭합니다.

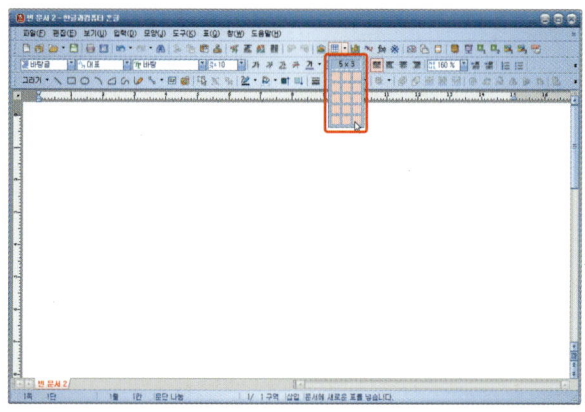

03 지정한 줄과 칸 수의 표가 만들어집니다. 이때 만들어지는 표는 편집용지의 단 너비 값을 기본 값으로 적용됩니다.

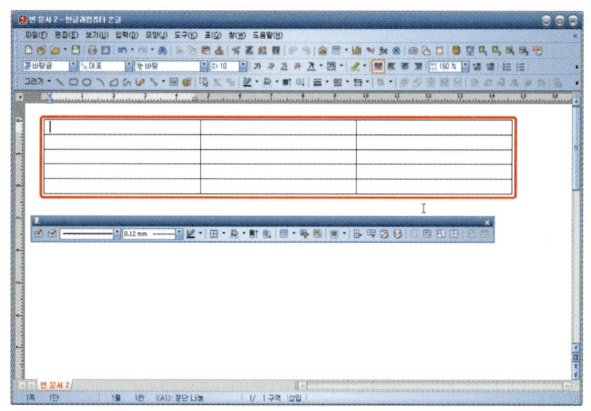

선을 이용해서 표 그리기

[표]-[표 그리기] 메뉴를 선택하면 원하는 모양의 표를 그릴 수 있는 [표] 도구 상자가 표시됩니다. 이번에는 이 도구 상자를 이용해서 원하는 모양의 표를 그리는 방법에 대해 알아보겠습니다.

01 선을 이용해서 표를 그리기 위해 먼저 [표]-[표 그리기] 메뉴를 선택합니다.

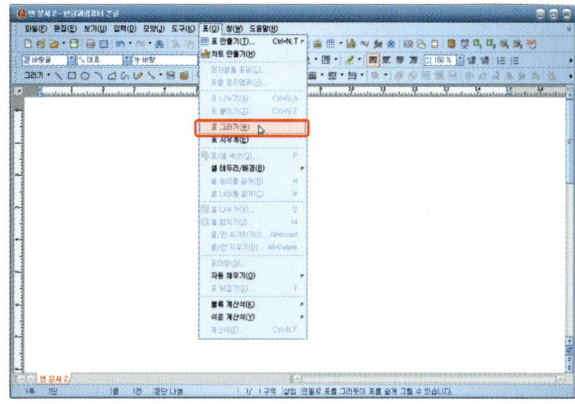

02 마우스 포인터가 연필 모양으로 바뀌면 그릴 표의 한쪽 모서리 부분으로 마우스 포인터를 이동시킵니다.

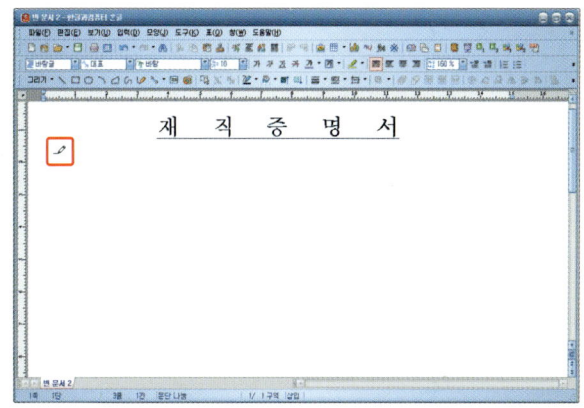

03 마우스를 드래그하면 사각형의 표가 그려질 부분의 가이드가 표시됩니다. 이 가이드를 참고해서 적당한 크기의 표를 그립니다.

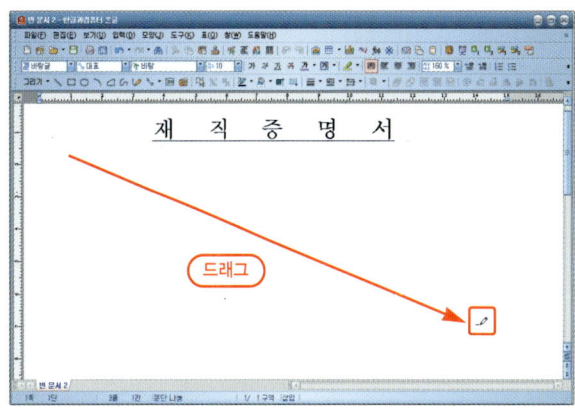

04 마우스 버튼에서 손을 떼면 직사각형이 생기는데 그 안에 커서가 깜빡 거리는 것을 확인할 수 있습니다. 지금 우리가 그린 것은 한 칸의 표입니다.

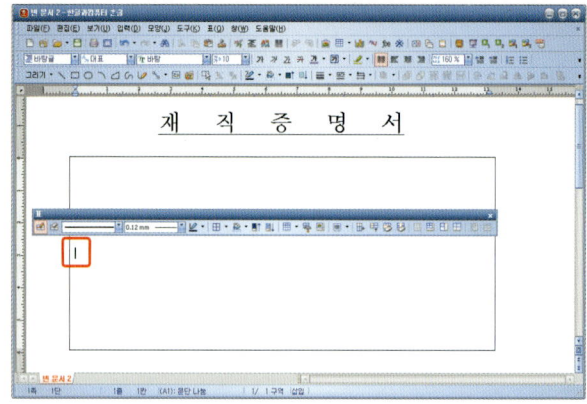

05 **가로 선 그리기**
이번에는 표를 여러 줄로 나누기 위한 가로 선을 그려보겠습니다. 연필 모양 마우스 포인터를 표의 왼쪽 부분에 위치시킵니다.

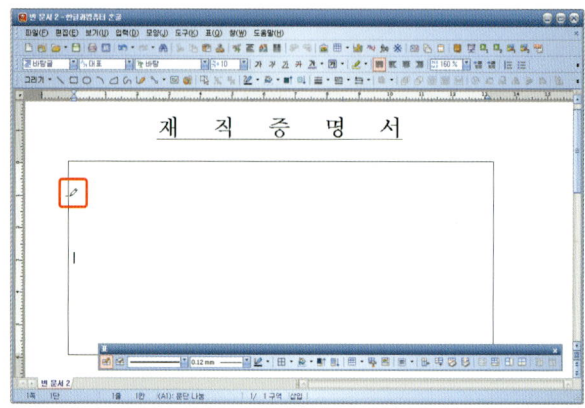

06 마우스를 오른쪽으로 드래그하면 그려질 표의 가이드라인이 점선으로 표시되는 것을 확인할 수 있습니다.

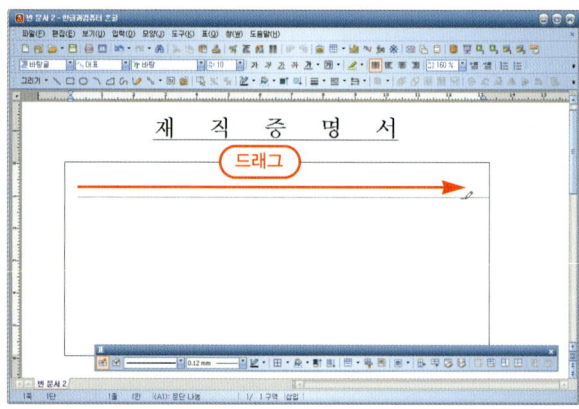

07 마우스 버튼에서 손을 떼면 가로 선이 그려지는 것을 확인할 수 있습니다.

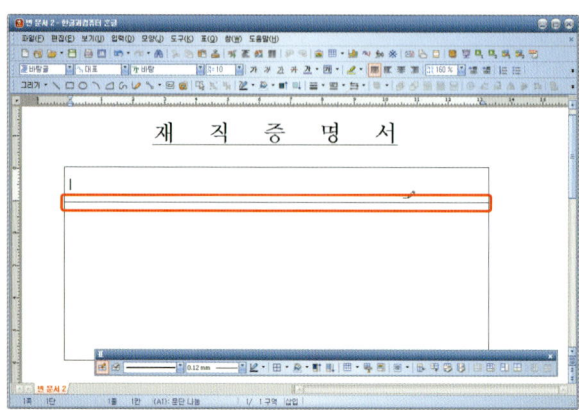

08 같은 방법으로 여러 개의 가로 선을 그려봅니다.

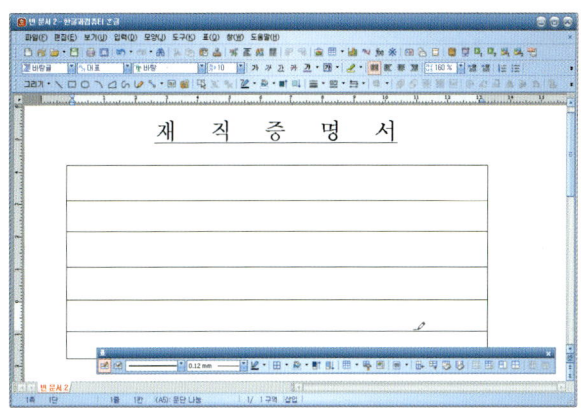

09 세로 선 그리기
세로 선을 그릴 표의 위쪽 부분에 연필 모양 마우스 포인터를 위치시킵니다.

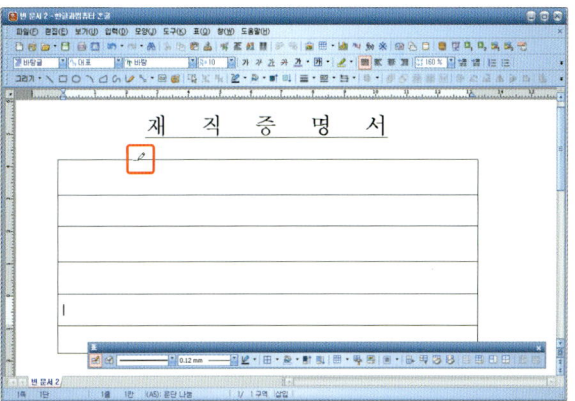

10 마우스를 아래쪽으로 드래그합니다.

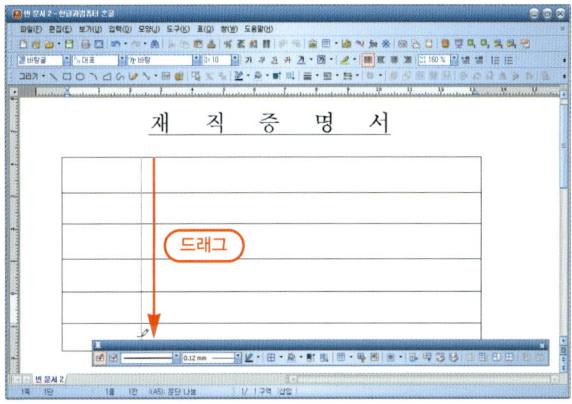

11 마우스 버튼에서 손을 떼면 세로 선이 그려집니다.

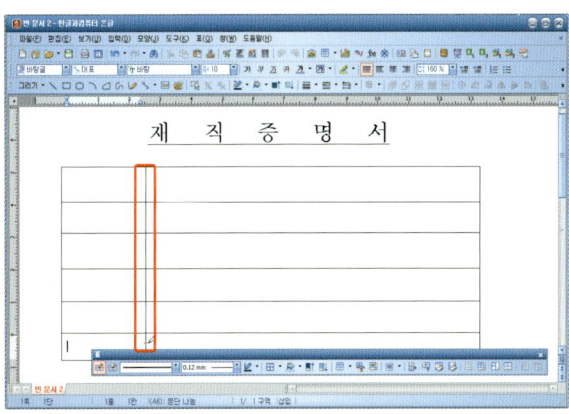

짧은 선 그리기

선은 꼭 표의 끝에서 끝 부분까지 그려야 하는 것은 아닙니다. 이번에는 일정한 칸에만 표시되는 선을 그려보겠습니다.

01 연필 모양의 마우스 포인터를 표의 적당한 부분에 위치시킵니다. 만약 마우스포인터의 모양이 화살표로 바뀌었다면 [표]-[표 그리기] 메뉴를 선택하거나 [표] 도구 상자의 [표 그리기] 버튼을 클릭하면 됩니다.

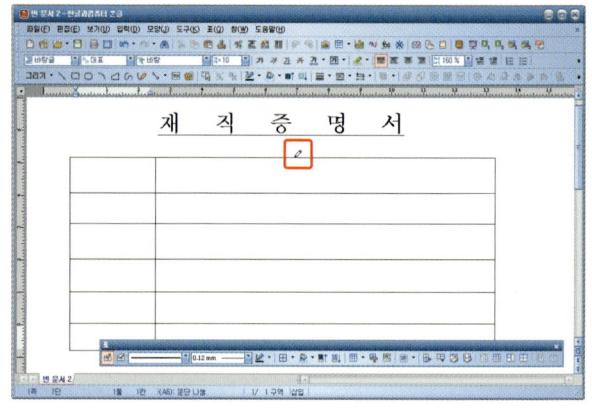

02 마우스를 표의 맨 아래쪽이 아닌 중간 정도까지만 드래그합니다.

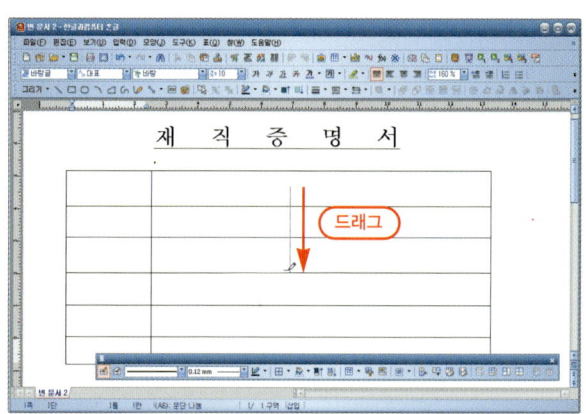

03 지정한 칸에까지만 선이 그려지는 것을 확인할 수 있습니다. 다음 단계에서 사용하기 위해 짧은 선 옆에 긴 세로선을 하나 더 그립니다.

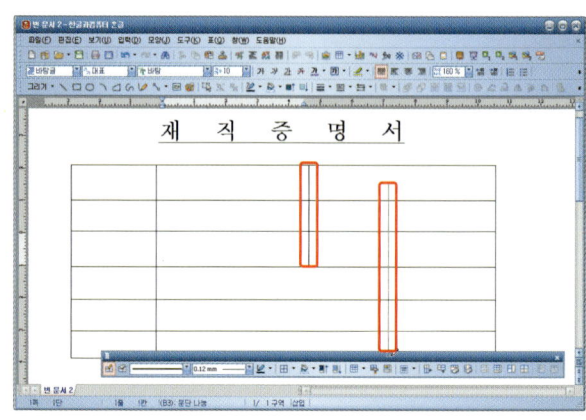

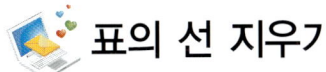
표의 선 지우기

표에 그려진 선 중 전부나 일부를 지워야 한다면 [표] 도구 상자에 있는 [표 지우개] 아이콘을 사용하면 됩니다.

01 표에 그려진 선의 일부나 전부를 지우기 위해 [표] 도구 상자에 있는 [표 지우개] 아이콘을 클릭합니다.

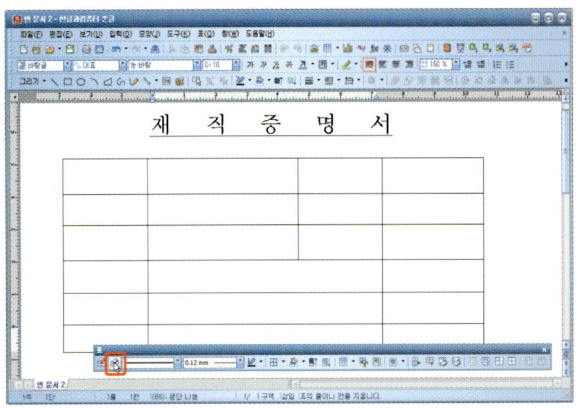

02 지우개 모양으로 바뀐 마우스 포인터를 이용해서 지울 선 전체나 지울 부분을 드래그합니다.

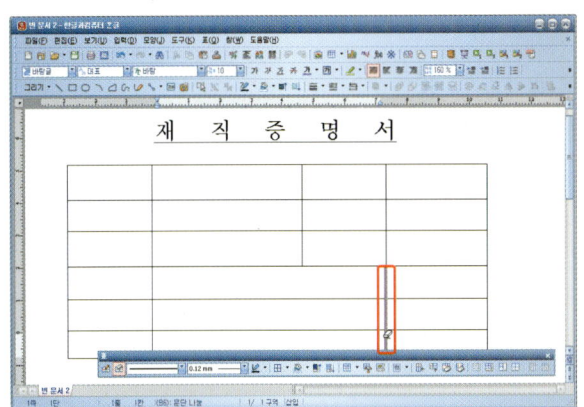

03 마우스 버튼에서 손을 떼면 지우개로 드래그한 부분의 선이 지워진 것을 확인할 수 있습니다.

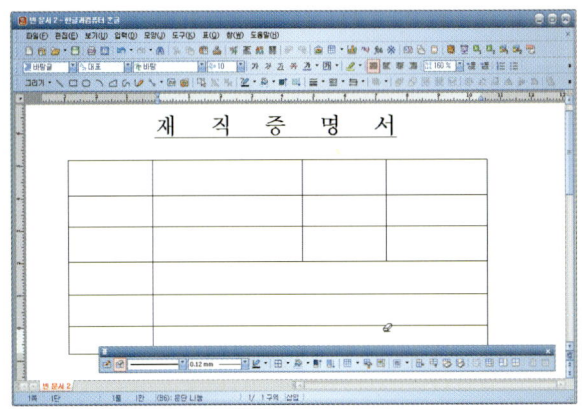

대각선 그리기

표 그리기 기능을 이용하면 대각선도 쉽게 그릴 수 있습니다.

01 대각선을 그릴 칸의 한쪽 모서리 부분에 연필모양 마우스 포인터를 위치시킵니다.

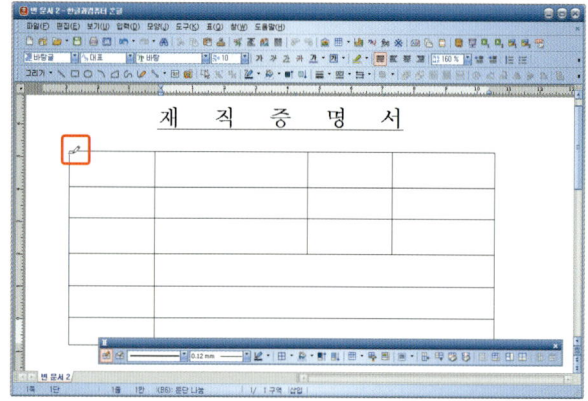

02 마우스를 드래그해서 현재 칸의 대각선 방향 모서리로 이동시킵니다.

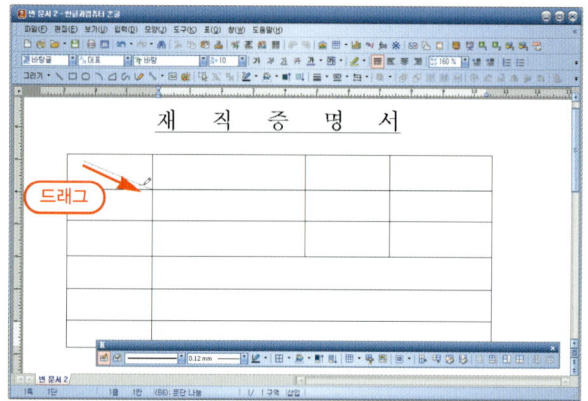

03 마우스 버튼에서 손을 떼면 대각선이 그려지는 것을 확인할 수 있습니다.

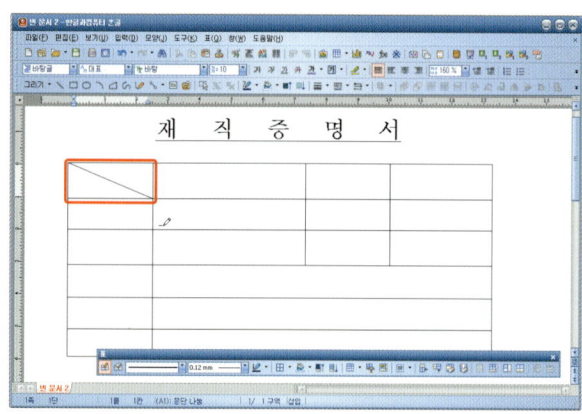

선 모양 지정하기

표 그리기 기능으로 표를 그릴 때에는 선의 모양을 원하는 대로 바꿔가며 그릴 수도 있습니다.

01 먼저 그릴 선의 모양을 지정하기 위해 [표] 도구 상자에 있는 [셀 테두리 모양] 목록에서 원하는 모양을 선택합니다.

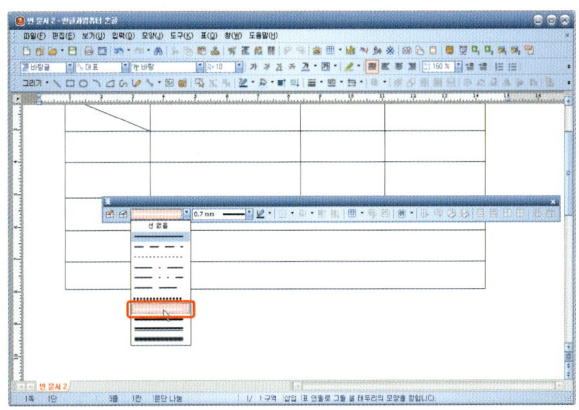

02 이번에는 선택한 선 모양의 굵기를 지정하기 위해 [셀 테두리 굵기] 목록에서 적당한 굵기를 선택합니다.

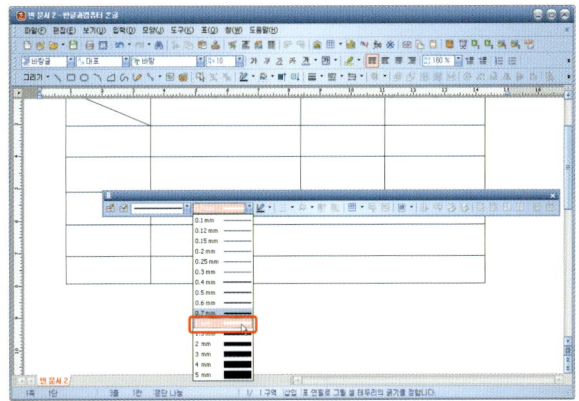

03 이번에는 [셀 테두리 색] 목록에서 원하는 색상을 선택해서 그려질 표나 선의 색상을 지정합니다.

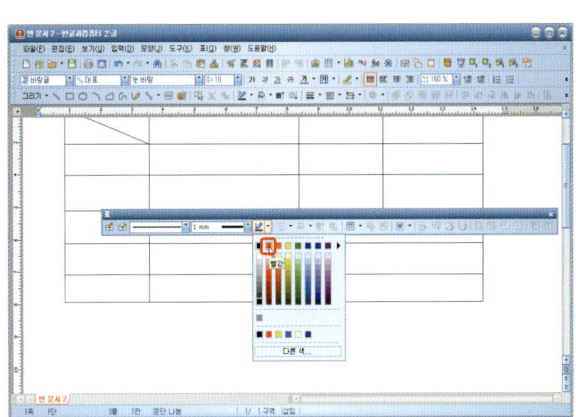

04 새로 표를 그리기 위해 [표] 도구 상자의 [표 그리기] 아이콘을 클릭합니다.

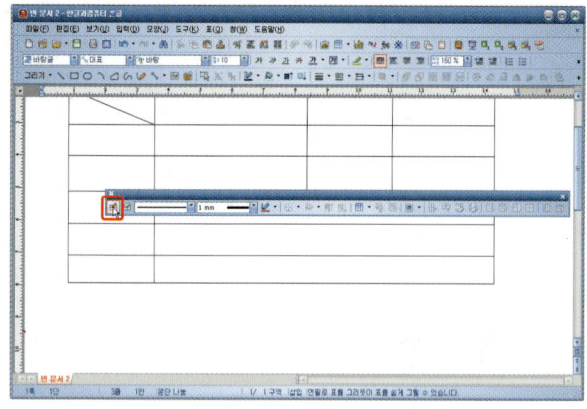

05 그릴 표의 시작 점에 연필 모양 마우스 포인터를 위치시킵니다.

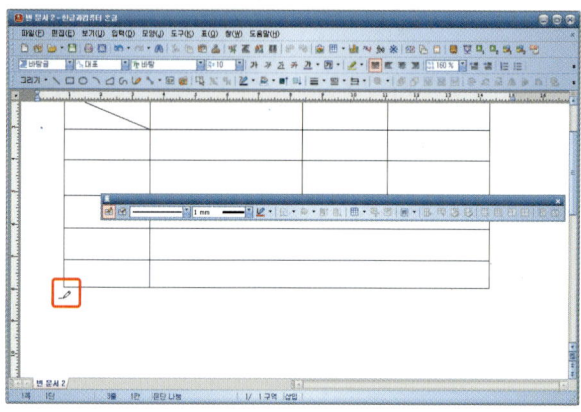

06 마우스를 수평, 수직 또는 대각선 방향으로 이동시켜서 선이나 표가 되도록 마우스를 드래그합니다.

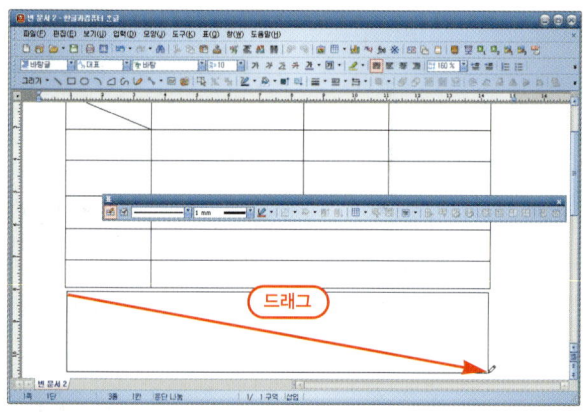

07 마우스 버튼에서 손을 떼면 선택한 모양과 두께, 색상의 선이 그려지는 것을 확인할 수 있습니다.

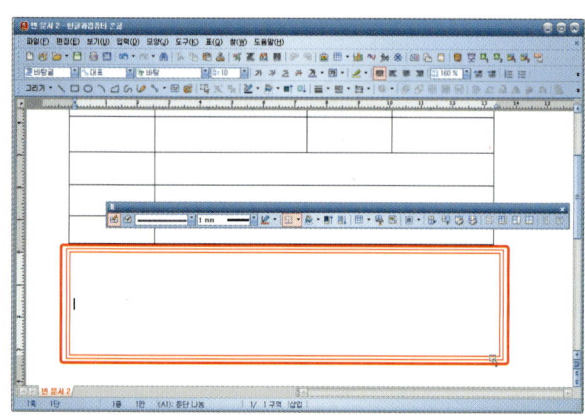

셀 배경 색 칠하기

그려진 표 각각의 칸을 셀이라고 부르는데, 한글 2007에서 만들어진 표에는 원하는 색상을 칠할 수 있습니다.

01 먼저 마우스를 드래그해서 배경 색을 칠할 셀을 블록으로 지정합니다.

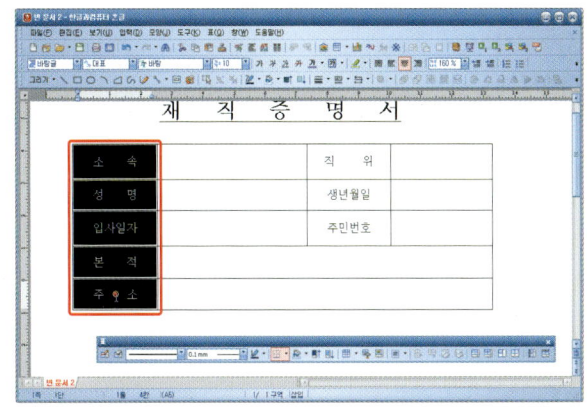

02 [표] 도구 상자에 있는 [셀 배경 색] 목록에서 원하는 색상을 선택합니다.

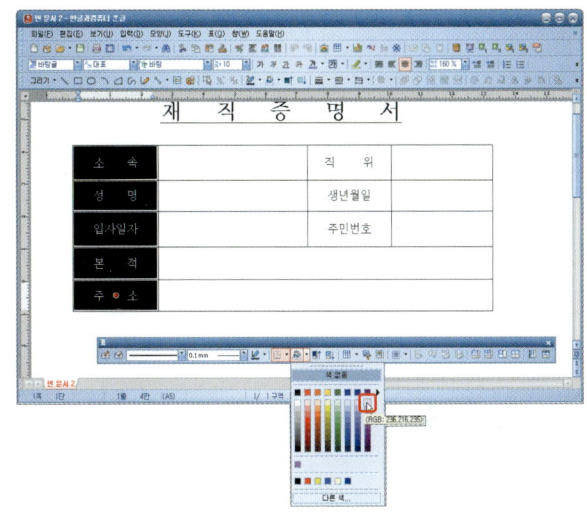

03 선택한 색상이 블록으로 지정한 셀에 칠해지는 것을 확인할 수 있습니다.

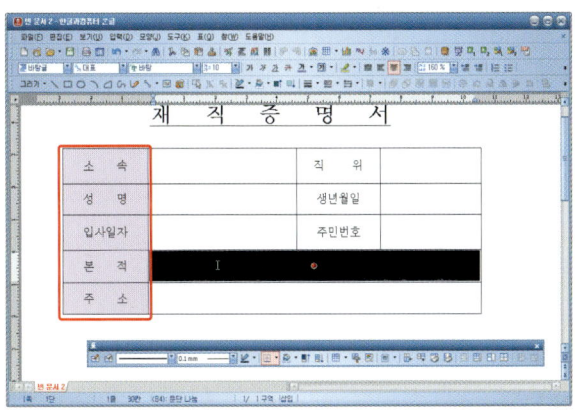

CHAPTER

02 셀 이동하기

만들어진 표는 각각의 칸이 셀로 구분되어 있습니다. 각 칸에 내용을 입력하거나 입력된 내용을 수정, 관리하고 싶다면 원하는 셀로 빠르게 이동할 수 있어야 합니다. 여기에서는 여러가지 방법을 이용해서 셀을 이동하는 방법에 대해 알아봅니다.

마우스 클릭으로 이동하기

마우스로 원하는 셀을 클릭하면 커서가 해당 셀로 이동합니다. 가장 빠른 방법이지만 표에 많은 내용을 입력해야 할 때는 번번히 키보드와 마우스를 번갈아가며 써야 한다는 점이 불편하게 느껴질 수 있습니다.

01 내용을 입력하거나 편집할 셀을 마우스 포인터로 클릭합니다.

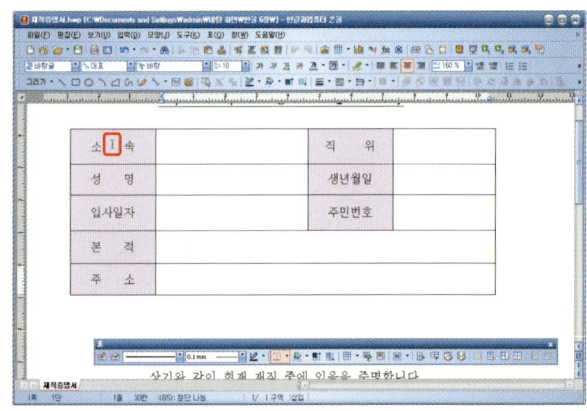

02 커서가 클릭한 셀로 이동하는 것을 확인할 수 있습니다.

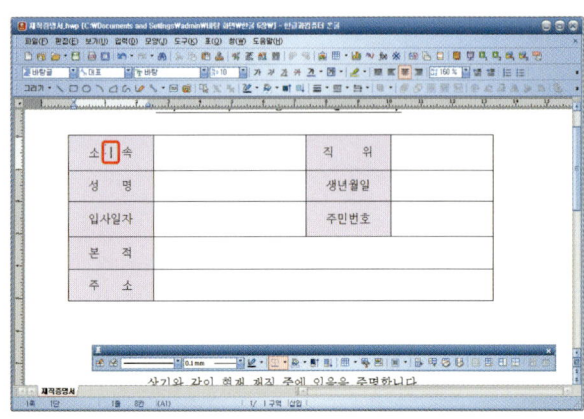

방향키로 이동하기

키보드의 방향키를 누르면 해당 방향으로 커서가 이동합니다. 내용이 입력되어 있는 셀을 거쳐 지나가야 할 때는 Alt를 누른 상태에서 방향키를 눌러서 입력된 글자와 관계없이 셀을 이동합니다.

01 그림과 같은 위치에 커서가 있을 경우 아래나 위쪽 방향키를 누르면 해당 방향의 셀로 커서를 이동시킬 수 있습니다.

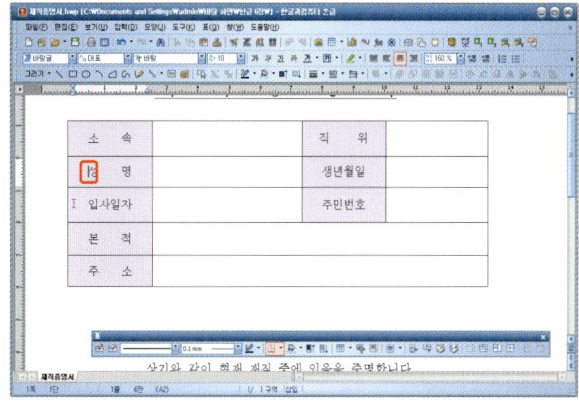

02 문제는 이렇게 글자가 입력되어 있는 셀을 통과해서 오른쪽이나 왼쪽으로 이동해야 될 때입니다. 이럴 때에는 글자수+1 만큼 방향키를 눌러줘야합니다.

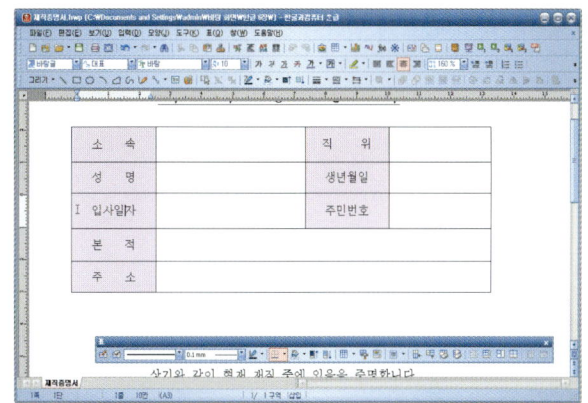

03 이때 Alt 와 함께 방향키를 누르면 셀에 입력되어 있는 글자 수와 관계없이 커서가 셀을 이동하게 됩니다.

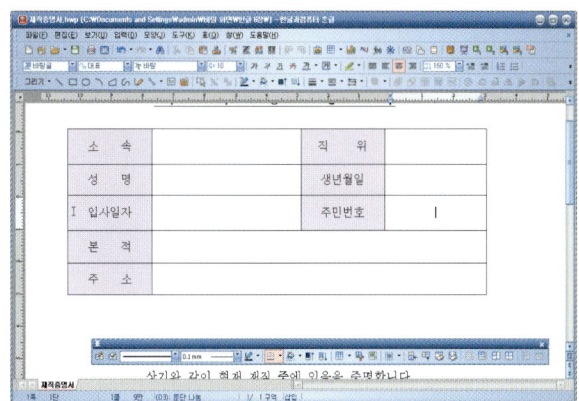

CHAPTER 03 셀 범위 지정하기

셀의 너비나 높이 값을 조절하거나 편집을 효과적으로 하려면 원하는 셀을 잘 선택할 수 있어야 합니다. 여기에서는 다양한 방법으로 원하는 셀을 선택하는 방법에 대해 알아봅니다.

마우스 드래그로 선택하기

표의 일정한 부분을 마우스로 드래그하면 마우스 포인터가 지나간 부분의 셀이 블록으로 지정됩니다. 가장 간단하고 빠르게 원하는 범위를 선택할 수 있는 방법이지만 제한 사항도 많다는 단점이 있습니다.

01 블록으로 지정할 시작 셀에 마우스 포인터를 위치시킵니다.

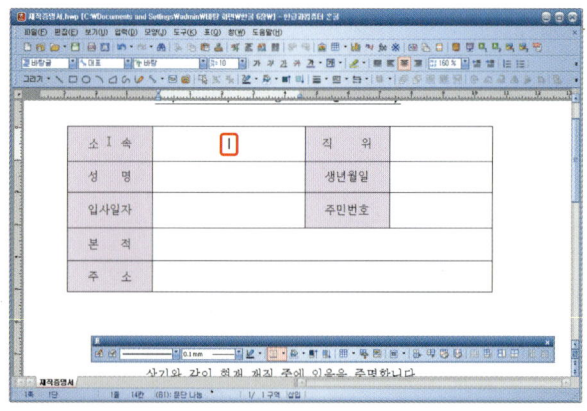

02 마우스를 드래그하면 마우스 포인터가 이동한 범위의 셀들이 블록으로 지정되는 것을 확인할 수 있습니다.

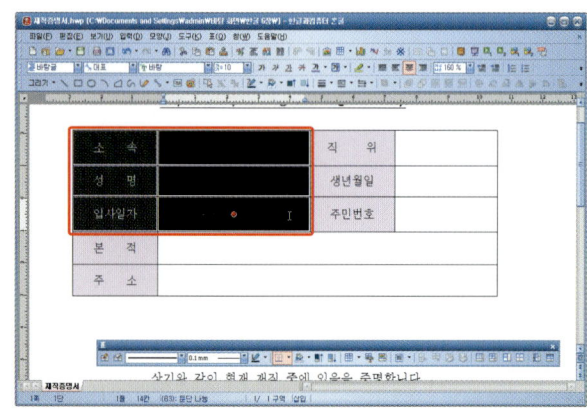

방향키로 블록 지정하기

키보드의 F5를 두 번 누른 후에 방향키를 누르면 해당 방향의 셀들을 하나씩 블록에 추가할 수 있습니다.

01 블록으로 지정할 셀에 커서를 위치시킨 상태에서 F5를 한 번 눌러봅니다. 그럼 해당 셀이 블록으로 지정되는데 이 상태에서 방향키를 누르면 한 칸이 선택된 상태로 블록 셀이 계속 이동하기만 합니다.

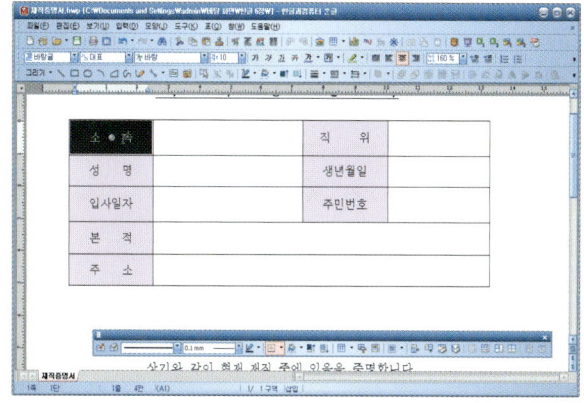

02 여러 셀을 블록으로 지정하고 싶다면 F5 키를 두 번 누릅니다. 이렇게 하면 블록으로 지정된 셀의 중앙에 있는 둥근 점에 빨간 색이 칠해집니다.

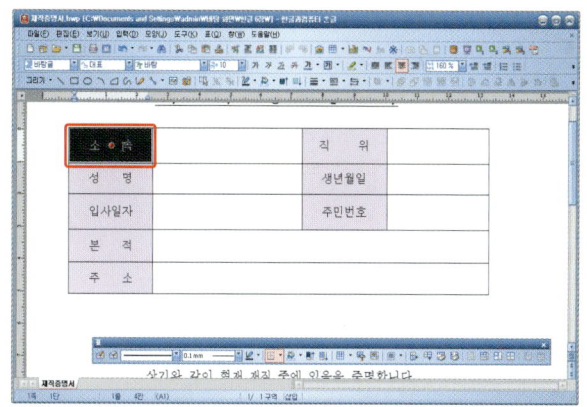

03 방향키를 누르면 해당 방향의 셀들이 블록에 추가되는 것을 확인할 수 있습니다.

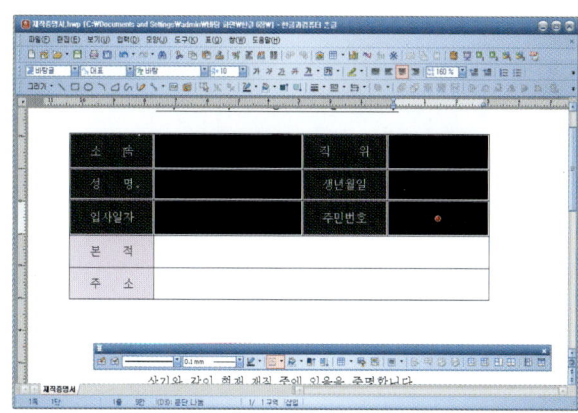

Shift 로 블록 지정하기

키보드의 Shift를 누른 상태에서 다른 셀을 클릭하면 현재 커서가 있는 셀부터 새로 클릭한 셀 사이의 모든 셀들이 블록으로 지정됩니다. 이 방법은 넓은 영역의 셀을 블록으로 지정할 때 유용하게 사용할 수 있습니다.

01 블록으로 지정할 시작 셀을 클릭해서 커서를 이동시킵니다.

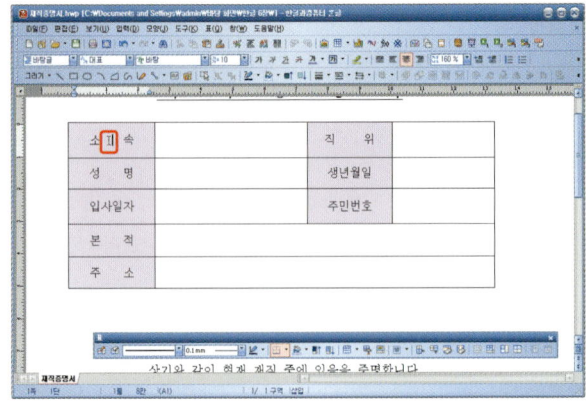

02 키보드의 Shift를 누른 상태에서 블록으로 지정할 마지막 셀을 클릭합니다.

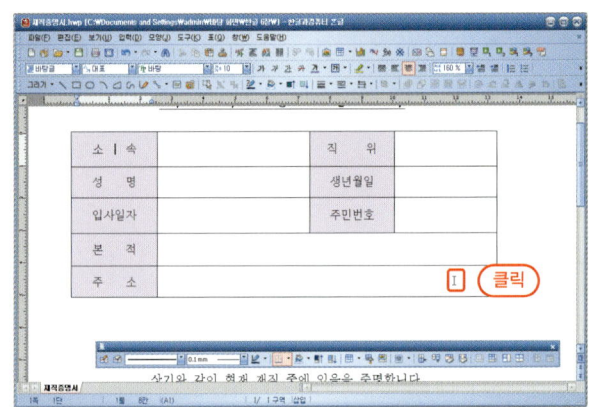

03 첫 셀부터 클릭한 셀 사이의 모든 셀들이 블록에 추가되는 것을 확인할 수 있습니다.

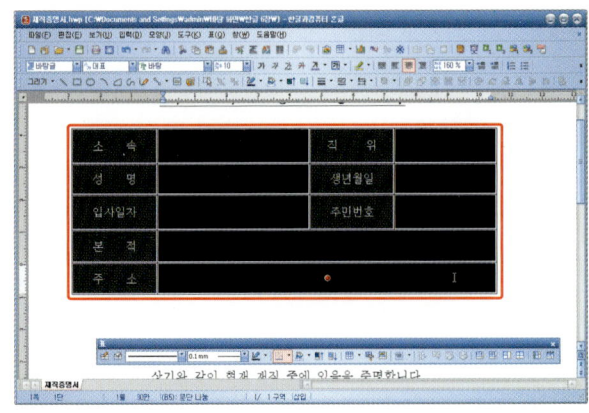

Ctrl 을 이용해서 블록 지정하기

지금까지 사용한 방법들은 모두 연속한 범위의 셀들을 블록으로 지정하는 방법들입니다. 하지만 Ctrl 을 사용하면 서로 떨어져 있는 셀들을 하나의 블록에 추가할 수 있습니다.

01 먼저 앞서 익힌 방법들을 이용해서 하나의 범위를 블록으로 지정합니다.

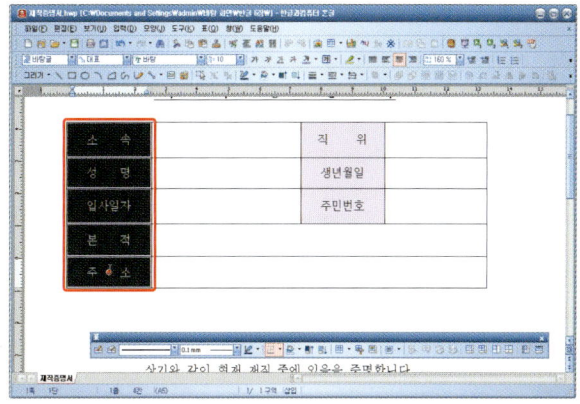

02 Ctrl 을 누른 상태에서 하나의 셀을 클릭하면 앞서 지정된 블록에 클릭한 셀이 블록으로 추가되는 것을 확인할 수 있습니다.

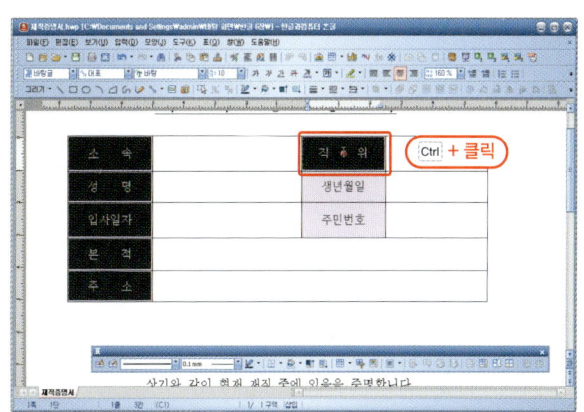

03 같은 방법으로 Ctrl 을 누른 상태에서 여러 셀을 마우스로 드래그하면 해당 범위들도 블록에 추가됩니다.

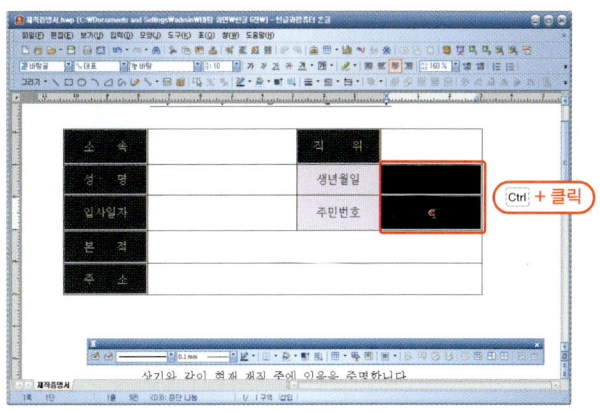

CHAPTER

04 셀 크기 변경하기

표 메뉴를 사용해서 만들었거나 표 그리기로 만든 표는 그려지는 방법은 다르지만 모두 같은 방법으로 관리할 수 있습니다. 여기에서는 먼저 만들어진 표 각 칸의 크기를 원하는 모양으로 조절하는 방법에 대해 알아봅니다.

마우스 드래그로 크기 조절하기

셀의 크기를 조절하는 방법 중 가장 간단하게 쓸 수 있는 방법이 바로 각 셀의 경계 부분을 마우스로 드래그하는 것입니다. 여기에서는 이 방법을 이용해서 셀의 크기를 조절하는 방법에 대해 알아봅니다.

01 **열 단위 크기 조절**
크기를 조절할 경계선 부분에 마우스 포인터를 위치시킵니다.

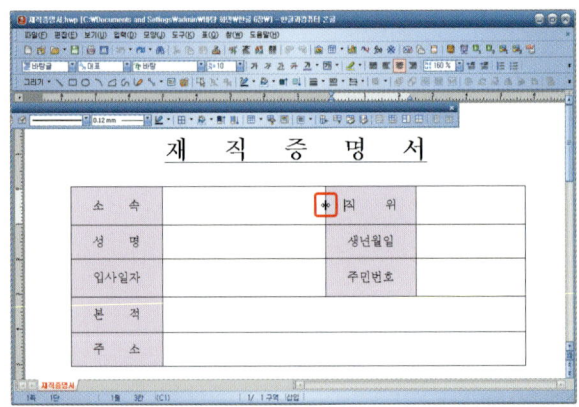

02 마우스를 드래그해서 좌우로 움직여서 적당한 크기를 지정합니다.

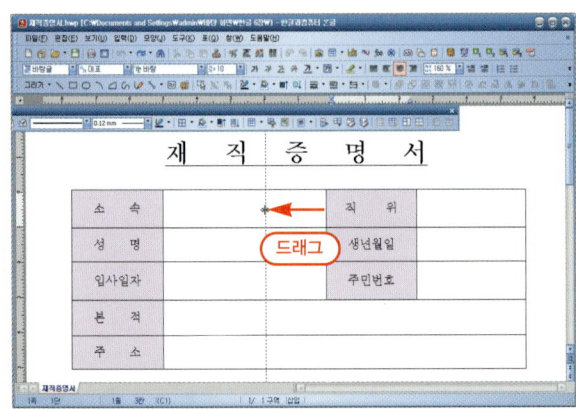

03 마우스 버튼에서 손가락을 떼면 지정한 크기가 셀에 적용됩니다. 이때, 마우스 포인터의 위치에 관계없이 선택한 열의 모든 너비 값이 바뀝니다.

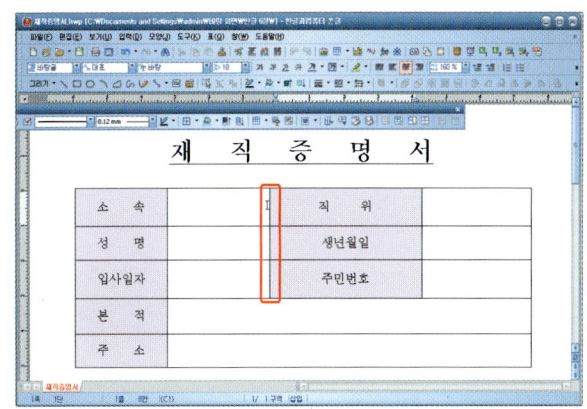

04 **표 단위 조절**
너비 값을 조절할 셀의 경계 부분에 마우스 포인터를 위치시킵니다.

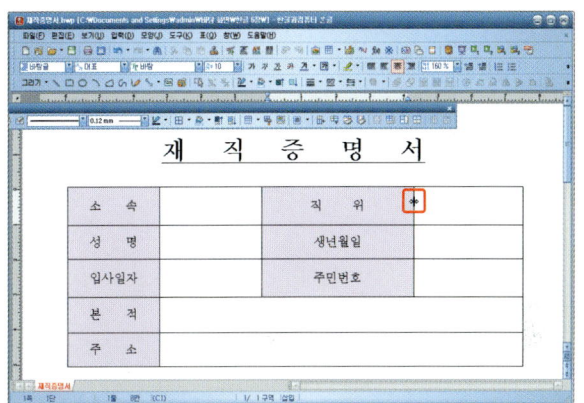

05 키보드의 Ctrl을 누른 상태에서 마우스를 좌우로 드래그해 봅니다.

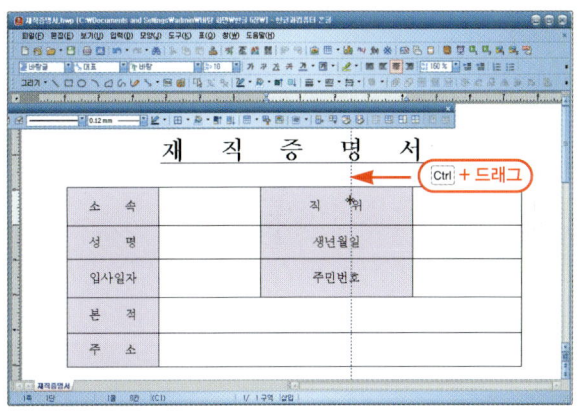

06 적당한 위치에서 드래그를 멈추면 셀의 크기가 조절되는 것을 확인할 수 있습니다. 이때, 셀이나 열만이 아니라 표 전체의 크기가 함께 바뀝니다.

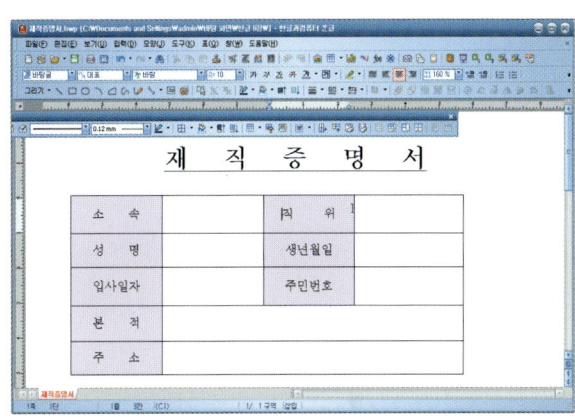

Chapter 04 셀 크기 변경하기 • 169

07 셀 단위 조절하기
크기를 조절할 셀의 경계 부분에 마우스 포인터를 위치시킵니다.

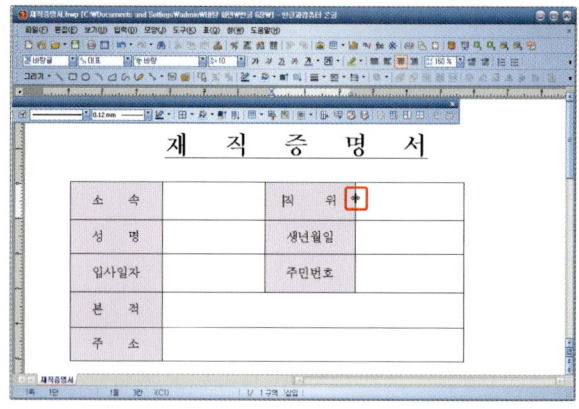

08 키보드의 Shift 를 누른 상태에서 마우스를 좌우로 드래그합니다.

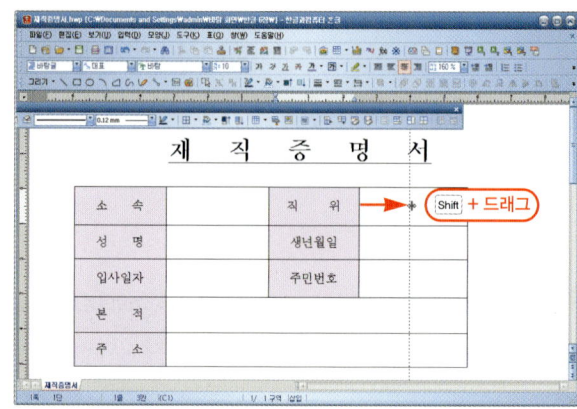

09 마우스 버튼에서 손을 떼면 마우스로 드래그한 셀의 크기만 변하는 것을 확인할 수 있습니다.

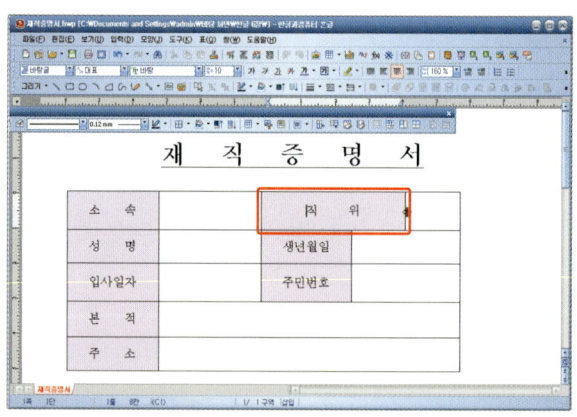

10 같은 방법으로 세로 방향의 셀 높이 값도 조절할 수 있습니다.

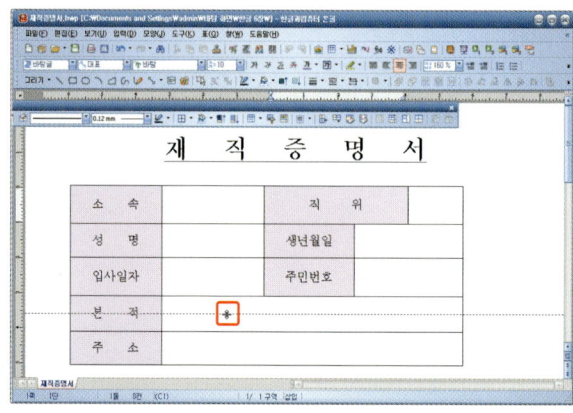

키보드로 크기 조절하기

마우스 조작이 서툰 경우 키보드를 이용해서 크기를 변경하는 것이 더 효과적입니다. 이번에는 키보드를 이용해서 각 셀의 크기를 변경하는 방법에 대해 알아봅니다.

01 **행/열 단위 조절하기**
먼저 크기를 조절할 기준 셀을 클릭해서 커서를 이동시킵니다.

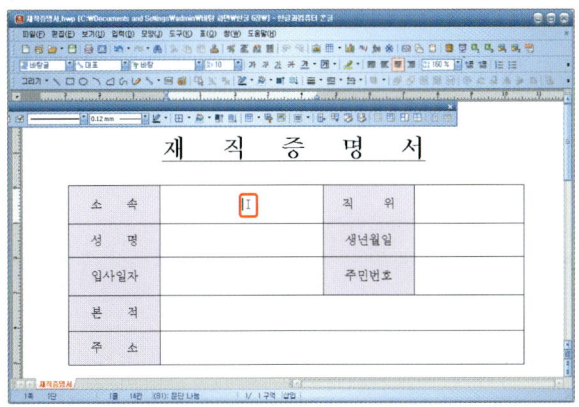

02 F5를 눌러서 현재 셀을 블록으로 지정합니다.

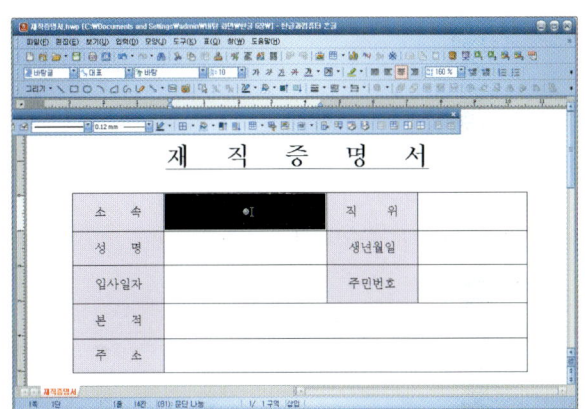

03 키보드의 Alt를 누른 상태에서 좌우 방향키를 누르면 열 단위로 셀의 너비를 조절할 수 있습니다.

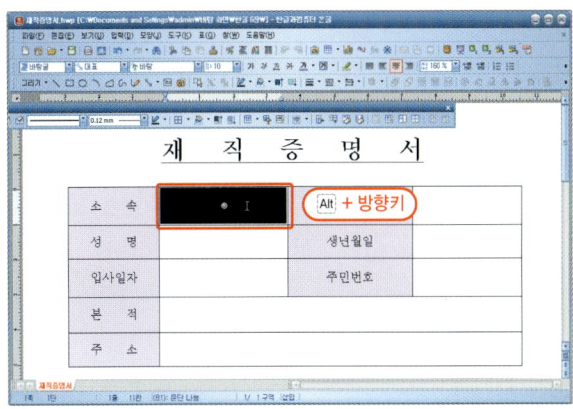

04 Alt 를 누른 상태에서 위아래 방향키를 누르면 행 단위로 셀의 높이 값을 조절할 수 있습니다.

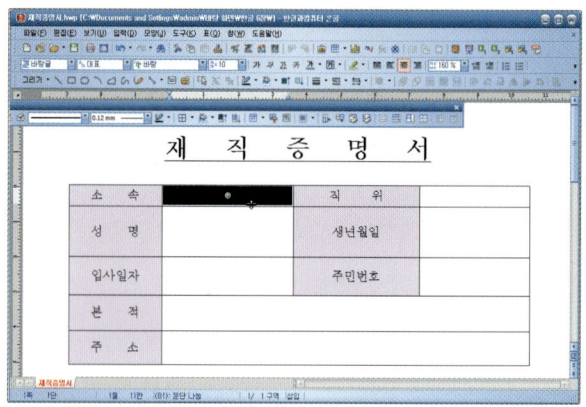

05 **셀 단위 조절하기**
크기를 조절할 셀에 커서를 위치시킨 후에 F5 를 눌러서 블록으로 지정합니다.

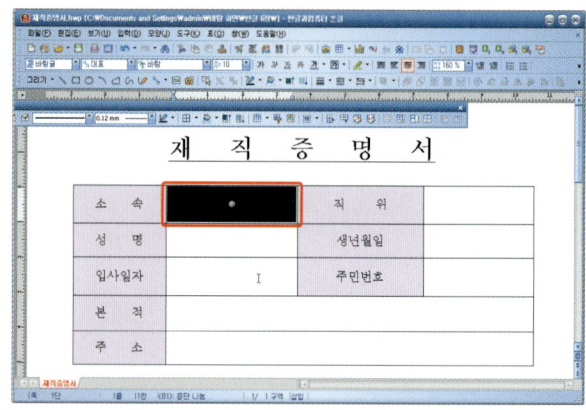

06 키보드의 Shift 를 누른 상태에서 좌우 방향키를 누르면 1mm씩 선택한 셀의 너비 값을 조절할 수 있습니다.

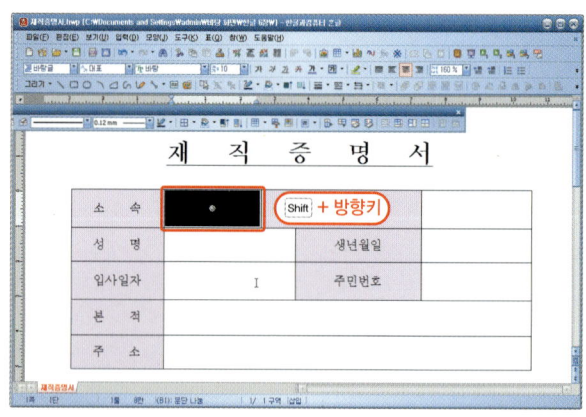

07 키보드의 Shift 를 누른 상태에서 위아래 방향키를 누르면 1mm씩 선택한 셀의 너비 값을 조절할 수 있습니다. 단, 이 방법을 사용할 때에는 너비와 높이를 모두 조절할 수 없고 어느 쪽이든 한 방향의 값만 조절할 수 있습니다.

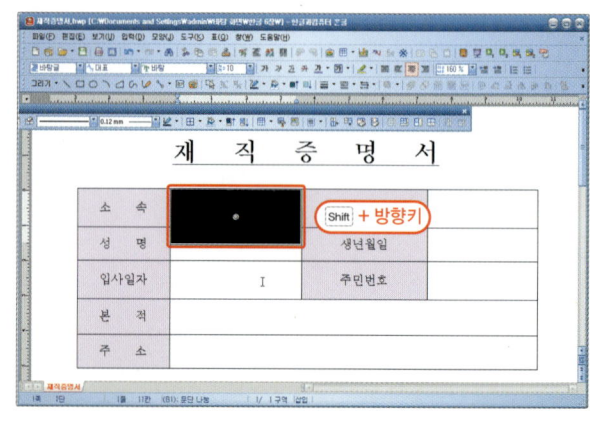

08 표 단위 조절하기
너비나 높이 값을 조절할 셀을 블록으로 지정합니다.

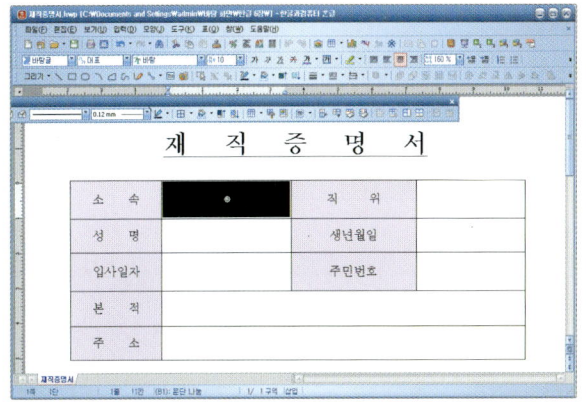

09 키보드의 Ctrl을 누른 상태에서 좌우 방향키를 누르면 1mm씩 선택한 셀의 너비 값을 조절할 수 있습니다. 이때, 표 전체의 너비 값도 따라서 조절됩니다.

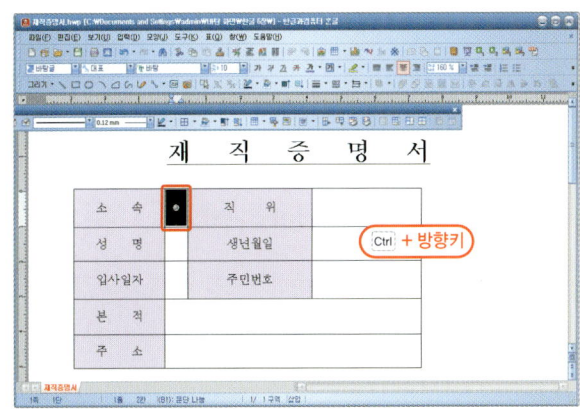

10 키보드의 Ctrl을 누른 상태에서 위아래 방향키를 누르면 1mm씩 선택한 셀의 높이 값을 조절할 수 있습니다. 이때, 표 전체의 높이 값도 따라서 조절됩니다.

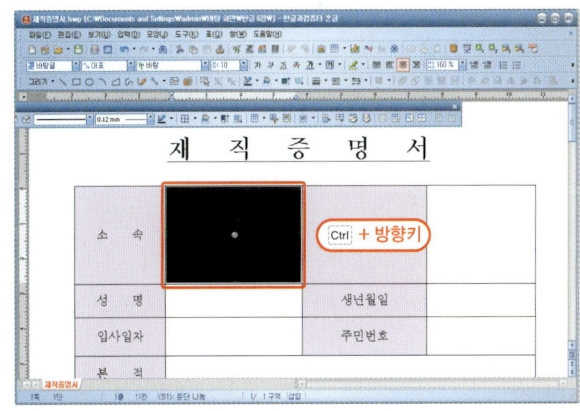

11 블록 단위 조절하기
여러 셀을 블록으로 지정한 후에 각 특수키와 방향키를 누르면 선택한 블록 전체에 같은 너비나 높이 값을 적용할 수 있습니다.

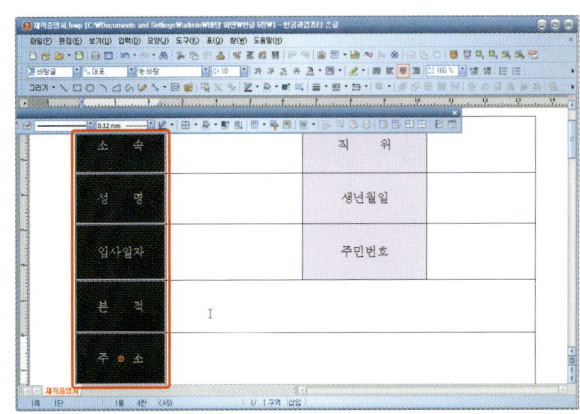

CHAPTER

05 표와 셀의 속성 지정하기

한글 2007에서 만든 표는 너비나 높이 값만 지정할 수 있는 것이 아니라 채우기 색이나 여백 등 다양한 속성을 지정하여 원하는 모양으로 꾸밀 수 있습니다. 이번에는 [표/셀 속성] 대화상자를 이용해서 표와 각 셀의 속성을 지정하는 방법에 대해 알아봅니다.

표/셀 속성 대화상자 사용하기

먼저 [표/셀 속성] 대화상자를 불러오고 각 탭을 이용해서 할 수 있는 일들에 대해 알아봅니다.

01 표의 한 셀에 커서를 위치한 상태에서 [표]-[표/셀 속성] 메뉴를 선택합니다. 또는 단축 메뉴에서 [표/셀 속성]을 선택합니다.

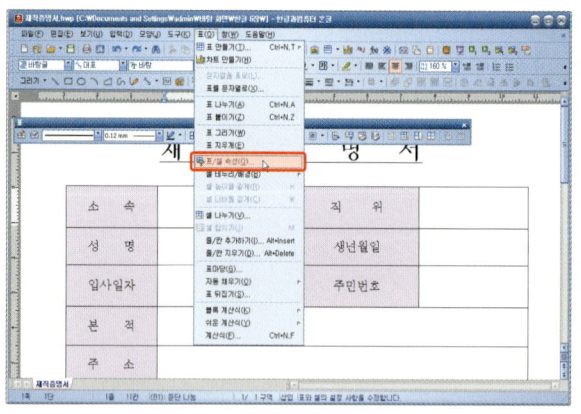

02 [표/셀 속성] 대화상자의 첫 번째 탭인 [기본] 탭은 그림 파일의 [개체 속성] 대화상자와 같은 구성으로 되어 있습니다. 표가 표시될 위치와 표의 일련 번호 등을 지정할 때 사용할 수 있습니다.

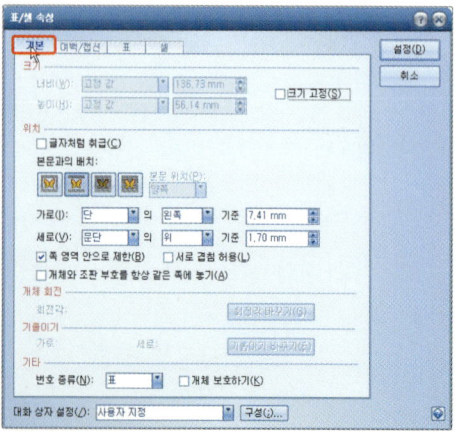

03 [여백/캡션] 탭은 표의 바깥쪽 여백과 캡션(캡션을 삽입했을 때에만 활성화)의 표시 위치 등을 지정할 수 있습니다.

04 [표] 탭을 이용하면 표의 안쪽 여백과 셀 간격 등을 지정할 때 사용합니다.

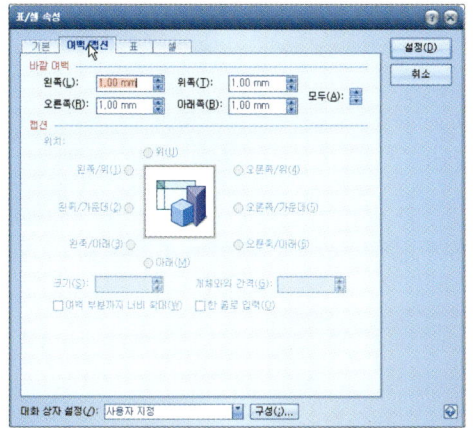

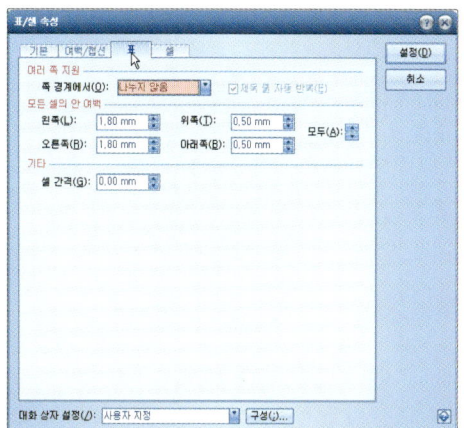

05 [표] 탭에 있는 [쪽 경계에서] 옵션은 표가 커서 여러 페이지에 인쇄되어야 할 때 적용하는 옵션입니다.

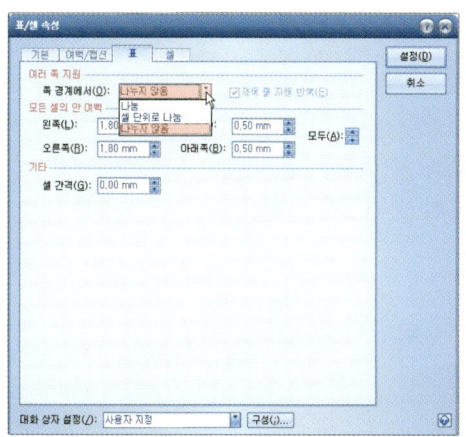

Tip
- 나눔 : 표의 내용을 본문처럼 취급하여 여러 페이지에 나눠 인쇄합니다. 한 셀에 여러 줄의 내용이 있을 경우 셀이 잘라질 수 있습니다.
- 셀 단위로 나눔 : 셀의 내용이 페이지 경계선에 걸칠 경우 해당 셀 전체를 다음 페이지로 넘겨서 인쇄합니다. 셀이 잘라지지 않습니다.
- 나누지 않음 : 쪽 경계까지만 인쇄하고 그 이외의 표는 인쇄하지 않습니다.

06 [셀] 탭은 셀의 기본 크기와 맞춤 형식 등을 지정할 때 사용합니다.

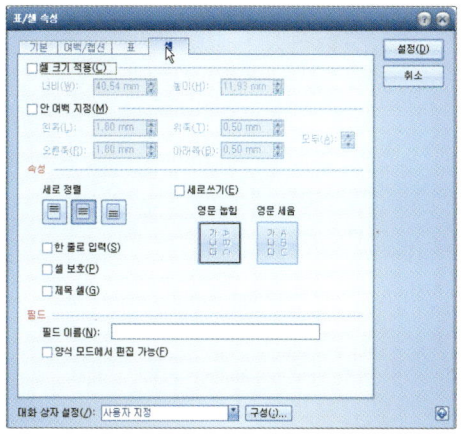

셀/테두리 배경 대화상자 사용하기

하나 또는 여러 개의 셀이나 표를 선택한 상태에서 [표]-[셀 테두리/배경] 메뉴를 선택하면 [셀/테두리 배경] 대화상자가 표시됩니다. 이 대화상자를 이용하면 셀과 테두리에 다양한 속성을 지정할 수 있습니다.

01 먼저 속성을 지정할 셀들을 블록으로 지정합니다.

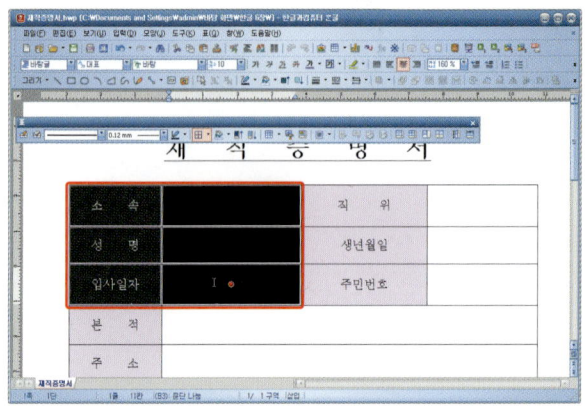

02 [표]-[셀 테두리/배경]-[각 셀마다 적용] 메뉴를 선택하면 대화상자를 이용해서 설정하는 각 설정 내용이 셀 단위로 적용됩니다.

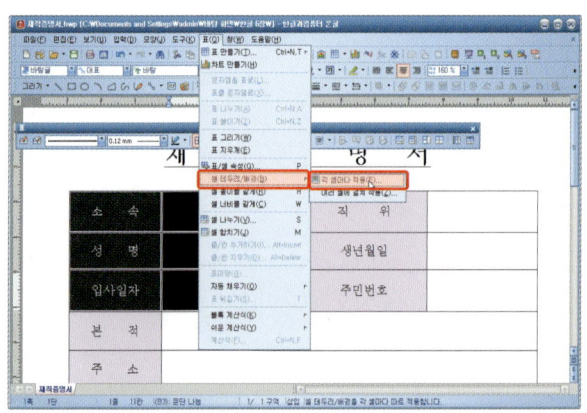

03 [표]-[셀 테두리/배경]-[여러 셀에 걸쳐 적용] 메뉴를 선택하면 대화상자를 이용해서 설정하는 각 설정 내용이 블록으로 지정한 범위 전체에 적용됩니다.

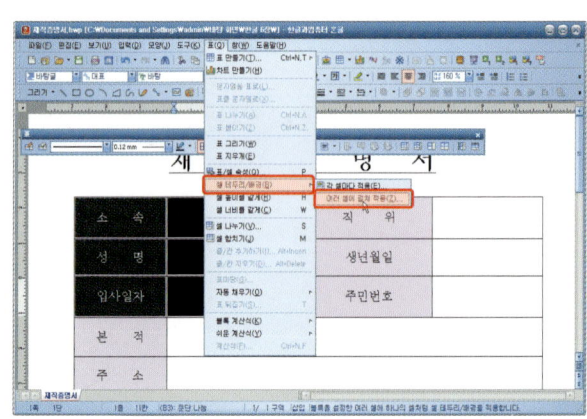

04 [셀 테두리/배경] 대화상자의 [테두리] 탭은 테두리의 종류와 굵기, 색 등을 지정하여 테두리 모양을 변경할 때 사용합니다. 이때, [적용 범위] 옵션을 [모든 셀]로 지정하면 블록으로 지정한 이외의 셀에도 선택한 테두리가 적용됩니다.

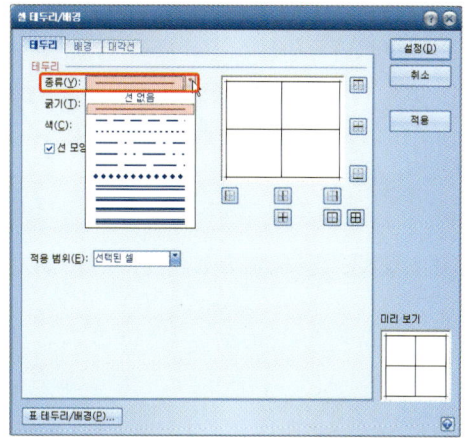

05 [배경] 탭은 셀에 배경 색을 칠하고 싶을 때 사용할 수 있습니다. 각 옵션을 이용해서 원하는 색상이나 그러데이션, 그림 등을 셀에 채워 넣을 수 있습니다.

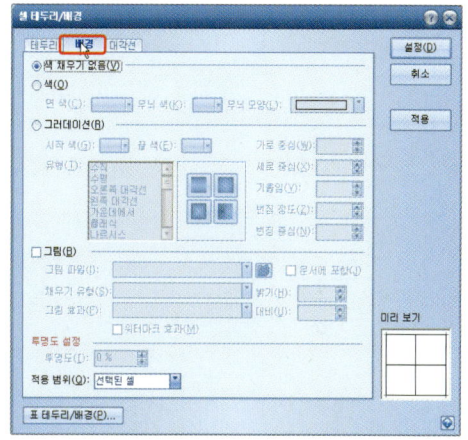

06 [대각선] 탭은 선택한 셀에 대각선을 그릴 때 사용합니다. 대각선의 모양은 선택된 셀의 종류에 따라 사용할 수 있는 모양과 종류가 달라집니다.

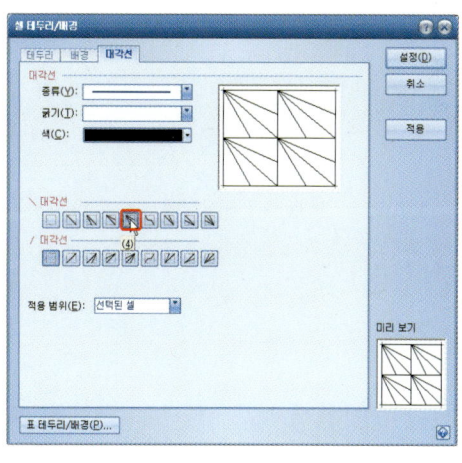

07 대화상자의 아래쪽에 있는 [표 테두리/배경] 버튼을 클릭하면 그림과 같은 모양의 [표 테두리/배경] 대화상자를 불러와서 표 전체에 적용할 테두리나 배경을 지정할 수 있습니다.

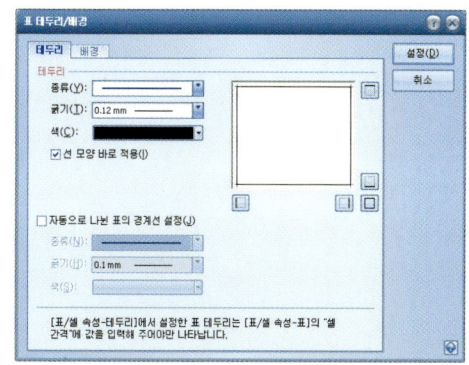

CHAPTER

06 줄/칸 추가하기와 지우기

표를 만들었지만 막상 내용을 채워넣다 보니 줄이나 칸이 모자라거나 남는 경우 추가하기와 지우기 기능을 사용해서 줄이나 칸의 개수를 조절할 수 있습니다.

줄/칸 지우기

먼저 남는 줄이나 칸을 지우는 방법에 대해 알아보겠습니다. 줄이나 칸을 지울 때에는 현재 커서가 있는 셀이 아니라 줄이나 칸 전체가 지워지는 것이니 주의해야 합니다.

01 먼저 지우고 싶은 칸이나 줄에 있는 하나의 셀을 클릭해서 커서를 위치시킵니다. 또는 여러 셀을 블록으로 지정합니다.

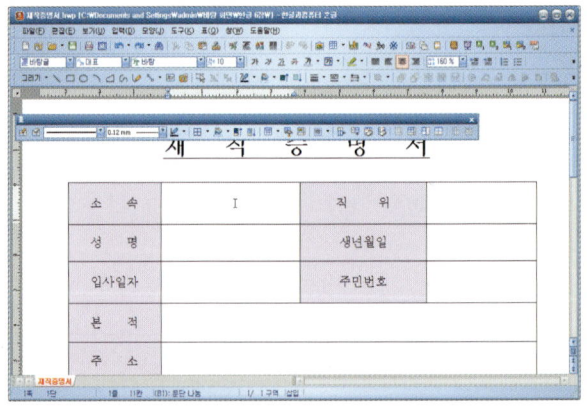

02 [표]-[줄/칸 지우기] 메뉴를 선택합니다.

> **Tip** 단축 메뉴의 [줄/칸 지우기]를 선택하거나 단축키 Alt + Delete 를 누릅니다.

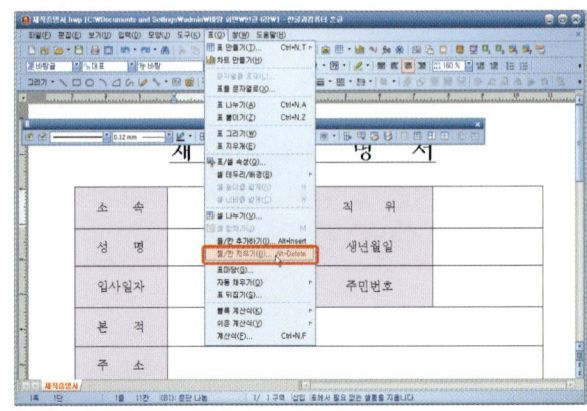

03 [줄/칸 지우기] 대화상자가 표시되면 [칸 지우기]나 [줄 지우기] 옵션을 선택한 후에 [지우기] 버튼을 클릭합니다.

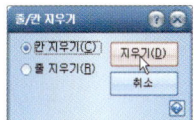

04 커서가 위치해 있던 칸 전체가 삭제되는 것을 확인할 수 있습니다.

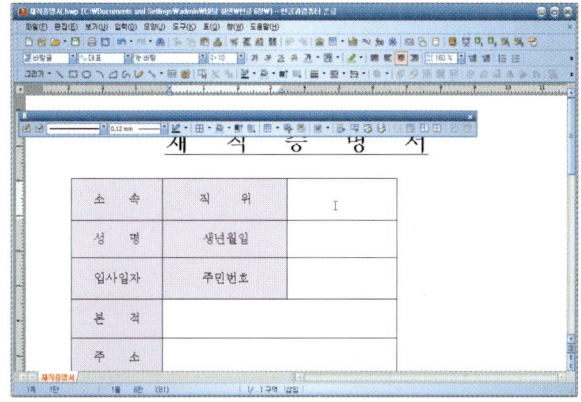

05 다음 그림과 같이 한 칸의 셀이지만 다른 줄의 여러 칸을 걸치고 있는 칸을 지울 때에는 주의해야 합니다. 이런 셀을 하나 선택한 후에 [줄/칸 지우기]를 실행해 봅니다.

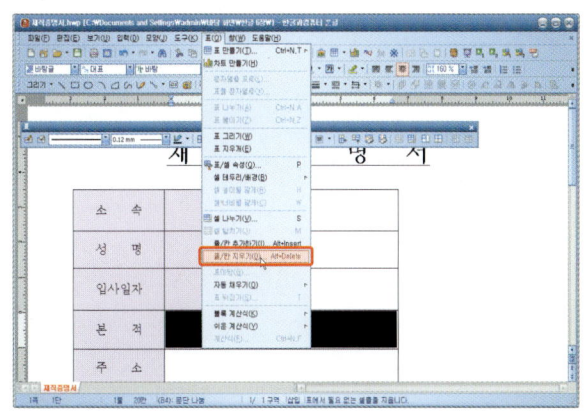

06 선택한 셀에 걸려있던 여러 칸이 한 번에 삭제되는 것을 확인할 수 있습니다.

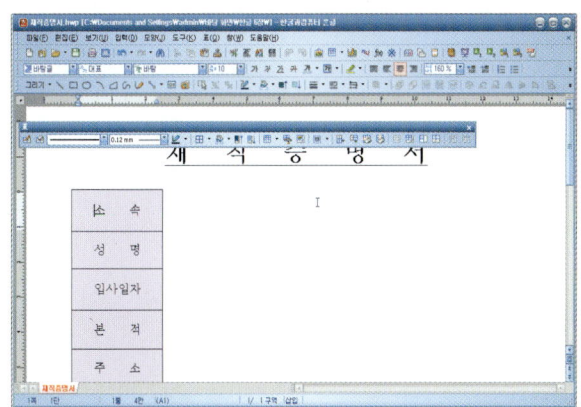

줄/칸 삽입하기

표를 만들다 보니 줄이나 칸이 부족하다면 다음의 방법을 이용해서 필요한 줄이나 칸을 추가할 수 있습니다.

01 줄이나 칸을 추가할 기준 셀을 클릭해서 커서를 위치시키거나 여러 셀을 블록으로 지정합니다.

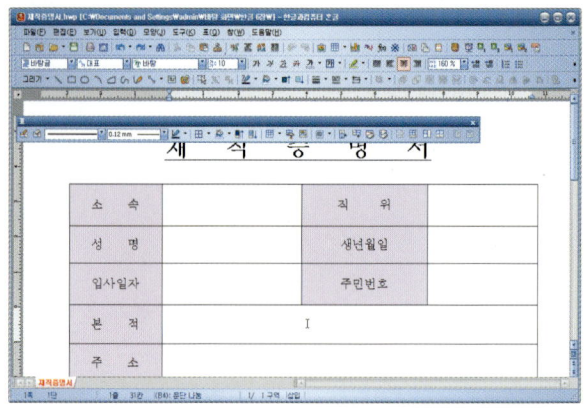

02 [표]-[줄/칸 추가하기] 메뉴를 선택합니다.

> **Tip** 단축 메뉴의 [줄/칸 추가하기]를 선택하거나 단축키 Alt + Insert 를 누릅니다.

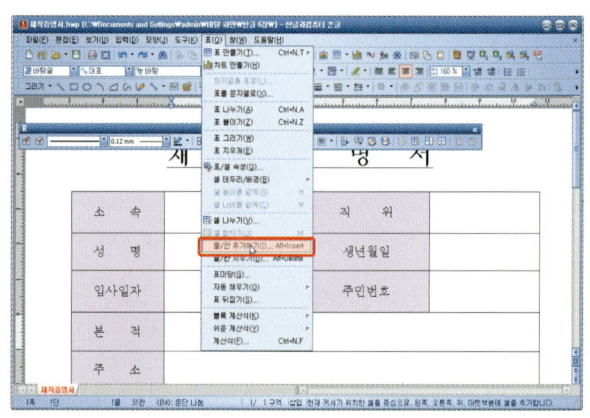

03 [줄/칸] 추가하기 대화상자가 나타나면 줄이나 칸이 추가 될 방향을 지정합니다. 이때, 방향을 왼쪽이나 오른쪽으로 선택하면 칸, 위쪽이나 아래쪽을 선택하면 줄이 추가됩니다.

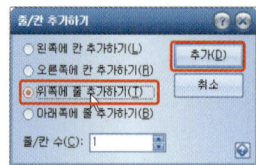

04 [줄/칸 수] 입력상자에 새로 추가할 줄이나 칸 수를 입력합니다.

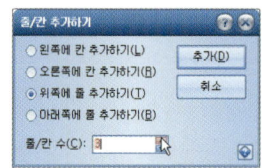

05 지정한 방향에 입력한 개수의 줄이나 칸이 추가되는 것을 확인할 수 있습니다.

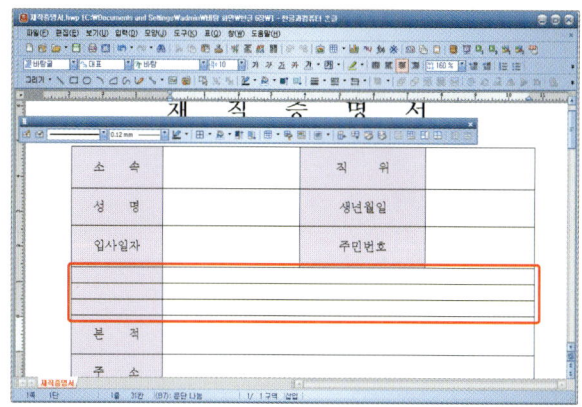

06 삽입된 줄이나 칸의 너비 값을 주변 셀과 같게 하려면 주변 셀이나 표 전체를 블록으로 지정한 후에 [표]-[셀 높이를 같게](또는 [셀 너비를 같게]) 메뉴를 선택합니다.

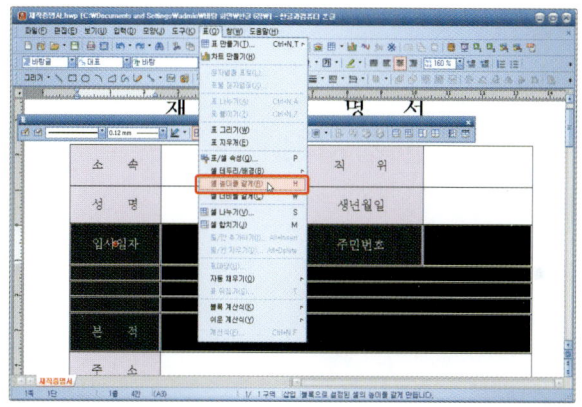

07 블록으로 지정한 범위의 높이나 너비 값이 동일하게 바뀌는 것을 확인할 수 있습니다.

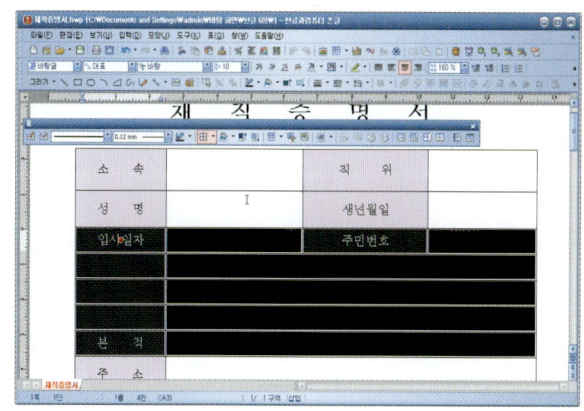

CHAPTER 07 줄/칸 나누기와 합치기

한글 2007에서는 줄이나 칸을 추가/삭제하는 게 아니라 하나의 줄이나 칸을 둘로 나누거나 여러 개의 셀을 하나로 합칠 수도 있습니다.

줄/칸 합치기

여러 칸을 하나로 합치고 싶다면 다음 방법을 이용하세요.

01 합치고 싶은 여러 개의 셀을 블록으로 지정한 후에 [표]-[셀 합치기] 메뉴를 선택합니다. 또는 단축 메뉴의 [셀 합치기]를 선택하거나 단축키 을 누릅니다.

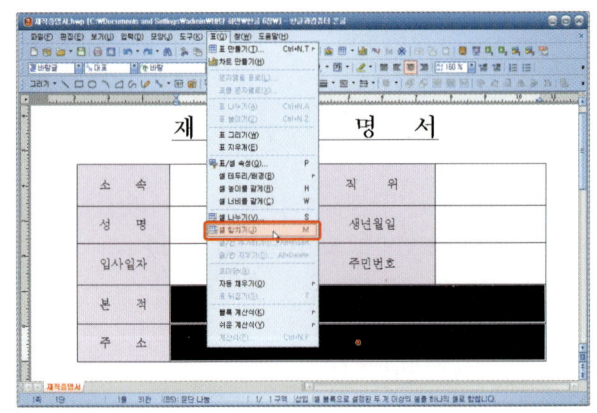

02 블록으로 지정했던 여러 개의 셀이 하나로 합쳐지는 것을 확인할 수 있습니다.

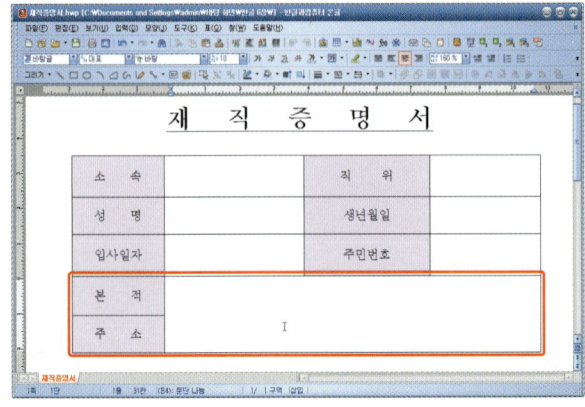

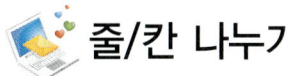
줄/칸 나누기

줄/칸 나누기가 줄/칸 추가하기와 다른 점은 표의 크기가 달라지지 않고 선택한 칸 안에서 줄이나 칸이 나눠진다는 점입니다.

01 여러 칸으로 나누고 싶은 하나(또는 여러 개)의 셀을 블록으로 지정한 후에 [표]-[셀 나누기] 메뉴를 선택합니다. 또는 단축 메뉴의 [셀 나누기]를 선택하거나 단축키 S를 누른 후 [셀 나누기] 대화상자가 표시되면 셀을 나눌 기준([줄 수]나 [칸 수]) 옵션을 선택합니다.

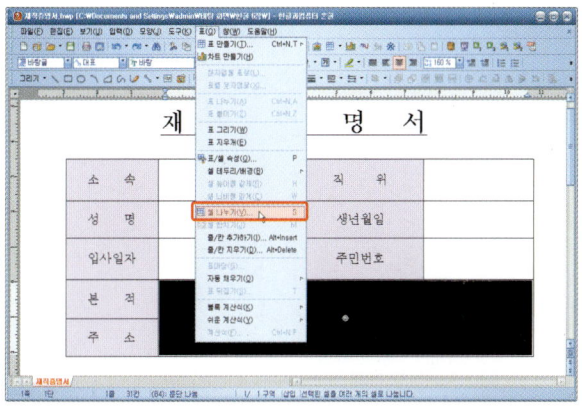 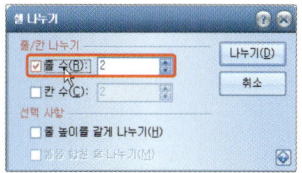

02 지정한 기준의 줄이나 칸 수를 지정합니다. 대화상자에 있는 [줄 높이를 같게 나누기] 옵션을 선택하면 여러 줄로 나눌 때 줄의 높이 값이 동일해집니다. [셀을 합친 후 나누기] 옵션은 여러 셀을 선택하고 있을 때에만 활성화 됩니다.

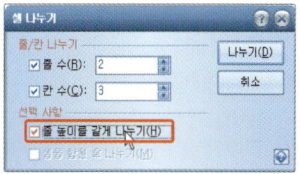

03 대화상자의 [나누기] 버튼을 클릭하면 지정한 개수와 옵션에 맞춰 셀이 나눠지는 것을 확인할 수 있습니다.

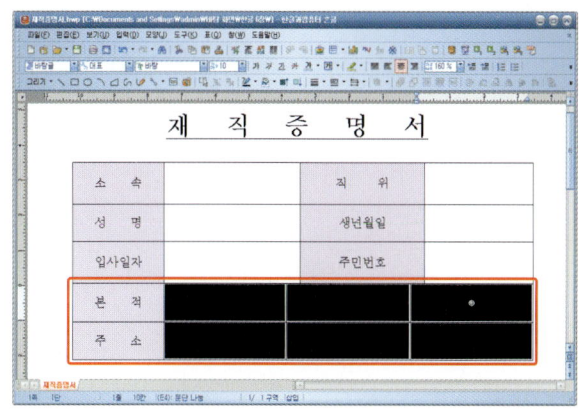

CHAPTER

08 표 마당 사용하기

한글 2007에서는 다양한 기능과 옵션들을 이용해서 여러 가지 모양의 표를 만들 수 있습니다. 하지만 원하는 모양의 표를 만들려면 번거로운 여러 단계를 거쳐야 하지만, 표 마당 기능을 이용하면 쉽게 원하는 모양의 표를 만들어낼 수 있습니다.

표 마당 그리기

표의 모양을 쉽고 빠르게 꾸밀 수 있는 표 마당에 대해 자세히 알아본다.

01 표 마당을 사용하려면 먼저 [표 만들기] 대화상자를 불러와야 합니다. 표를 만들 곳에 커서를 위치시킨 후에 [표]-[표 만들기] 메뉴를 선택합니다.

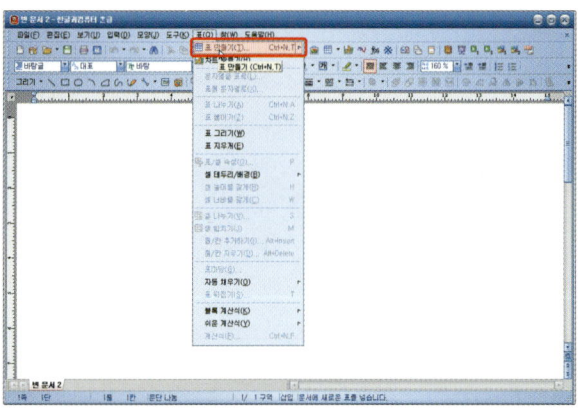

02 [표 만들기] 대화상자가 표시되면 [표마당] 버튼을 클릭합니다.

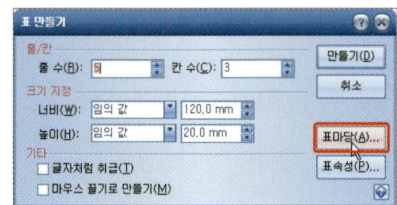

03 [표마당] 대화상자의 [표마당 목록]에서 원하는 모양의 표 모양을 찾아서 선택합니다.

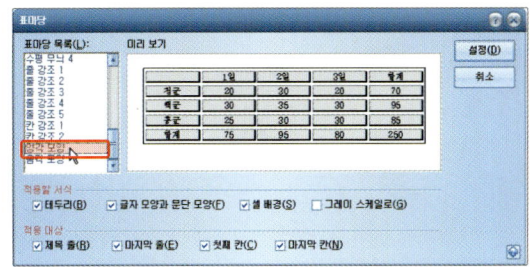

04 미리 보기 창을 확인하면서 표에 적용하거나 해제할 옵션들을 [적용할 서식]과 [적용 대상] 목록에서 지정한 후에 [설정] 버튼을 클릭합니다.

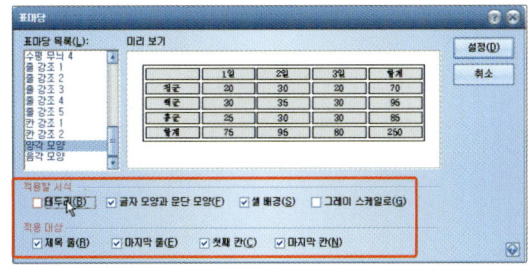

05 다시 [표 만들기] 대화상자로 돌아오면 만들어질 표의 줄이나 칸 수 크기 등을 지정합니다.

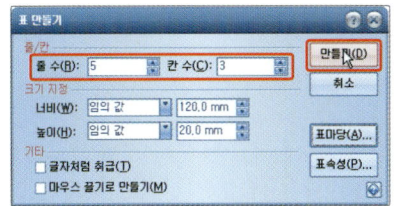

06 대화상자의 [만들기] 버튼을 클릭하면 앞서 선택한 표마당의 각 옵션이 적용된 표가 만들어지는 것을 확인할 수 있습니다.

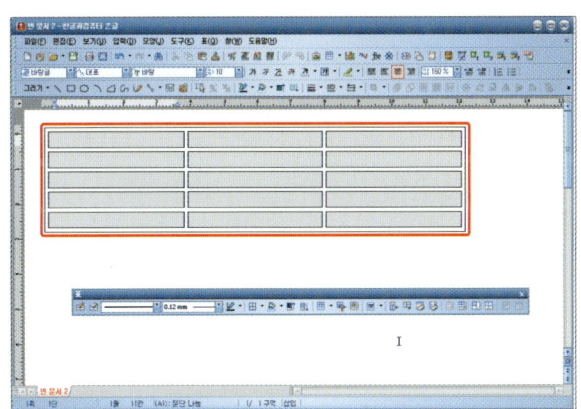

CHAPTER 09 차트 만들기

차트는 복잡한 표를 알아보기 쉽게 만드는데 효과적입니다. 한글 2007의 기능을 이용해서 효과적인 모양의 차트를 만드는 방법에 대해 알아봅시다.

차트 삽입하기

한글 20007에서는 복잡한 모양의 차트가 아주 쉽게 만들어집니다. 마우스를 한 번만 클릭하면 자동으로 만들어 지기 때문입니다.

01 차트가 삽입 될 곳에 커서를 위키 시킨 후에 기본 도구 상자에 있는 [차트] 아이콘을 클릭합니다.

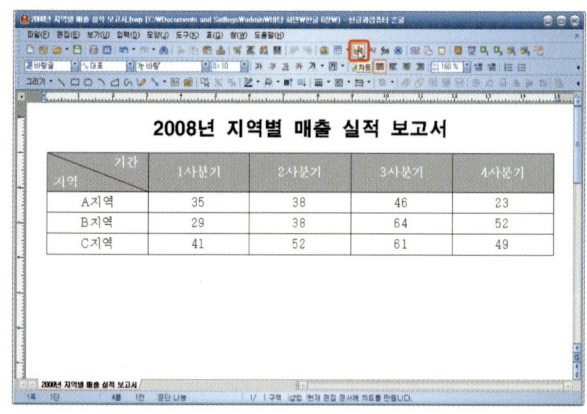

02 커서가 있던 위치를 기준으로 차트가 삽입되는 것을 확인할 수 있습니다.

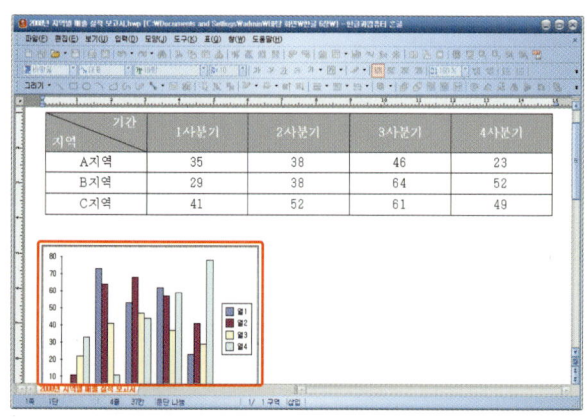

차트 데이터 입력하기

차트가 삽입됐다고는 하지만 우리가 원하는 데이터가 반영된 차트가 아닐 것입니다. 이번에는 느닷없이 삽입된 차트에 우리가 원하는 데이터를 적용하는 방법에 대해 알아봅니다.

01 차트에서 단축 메뉴를 불러온 후에 [차트 데이터 편집]을 선택합니다.

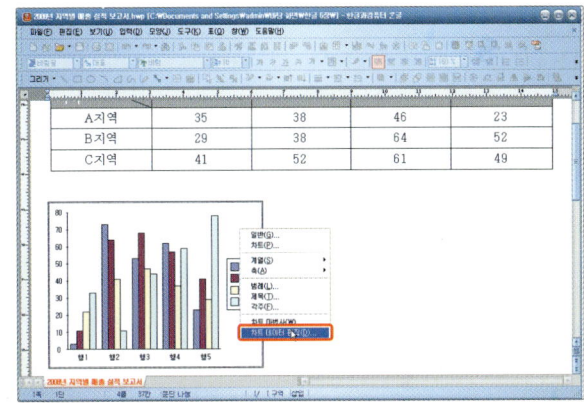

02 [차트 데이터 편집] 대화상자가 표시되면 먼저 차트 데이터 그룹에 있는 [행 수]와 [열 수] 값을 지정합니다.

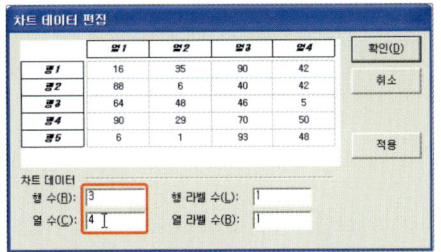

03 이번에는 차트에 적용될 데이터를 직접 입력하기 위해 대화상자에 있는 데이터 입력 상자의 각 칸 중에 하나를 클릭해서 선택합니다.

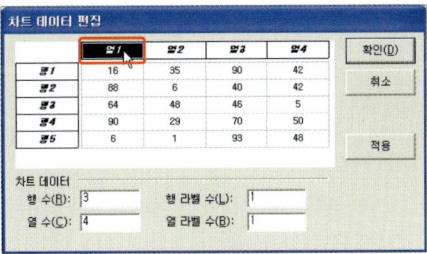

04 칸이 선택된 상태에서 내용을 입력하면 해당 칸에 입력되어 있던 내용이 사라지고 새로운 내용이 입력됩니다.

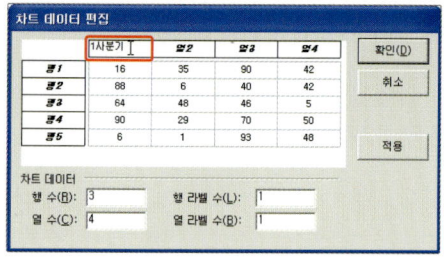

05 같은 방법으로 차트에 적용할 모든 데이터를 각 칸에 입력합니다.

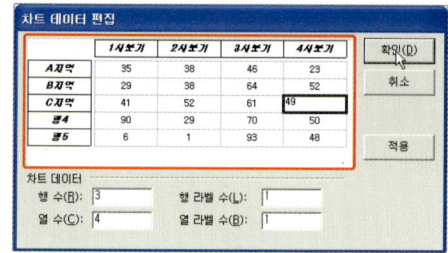

06 대화상자의 [확인] 버튼을 클릭하면 입력한 데이터들이 차트의 각 부분에 적용되는 것을 확인할 수 있습니다.

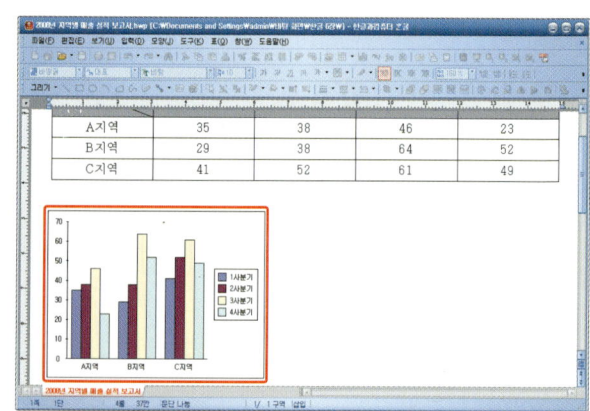

Reference

적용 버튼 사용하기

[차트 데이터 편집] 대화상자를 이용해서 데이터를 입력하는 도중에 입력된 데이터가 차트에 어떻게 적용되는지 미리 확인해 보고 싶다면 [적용] 버튼을 클릭합니다. 이렇게하면 대화상자가 열려있는 상태에서 현재까지 입력한 값을 기준으로 차트 막대의 모양이 바뀌는 것을 확인할 수 있습니다.

차트 이동하기와 크기조절

차트도 앞서 배워본 표나 그림 개체와 마찬가지 방법으로 이동시키거나 크기를 조절할 수 있습니다.

01 차트의 영역 부분을 한 번 클릭하면 차트의 테두리 부분에 여덟 개의 사각 점이 표시됩니다. 이렇게 되면 차트를 이동하거나 크기를 조절할 수 있는 상태가 된 것입니다.

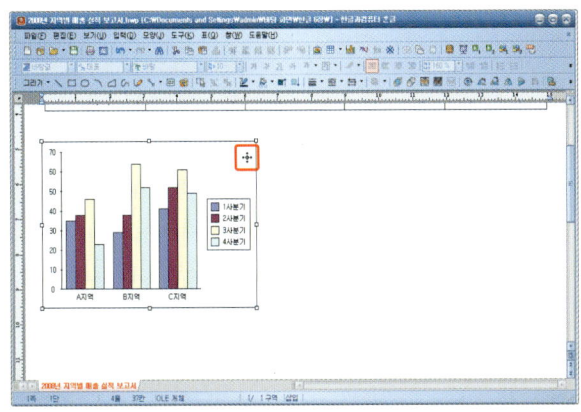

02 차트 테두리에 표시되는 사각 점을 드래그하면 차트의 크기를 조절할 수 있습니다.

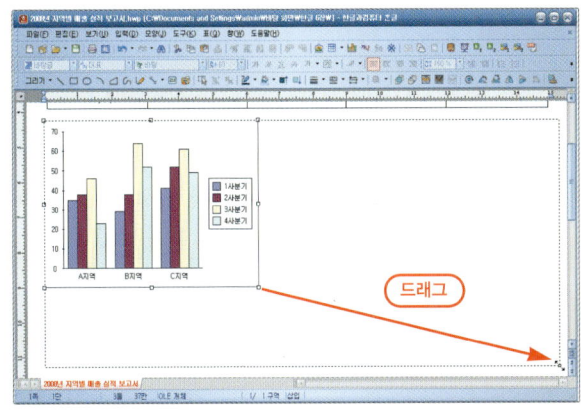

03 차트의 영역 부분을 드래그하면 차트를 이동시킬 수 있습니다. 삽입한 차트를 적당한 위치로 이동시키고 크기를 조절해봅니다.

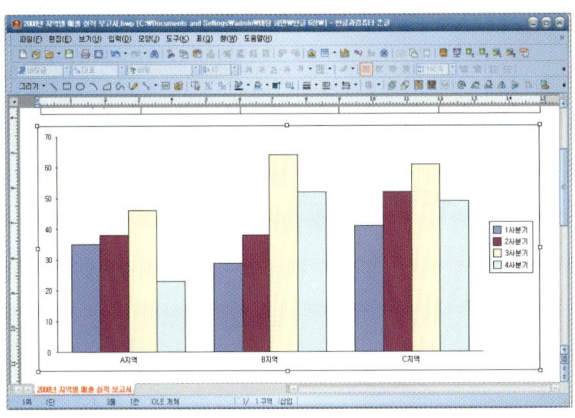

CHAPTER

10 차트 꾸미기

이번에는 만들어진 차트에 옵션들을 적용해서 차트 제목을 입력하거나 차트 종류를 변경하는 등의 차트 꾸미기에 대해 알아봅니다.

차트 제목 입력하기

기본으로 삽입된 차트에는 차트 제목이 입력되어 있지 않습니다. 다음 방법을 이용해서 차트에 제목을 입력해 봅니다.

01 차트를 더블클릭하면 차트 주변에 여덟 개의 사각점과 함께 점선이 표시됩니다. 이 상태가 되어야 차트에 여러 가지 옵션을 설정할 수 있습니다.

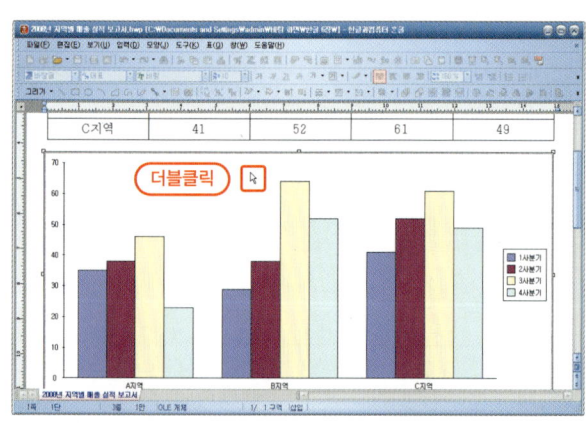

02 차트 영역에서 단축 메뉴를 불러온 후에 [제목]을 선택합니다.

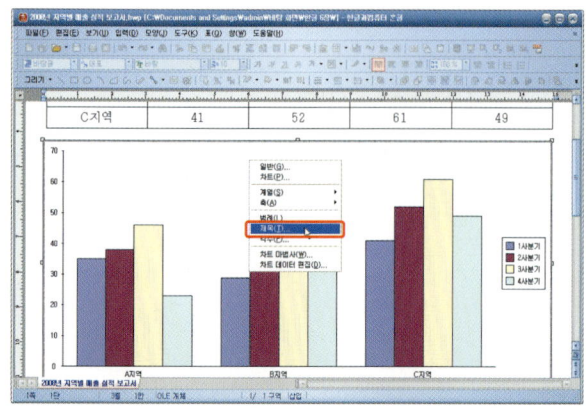

03 [제목 모양] 대화상자가 화면에 표시되면 [글자] 탭을 클릭해서 펼칩니다.

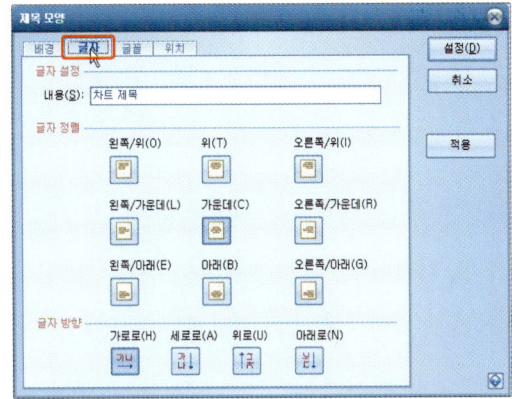

04 [내용] 입력상자에 차트에 적용할 제목의 내용을 입력합니다.

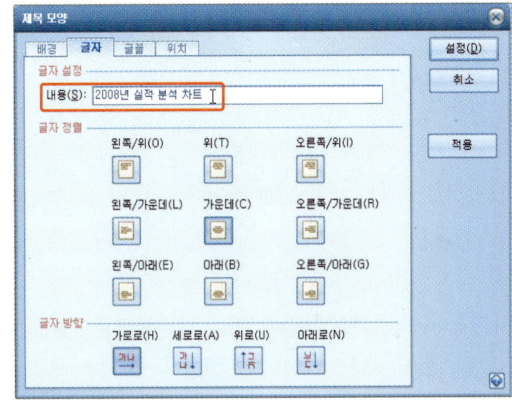

05 [위치] 탭을 클릭한 후에 [보임] 옵션이 선택되어 있는지 확인합니다.

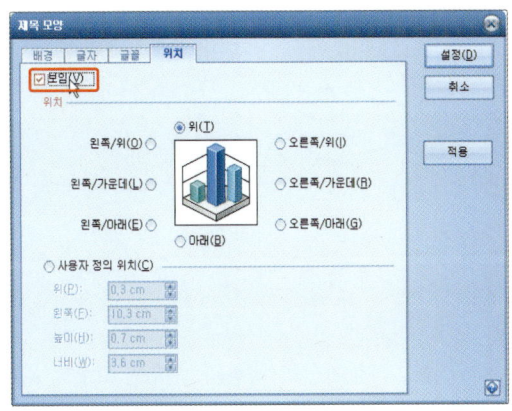

06 대화상자의 [적용]이나 [설정] 버튼을 클릭하면 입력한 차트 제목이 차트에 적용되는 것을 확인할 수 있습니다.

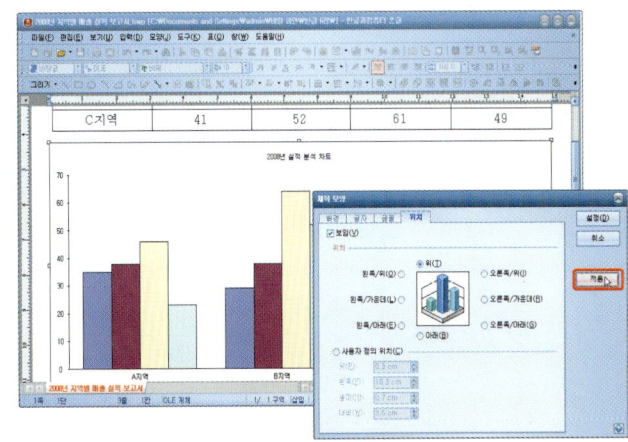

Chapter 10 차트 꾸미기 • **191**

차트 제목 꾸미기

차트 제목을 입력했는데 글자도 너무 작고 별로 보기가 좋지 않습니다. 이번에는 [제목 모양] 대화상자를 이용해서 차트 제목을 꾸며봅시다.

01 차트 영역을 두 번 클릭한 후에 단축 메뉴의 [제목]을 선택합니다.

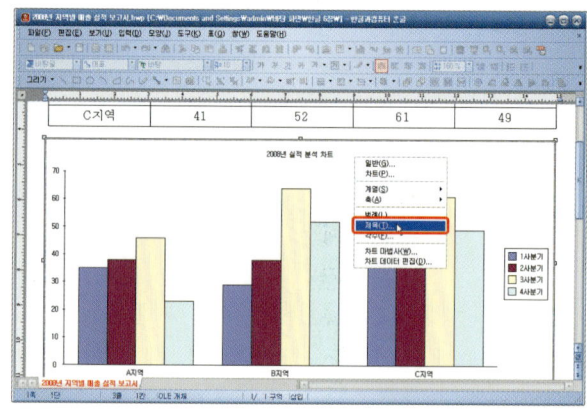

02 [제목 모양] 대화상자가 표시되면 [배경] 탭을 클릭한 후에 채울 배경의 종류를 [그러데이션]으로 지정해봅니다.

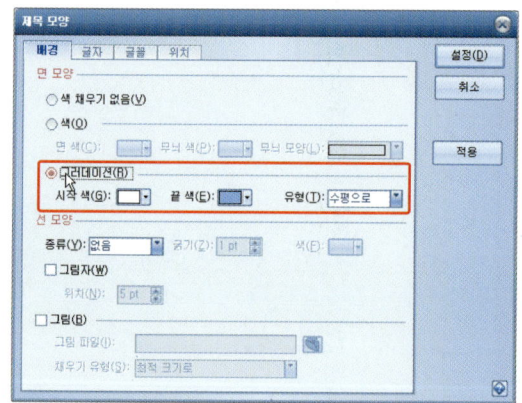

03 채워질 그러데이션의 색상과 종류를 그림과 같이 설정합니다.

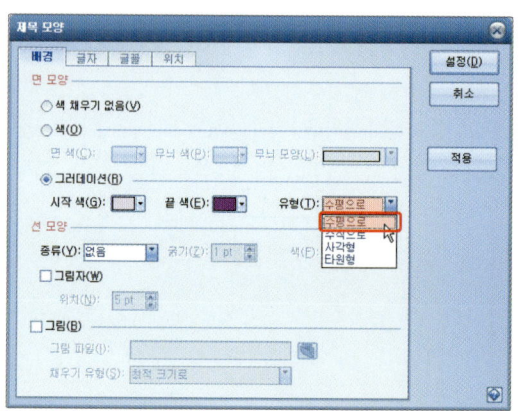

04 선 모양 그룹의 각 옵션을 그림과 같이 설정한 후에 [그림자] 옵션을 선택합니다. 그림자 옵션의 [위치]는 그림자가 차트 제목으로부터 떨어져 있는 거리의 값입니다.

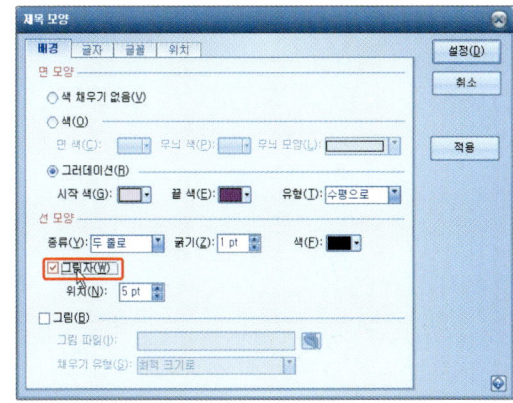

05 이번에는 차트 제목의 글꼴을 조절하기 위해 [글꼴] 탭을 클릭해서 펼칩니다.

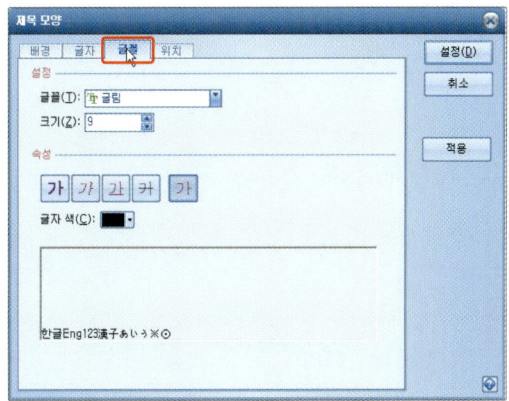

06 그림과 같이 글꼴과 글자 모양 등의 옵션을 지정한 후에 [설정] 버튼을 클릭합니다.

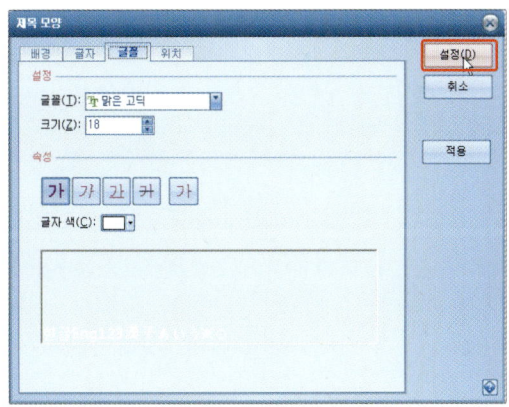

07 지정한 효과가 차트의 제목에 적용되는 것을 확인할 수 있습니다.

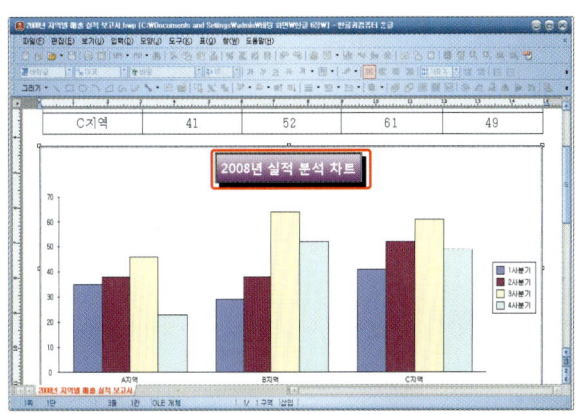

축 제목 지정하기

이제 제법 차트가 모양을 갖춰가는 듯합니다. 이번에는 차트의 X축과 Y축 각각의 축 제목을 입력해 보겠습니다.

01 차트 영역을 더블클릭한 후에 단축 메뉴의 [축]-[제목]을 선택합니다.

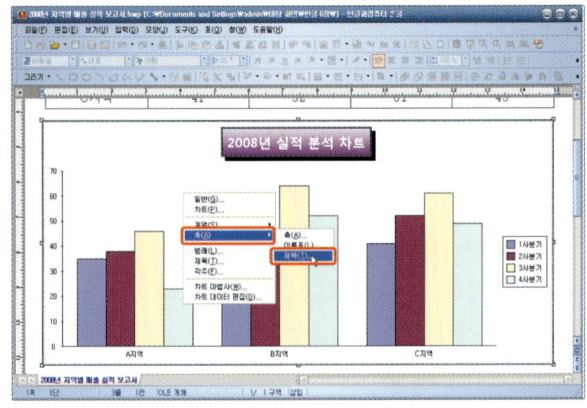

02 [축 선택] 대화상자가 표시되면 [종류] 목록에서 [항목 (X) 축](또는 값 (Y) 축)을 선택하고 [선택] 버튼을 클릭합니다.

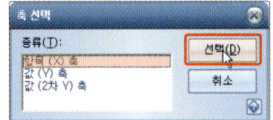

03 [축 제목 모양] 대화상자가 표시되면 [글자] 탭에 있는 [보임] 옵션을 선택해서 축 제목이 차트에 보이도록 설정합니다.

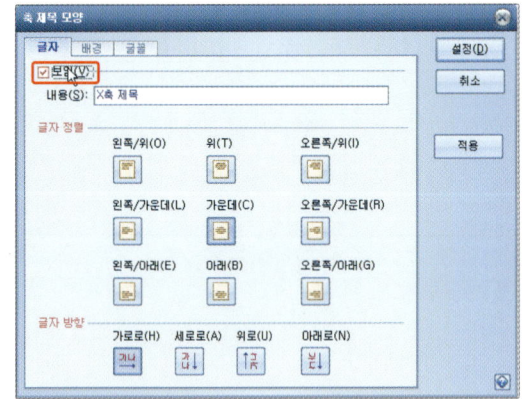

04 [내용] 입력상자에 축 제목을 입력한 후에 글자 정렬이나 글자 방향 옵션을 지정합니다.

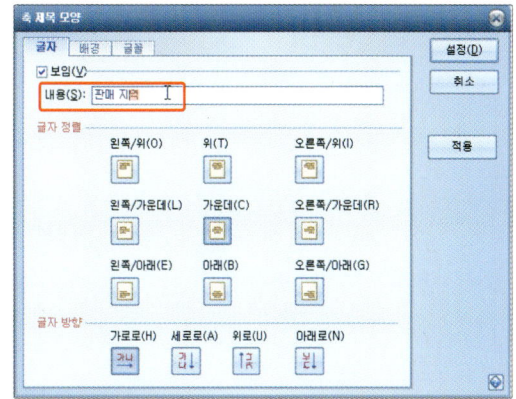

05 [축 제목 모양] 대화상자의 [배경] 탭은 [제목 모양] 대화상자와 같은 구성으로 되어 있습니다. 축 제목에 배경을 지정할 때 이 탭을 사용합니다.

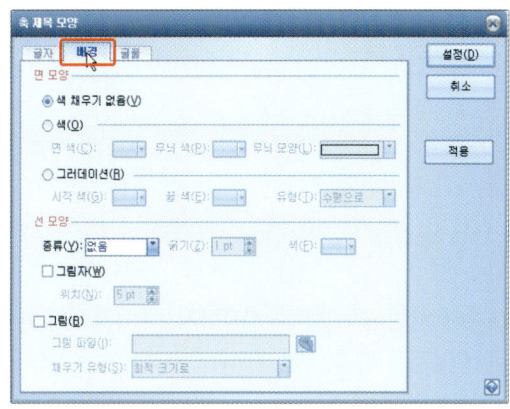

06 [글꼴] 탭을 이용해서 축 제목에 적용될 글꼴과 크기, 색상과 글자 색 등을 지정합니다.

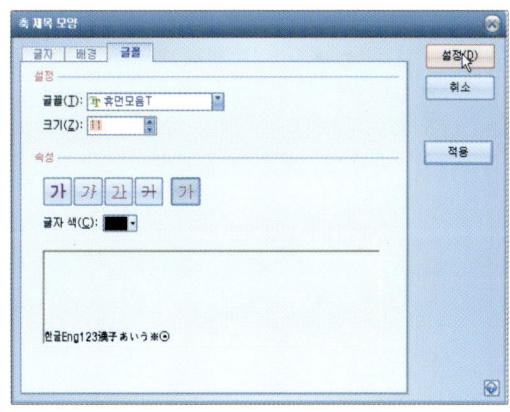

07 대화상자의 [설정] 버튼을 클릭하면 축 제목이 차트에 적용되는 것을 확인할 수 있습니다. 다른 축의 제목도 같은 방법으로 지정할 수 있습니다.

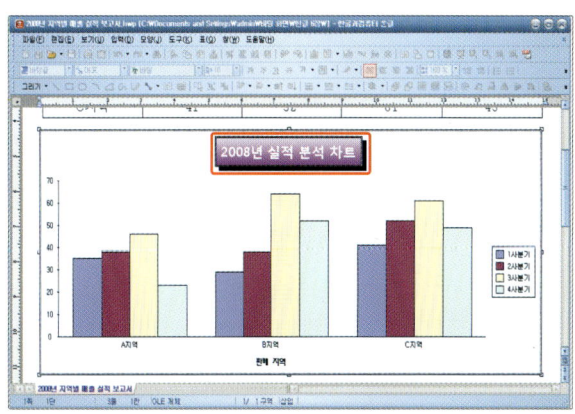

Chapter 10 차트 꾸미기 • **195**

차트 종류 바꾸기

한글 2007은 상황에 따라 효과적으로 사용할 수 있는 다양한 종류의 차트를 지원하고 있습니다. 이번에는 차트 마법사를 이용해서 만들어진 차트의 종류를 변경하는 방법에 대해 알아봅니다.

01 차트 영역을 더블클릭한 후에 단축 메뉴의 [차트 마법사]를 선택합니다.

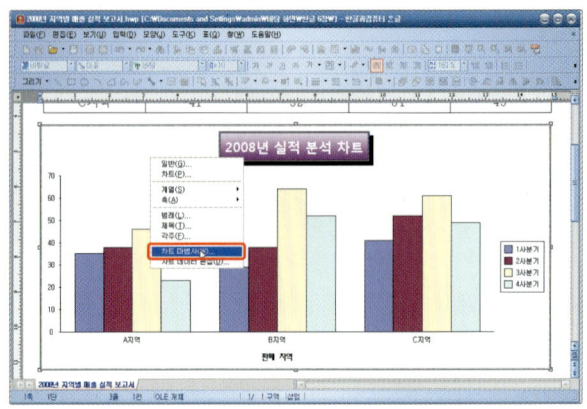

02 [차트 마법사 – 3단계 중 1단계] 대화상자가 나타나면 [차트 종류 선택]과 [차트 모양 선택] 목록을 이용해서 원하는 차트 모양을 지정합니다.

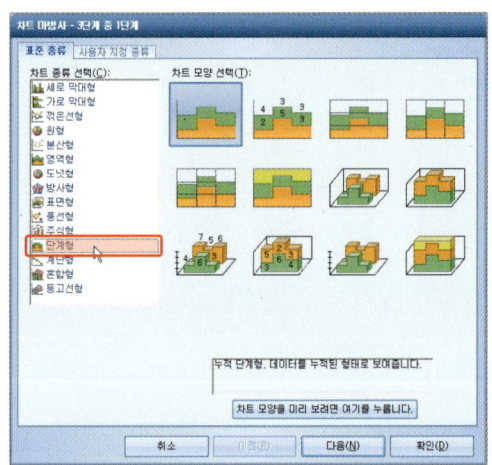

03 선택한 차트 모양이 실제로 차트에 어떻게 적용되는지 확인하고 싶으면 [차트 모양을 미리 보려면 여기를 누릅니다.] 버튼을 클릭합니다.

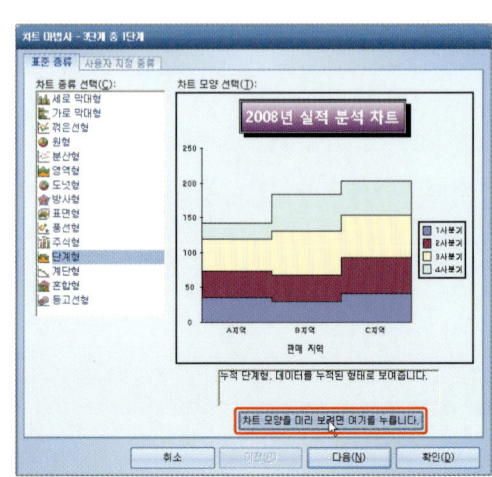

04 [다음] 버튼을 클릭하면 [차트 마법사 - 3단계 중 2단계] 대화상자가 표시됩니다. 여기에서는 차트의 기준 축으로 사용할 축 방향을 [행]이나 [열]로 지정하고 [다음] 버튼을 클릭합니다.

05 [차트 마법사 - 마지막 단계] 대화상자가 표시되면 [제목] 탭을 이용해서 각 항목의 제목을 입력합니다.

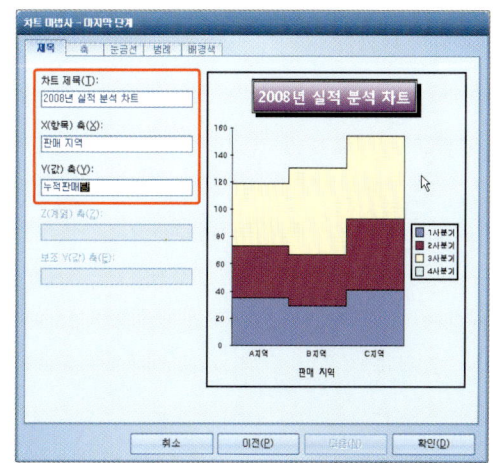

06 대화상자의 각 탭을 이용하면 축과 눈금선, 범례 등의 옵션을 지정할 수 있습니다. 여기에서는 [범례] 탭을 이용해서 범례가 표시될 위치를 변경해 봅니다.

07 대화상자의 [확인] 버튼을 클릭하면 차트의 모양과 각각의 옵션이 변경되는 것을 확인할 수 있습니다.

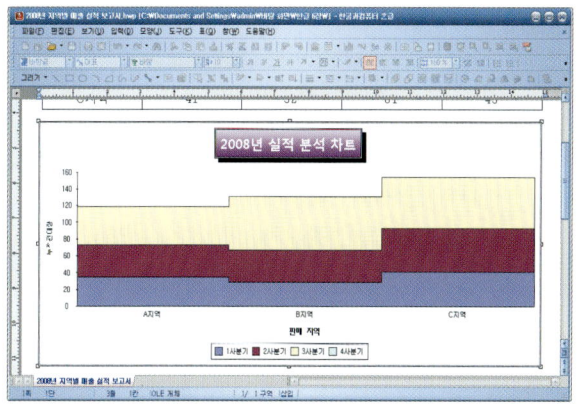

Chapter 01　편집용지 설정하기
- ◆ 좌우 여백 설정하기
- ◆ 상하 여백과 머리말/꼬리말 설정하기
- ◆ 제본 영역 설정하기
- ◆ 용지 종류 설정하기
- ◆ 마우스 드래그로 여백 설정하기

Chapter 02　테두리와 배경 설정하기
- ◆ 테두리 표시하기
- ◆ 대칭이 되는 테두리 선 적용하기
- ◆ 테두리 기준 설정하기
- ◆ 그러데이션으로 배경색 칠하기
- ◆ 그림으로 배경 지정하기
- ◆ 홀수와 짝수 페이지에 다른 배경 지정하기

Chapter 03　머리말과 꼬리말
- ◆ 기본 설정으로 지정하기
- ◆ 머리말/꼬리말 직접 입력하기
- ◆ 머리말/꼬리말에 코드 넣기
- ◆ 머리말/꼬리말 편집하기
- ◆ 쪽 번호 매기기

PART 07

고급 편집기능 사용하기

>>> 표와 차트까지 배웠으니 그동안 배운 기능만 사용하더라도 원하는 여러 문서를 만들기에 충분하겠지만 그래도 뭔가 부족한 느낌이 든다면, Part 07의 내용이 바로 그 부분들을 채워줄 수 있을 것입니다. Part 07에서는 편집용지와 테두리, 머리말과 꼬리말 등 형식을 갖추기 위해 필요한 기능들에 대해 살펴봅니다.

CHAPTER

01 편집용지 설정하기

편집용지는 우리가 화면에 보고 있는 작업 화면이 아니라 인쇄될 실제 종이와 종이에 설정한 여백 등을 적용하는 기능입니다. 개념상 좀 어려울 수 있지만 편집용지 설정 기능을 잘 알고 있어야 원하는 문서를 제대로 만들 수 있습니다.

 ## 좌우 여백 설정하기

다음의 따라하기에서 사용하는 예제문서는 다른 사람이 만들어 놓은 견적서를 복사해 붙여 넣은 것입니다. 화면의 오른쪽이 잘려져 보이는 이유는 원본 문서의 여백과 현재 문서의 여백 설정 값이 다른 탓입니다. 여백을 설정해서 견적서가 제대로 보이도록 해 보겠습니다.

01 화면에서처럼 불러온 파일의 오른쪽이 잘려져 보인다면 문서가 설정해 놓은 작업화면 영역을 벗어날 만큼 크기 때문입니다. 그 차이가 크지 않다면 페이지 설정 기능의 여백을 조절하여 전체 내용이 화면에 표시되도록 설정할 수 있습니다.

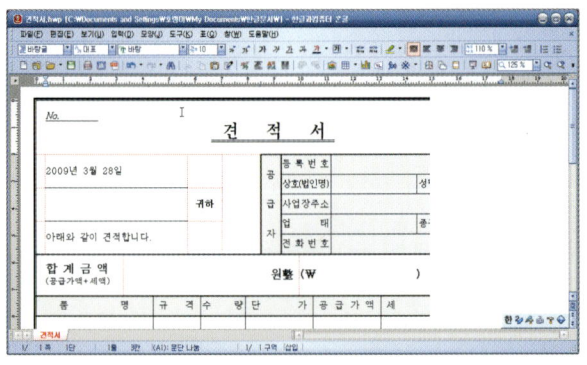

02 편집 용지 설정 기능을 실행하기 위해 [모양]-[편집 용지] 메뉴를 선택하거나 F7을 누릅니다.

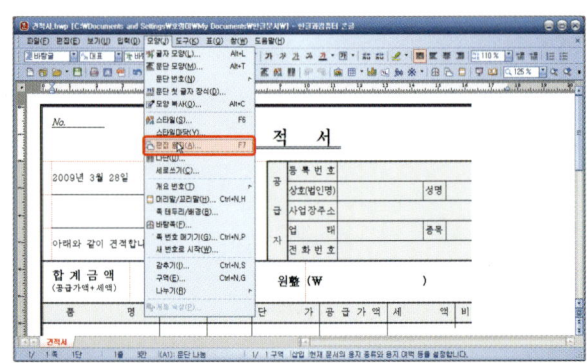

03 [편집 용지] 대화상자가 표시되면 [기본] 탭을 클릭해서 펼칩니다.

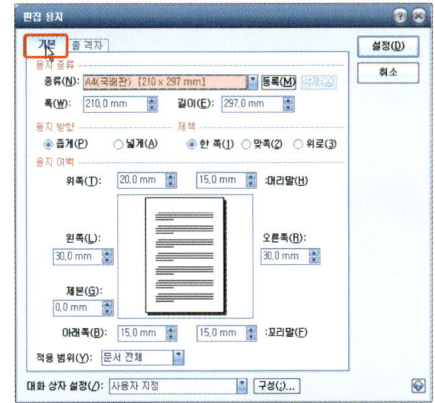

04 용지 여백 옵션이 있는 부분을 찾은 후에 '30'으로 입력되어 있는 [왼쪽] 입력 상자의 값을 '15'로 변경합니다.

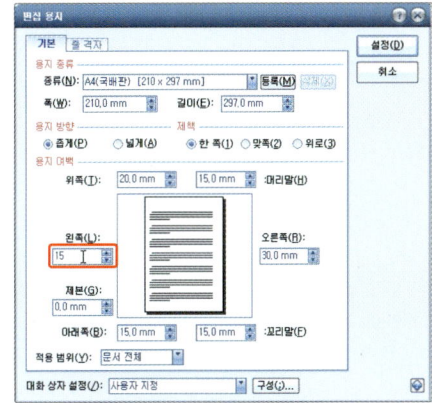

05 같은 방법으로 [오른쪽] 입력상자의 값을 '15'로 설정하고 [설정] 버튼을 클릭합니다. 특별한 경우가 아니라면 왼쪽과 오른쪽의 여백 값은 동일하게 맞춰 주는 것이 좋습니다.

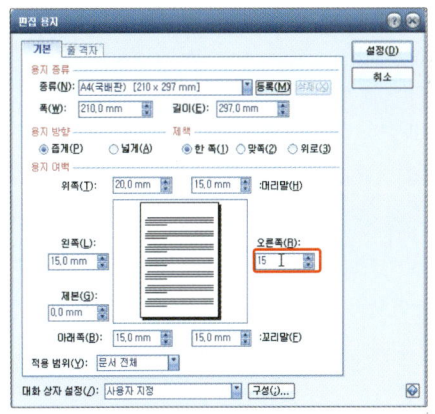

06 견적서의 내용이 오른쪽 끝까지 화면에 표시되는 것을 확인할 수 있습니다.

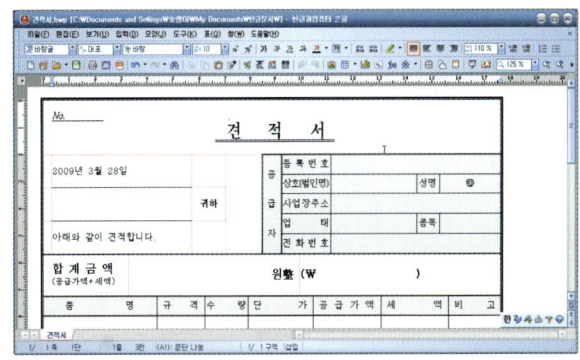

상하 여백과 머리말/꼬리말 설정하기

앞서 설정하고 난 문서를 살펴보면 이번엔 아래쪽이 잘려 보일 것입니다. 좌우 여백과 달리 상하 여백은 머리말과 꼬리말 영역까지 설정하도록 되어 있는 탓에 좀 더 복잡합니다. 따라하기를 통해 상하 여백과 머리말/꼬리말을 설정하고 Reference로 각 구성요소에 대해 알아보겠습니다.

01 문서의 맨 아래쪽이 잘려 있는 것을 확인한 후에 [모양]-[편집 용지] 메뉴를 선택합니다.

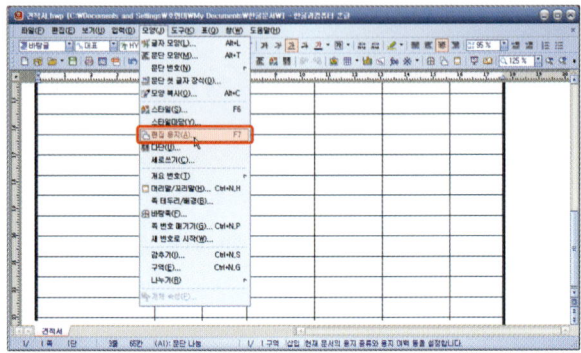

02 [편집 용지] 대화상자가 표시되면 [기본] 탭에 있는 [머리말] 입력 상자의 값을 '0'으로 설정합니다.

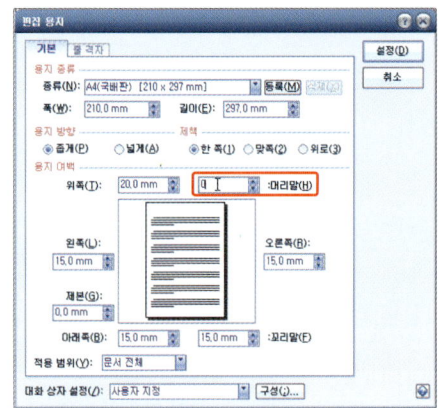

03 같은 방법으로 [꼬리말] 입력상자의 값을 '0'으로 지정한 후에 [설정] 버튼을 클릭합니다.

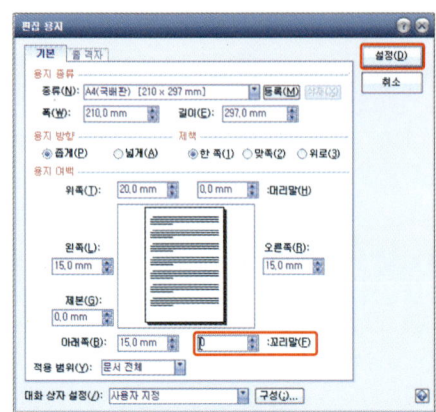

04 잘려서 보이지 않던 문서의 아래쪽이 보이는 것을 확인할 수 있습니다.

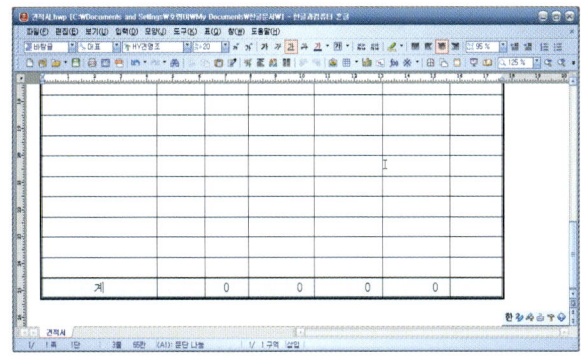

Reference

상하 여백과 머리말/꼬리말

좌우 여백과 달리 상하 여백은 위 아래 여백뿐만 아니라 머리말과 꼬리말의 여백 값 까지 설정해야 하기 때문에 좀 더 복잡합니다. 각 항목의 의미에 대해 잘 이해해 두시길 바랍니다.

01 위쪽 여백과 머리말

문서의 위쪽에 그림과 같이 머리말을 표시할 경우 각각 위쪽 여백과 머리말로 사용할 여백 값을 지정할 수 있습니다.

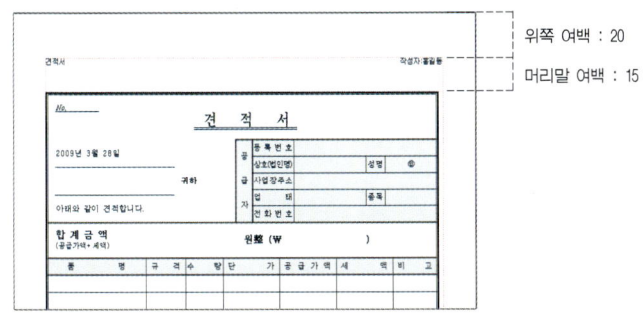

02 아래쪽 여백과 꼬리말

문서의 아래쪽에 그림과 같이 꼬리말을 표시할 경우 각각 아래쪽 여백과 꼬리말로 사용할 여백 값을 지정할 수 있습니다.

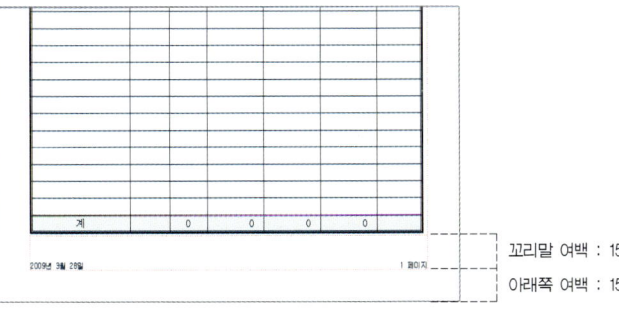

제본 영역 설정하기

작성한 문서를 인쇄해서 제본해야 할 경우 위쪽이나 왼쪽에 제본에 사용할 여백을 설정할 수 있습니다.

01 제본 영역을 설정하기 위해 [모양]-[편집 용지] 메뉴를 선택합니다.

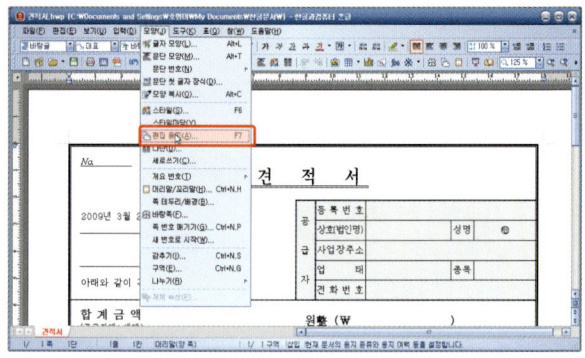

02 [편집 용지] 대화상자의 용지 여백 그룹에 있는 [제본] 입력상자에 적당한 값을 입력합니다.

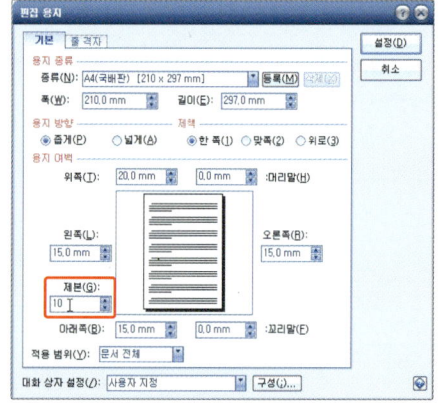

03 제본 여백을 설정했다고 종이가 그만큼 늘어나는 것이 아닐테니 제본 여백으로 잡아준 만큼의 여백을 왼쪽과 오른쪽 여백에서 줄여줘야 합니다. 먼저 왼쪽 여백을 제본 여백에 설정한 값의 절반만큼 줄입니다. 같은 방법으로 오른쪽 여백에서 제본 여백으로 설정한 값의 절반을 줄입니다.

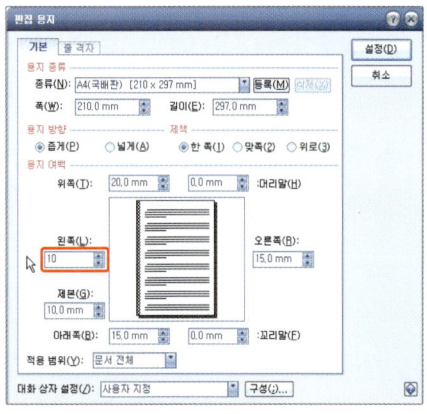 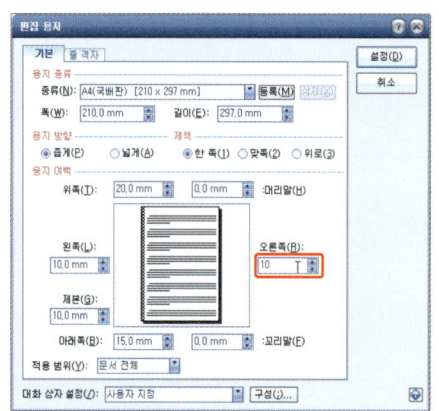

04 대화상자의 [설정] 버튼을 클릭하면 문서의 왼쪽에 제본 영역이 적용된 것을 확인할 수 있습니다.

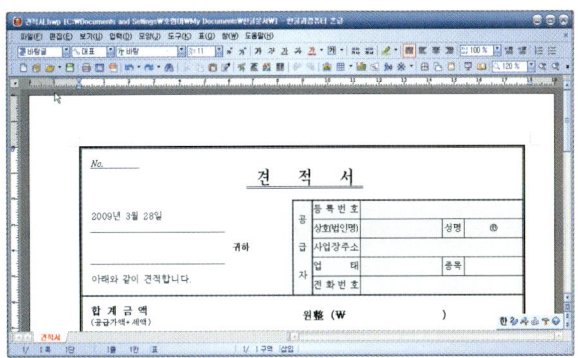

Reference

제책 설정하기

왼쪽 여백에 제본 될 여백까지 추가해서 설정하면 될 텐데 왜 제본 여백이 별도로 잡혀 있을까요? 이는 그 바로 위에 있는 제책 옵션을 보면 쉽게 이해할 수 있습니다. 한 면만 인쇄해서 왼쪽을 제본 할 거라면 모든 제본 여백이 왼쪽 여백에 포함되겠지만, 양면 인쇄를 할 경우 왼쪽 페이지는 오른쪽에 오른쪽 페이지는 왼쪽에 제본 영역을 잡아줘야 합니다. 어느 곳을 제본 영역으로 잡을 지는 제책 설정에서 맞춰주면 됩니다.

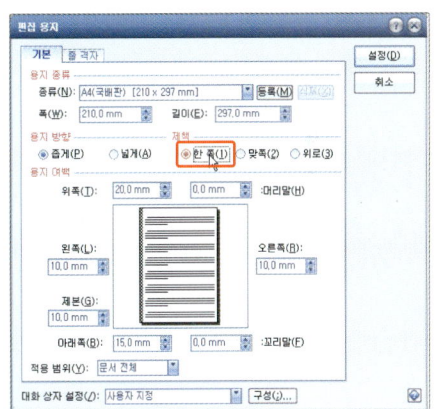

01 한 쪽 : 한 쪽에만 인쇄해서 왼쪽에 제본을 할 때의 여백 설정입니다.

02 맞쪽 : 양면 인쇄를 해서 왼쪽에 제본을 할 때의 여백 설정입니다.

03 위로 : 제본을 왼쪽이 아닌 위쪽으로 할 때의 여백 설정입니다.

용지 종류 설정하기

항상 A4 용지만 사용할 수 있다면 좋겠지만 용도에 따라 다른 크기의 용지에 문서를 작성해야 할 때도 있습니다. 이럴 때에는 [편집 용지] 대화상자에 있는 [용지 종류] 옵션을 이용하여 작업 용지의 크기를 설정할 수 있습니다.

01 편집 용지의 종류를 변경하기 위해 [모양]-[편집 용지] 메뉴를 선택합니다.

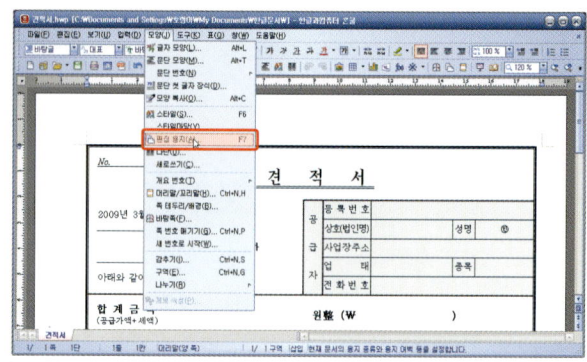

02 [편집 용지] 대화상자의 용지 종류 그룹에 있는 [종류] 목록에서 원하는 용지 종류를 선택합니다. 또는 [폭]과 [길이] 값을 직접 입력합니다.

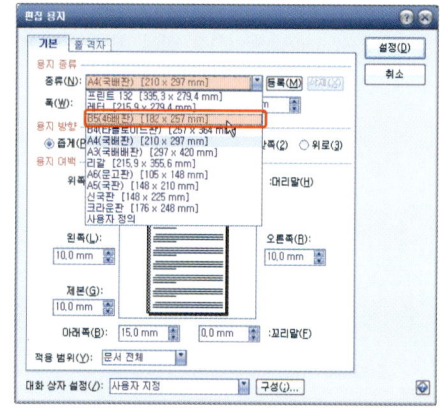

03 대화상자의 [설정] 버튼을 클릭하면 용지의 종류가 바뀌는 것을 확인할 수 있습니다.

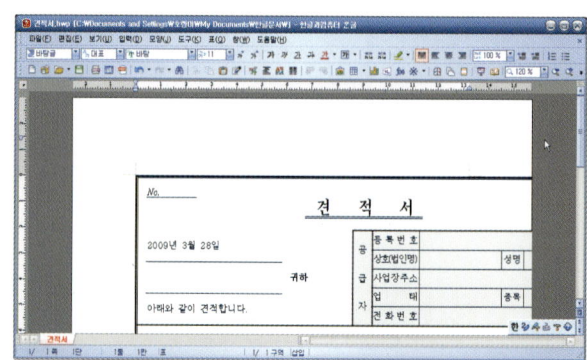

마우스 드래그로 여백 설정하기

편집 창에 [쪽 윤곽]이 적용되어 있는 상태라면 윤곽에 표시되어 있는 각 여백 부분을 마우스로 드래그해서 여백을 설정할 수 있습니다.

01 쪽 윤곽의 격자 부분에 마우스 포인터를 위치시키면 각 여백의 기준이 어디인지 확인할 수 있습니다. 이 경계 부분에 마우스 포인터를 위치시켜봅니다.

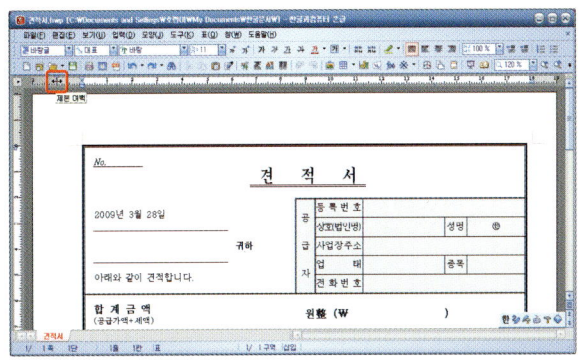

02 여백의 경계 부분을 마우스로 드래그해서 적당한 값이 되도록 설정합니다.

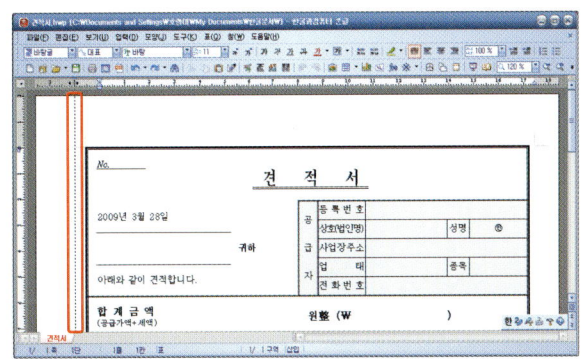

03 마우스 버튼에서 손을 떼면 해당 영역의 여백 값이 설정되는 것을 확인할 수 있습니다. 같은 방법으로 다른 여백 값들도 설정할 수 있습니다.

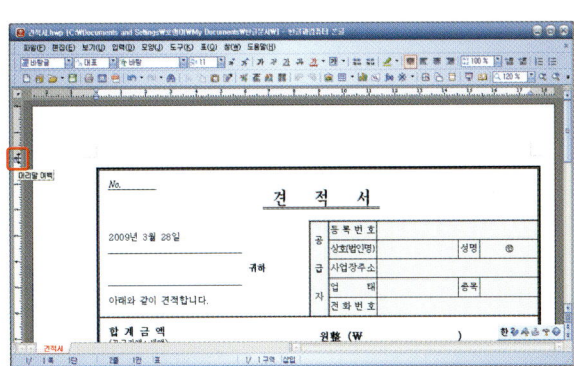

CHAPTER

02 테두리와 배경 설정하기

우리나라에서 사용하는 대부분의 공문이나 문서 양식에는 문서의 테두리가 있게 마련입니다. 이번에는 문서의 테두리를 표시하는 방법과 문서 배경에 이미지를 표시하는 방법에 대해 알아봅니다.

테두리 표시하기

먼저 간단한 방법으로 문서의 테두리를 표시하는 방법에 대해 알아보겠습니다.

01 쪽 테두리 선을 표시하기 위해 [모양]-[쪽 테두리/배경] 메뉴를 선택합니다.

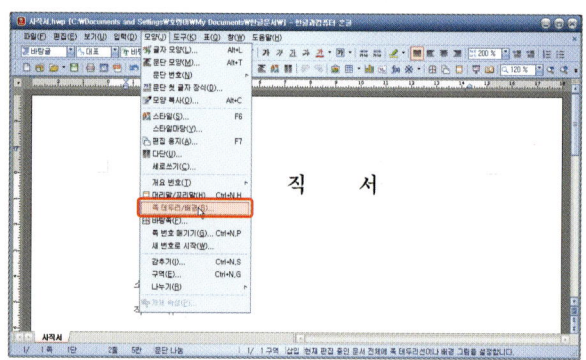

02 [쪽 테두리/배경] 대화상자가 표시되면 [테두리] 탭을 클릭해서 펼칩니다.

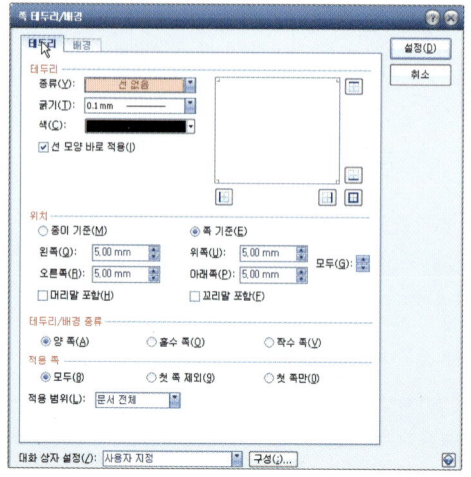

03 테두리 그룹에 있는 종류 목록에서 원하는 모양의 선 종류를 선택합니다.

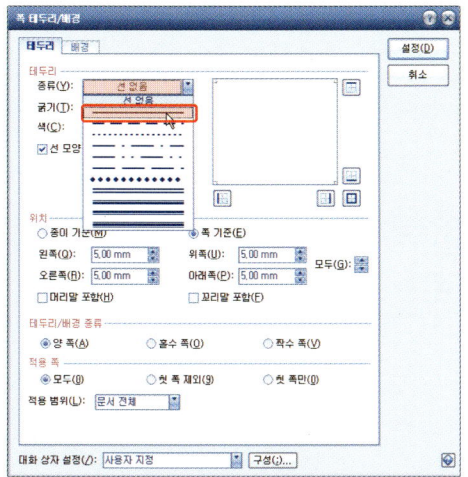

04 테두리 그룹에 있는 [모두] 버튼을 클릭하여 선택한 모양의 선이 모든 방향에 그려지도록 설정합니다.

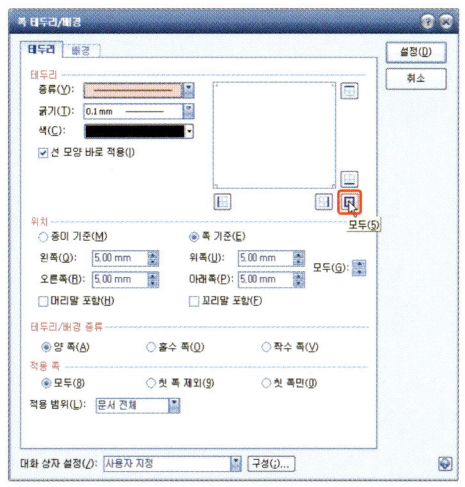

05 위치 그룹에 있는 여백 값들을 적당히 설정해 줍니다.

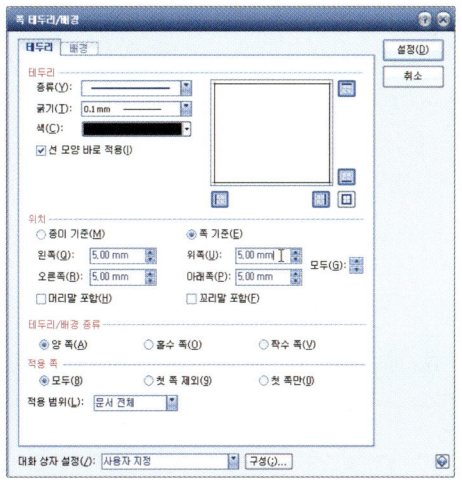

06 대화상자의 [설정] 버튼을 클릭하면 문서에 테두리가 적용되는 것을 확인할 수 있습니다.

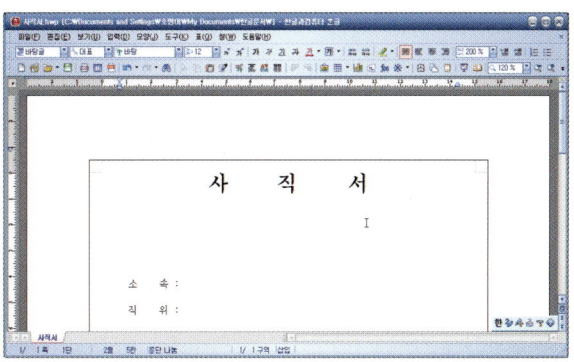

대칭이 되는 테두리 선 적용하기

기본적으로 [쪽 테두리/배경] 대화상자의 [테두리] 탭은 [선 모양 바로 적용] 옵션이 선택되어 있습니다. 이 때문에 각 방향에 서로 다른 모양의 선을 적용할 수 없습니다. 이번에는 이 옵션의 선택을 해제해서 원하는 모양의 테두리 선을 그리는 방법에 대해 알아보겠습니다.

01 지금부터 우리는 안쪽에 얇은 실선 바깥쪽에 굵은 실선인 쪽 테두리를 그려볼 것입니다. 먼저 [모양]-[쪽 테두리/배경] 메뉴를 선택한 후에 그림과 같이 우리가 그리고 싶던 테두리 종류를 고릅니다.

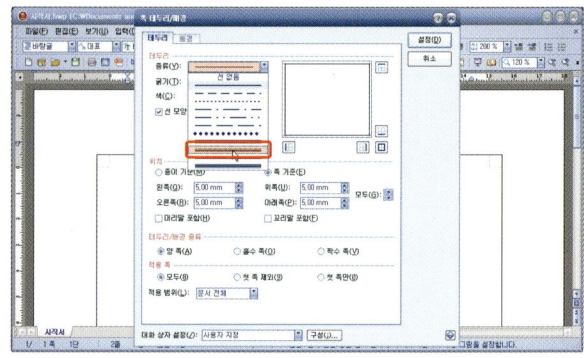

02 테두리 그룹에 있는 [모두] 버튼을 클릭해보면 우리가 예상했던 것과 다른 모양의 테두리가 그려지는 것을 확인할 수 있습니다.

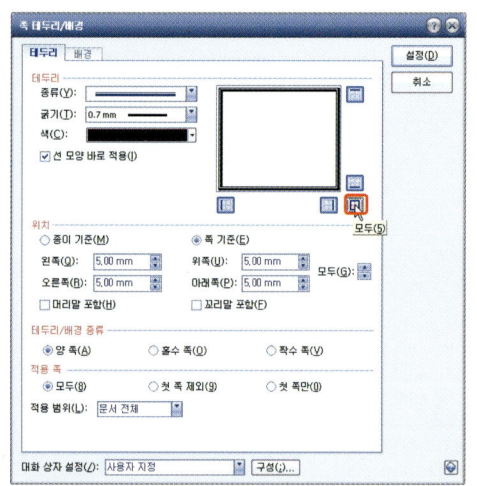

03 이번에는 모양은 비슷하지만 대칭 형태인 테두리 모양을 선택해 봅니다.

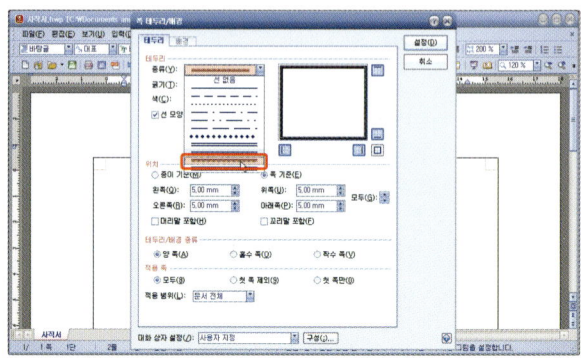

04 새 테두리 종류를 선택하자마자 모든 테두리 선에 새로 선택한 테두리가 적용되는 것을 확인할 수 있습니다. 앞서 선택한 테두리와 이번에 선택한 테두리 선을 조합해서 적용해야 원하는 모양의 테두리 선을 그릴 수 있습니다.

05 테두리 선을 따로 적용할 수 있도록 하기 위해 [선 모양 바로 적용] 옵션의 선택을 해제합니다.

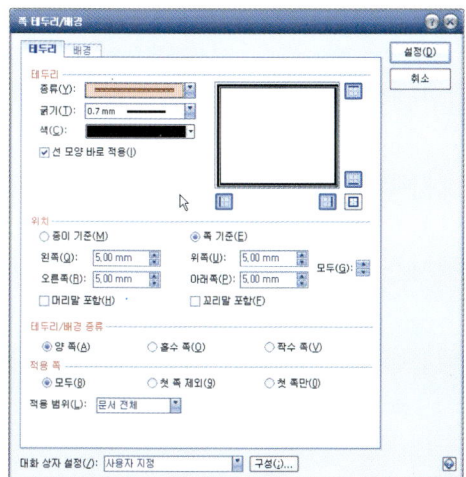
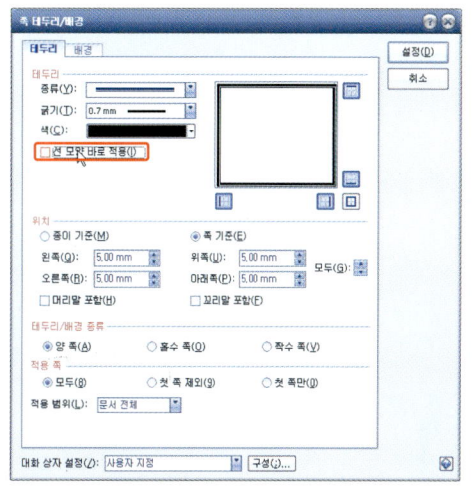

06 이제 다시 바로 전에 선택했던 것과 대칭되는 모양의 테두리 선을 선택합니다.

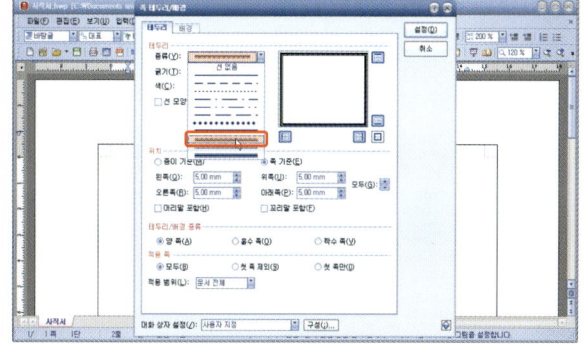

07 테두리 그룹에 있는 [오른쪽]과 [아래쪽] 버튼을 각각 두 번씩 클릭하면 원하는 테두리 모양이 완성됩니다.

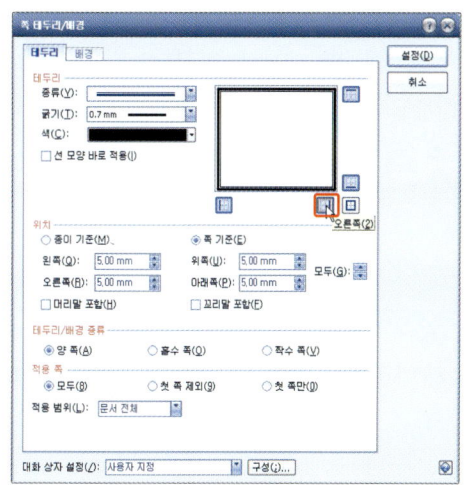

테두리 기준 설정하기

테두리 선을 그릴 때에는 선의 모양뿐만 아니라 여러 가지 옵션을 설정하여 원하는 상황에 따라 다양한 테두리 선을 그릴 수 있습니다. 이번에는 테두리 선을 그릴 때 사용할 수 있는 다양한 옵션들에 대해 알아봅니다.

01 테두리 옵션을 설정해 보기 위해 먼저 [모양]-[쪽 테두리/배경] 메뉴를 선택합니다.

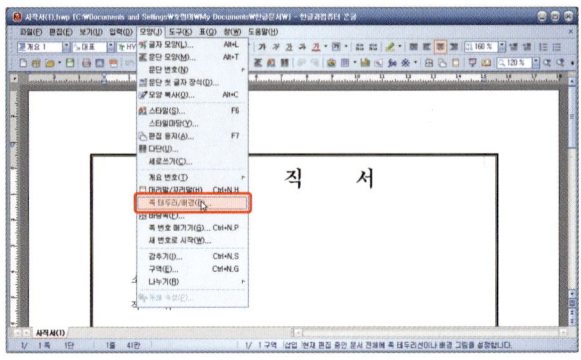

02 [쪽 테두리/배경] 대화상자가 표시되면 위치 그룹에 있는 [종이 기준] 옵션을 선택합니다. 이 옵션을 선택하면 종이의 가장자리 부분부터 지정한 거리만큼 (안쪽으로) 떨어진 부분에 테두리 선을 그리게 됩니다.

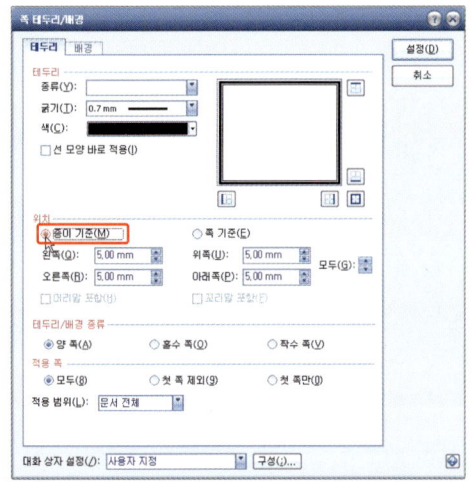

03 위치 옵션 각 방향의 값들을 한 번에 설정하려면 [모두]라고 써 있는 부분의 화살표를 클릭합니다. 위쪽 화살표를 누르면 1mm씩 값이 커지고 아래쪽 화살표를 누르면 작아집니다.

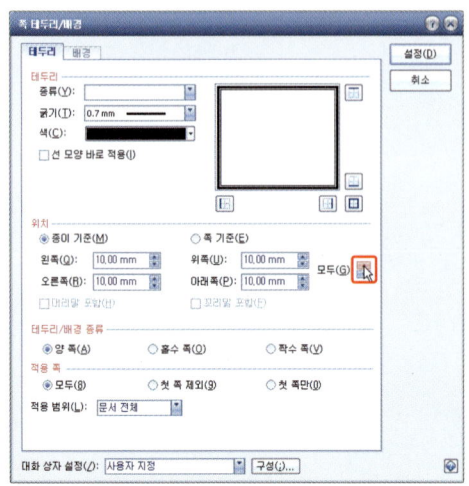

04 [테두리/배경 종류] 그룹은 테두리 선과 배경이 적용될 범위를 적용하는 옵션입니다. 옵션을 선택해서 짝수와 홀수 페이지에 서로 다른 배경이나 테두리 선을 적용할 수 있습니다.

05 [적용 쪽] 그룹도 테두리 선과 배경이 적용될 범위를 지정하는 옵션인데 표지가 될 수 있는 첫 쪽에만 적용하거나 첫 쪽에만 적용하지 않고 싶을 때 옵션을 사용합니다.

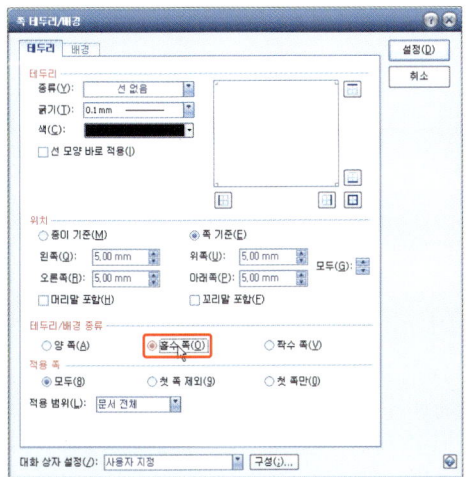
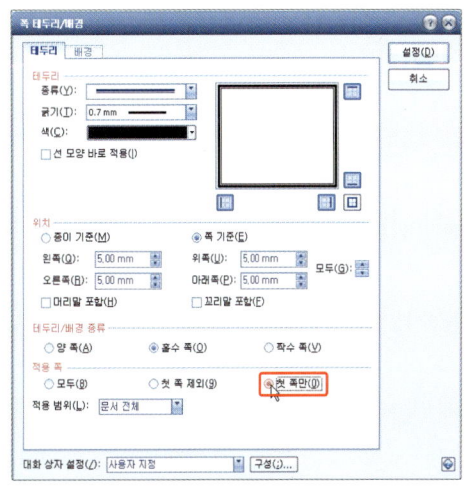

06 적용 범위를 지정한 후에는 다시 테두리 선의 모양을 지정해 줘야 합니다. 테두리 선의 모양을 지정한 후에 [설정] 버튼을 클릭해봅니다.

07 지정한 옵션에 따라 테두리 선이 그려지는 것을 확인할 수 있습니다. 화면의 테두리는 위치 옵션을 [종이 기준]으로 하고 각 방향의 위치 값을 10mm로 지정한 결과입니다.

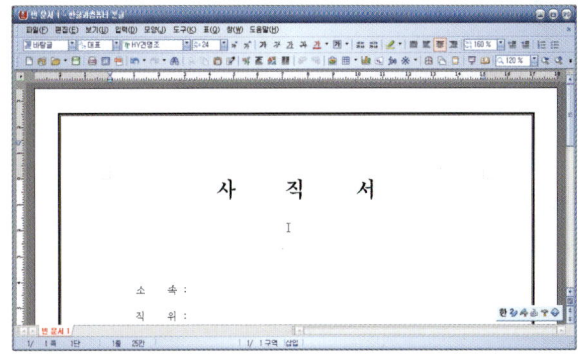

그러데이션으로 배경색 칠하기

[쪽 테두리/배경] 대화상자의 [배경] 탭을 이용하면 종이의 배경에 특정 색상이나 그러데이션을 채워 넣을 수 있습니다. 여기에서는 그러데이션 기능을 이용해서 배경을 채우는 방법에 대해 간단히 알아봅니다.

01 [모양]-[쪽 테두리/배경] 메뉴를 선택합니다.

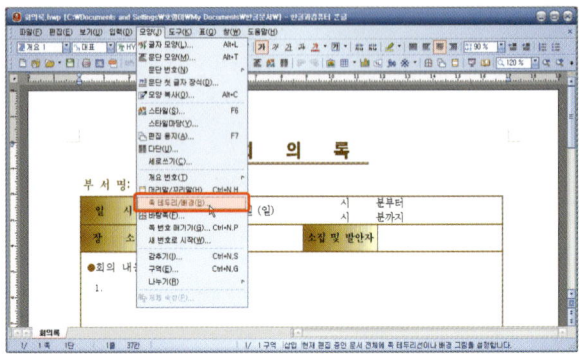

02 대화상자가 표시되면 [배경] 탭을 클릭해서 펼칩니다. 이때, [색] 옵션을 선택하면 원하는 색상을 선택해서 배경에 색상이나 무늬를 칠할 수 있습니다.

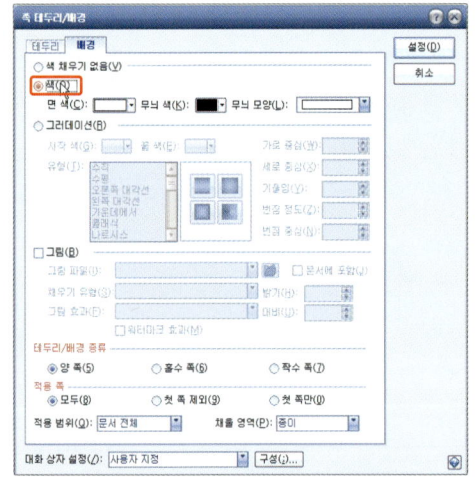

03 [그러데이션]은 두 가지 색상을 이용해서 점점 더 흐려지거나 진해지는 채우기 효과를 적용하는 옵션입니다. [그러데이션] 옵션을 선택합니다.

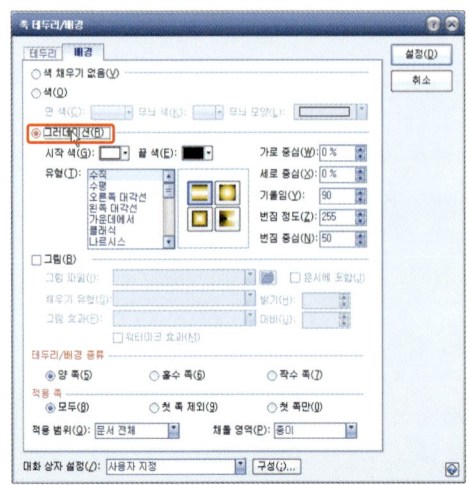

04 그러데이션에 적용 될 [시작 색]은 색상 목록에서 [흐린 색]을 선택하면 됩니다.

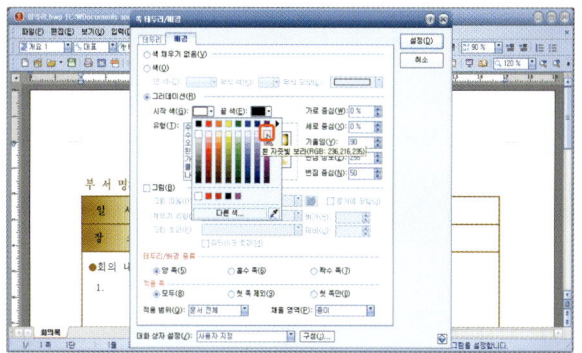

05 [끝 색]은 대체로 시작 색을 선택한 계열의 색상 중 중간이나 진한 색상을 선택합니다.

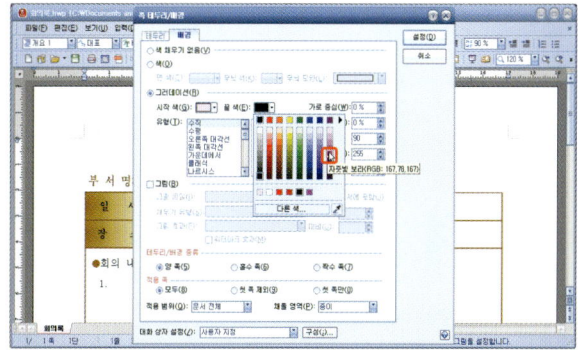

06 [유형]은 선택한 두 색상을 채워 넣을 타입을 지정하는 옵션입니다. 적당한 옵션을 하나 선택합니다.

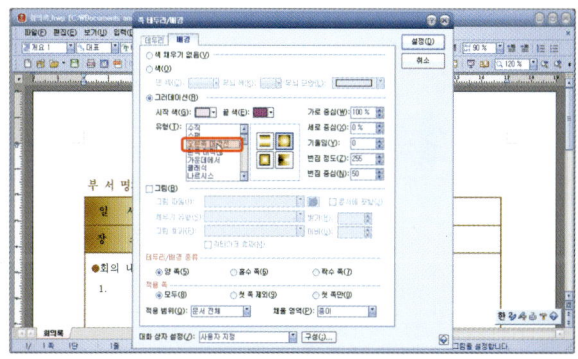

07 대화상자의 [설정] 버튼을 클릭하면 지정한 그러데이션 효과가 종이에 채워지는 것을 확인할 수 있습니다.

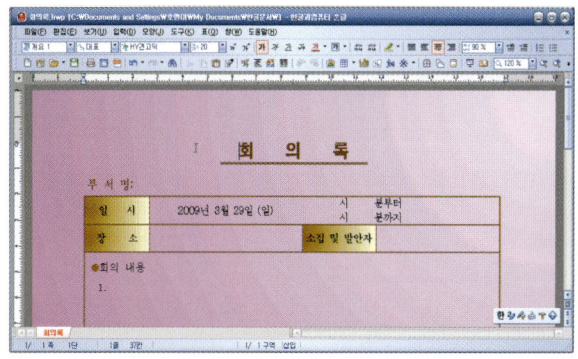

그림으로 배경 지정하기

우리가 돈을 주고 사서 읽는 책들 중에도 한글 2007로 편집하는 경우가 있을 정도로 한글 2007의 편집 기능은 다양하고 뛰어납니다. 이번에는 그러데이션 대신 그림 파일을 선택해서 배경으로 사용하는 방법에 대해 알아보겠습니다.

01 그림 파일을 배경으로 적용하기 위해 먼저 [모양]-[쪽 테두리/배경] 메뉴를 선택합니다.

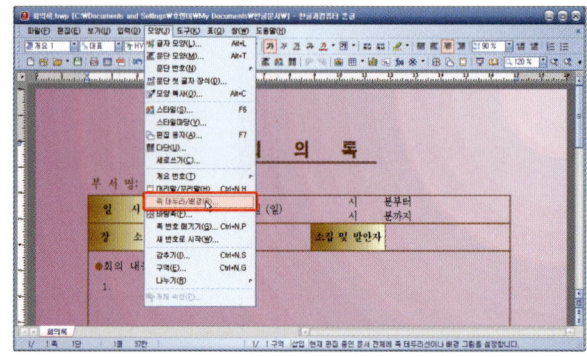

02 [쪽 테두리/배경] 대화상자가 표시되면 [배경] 탭에 있는 [그림] 옵션을 선택합니다.

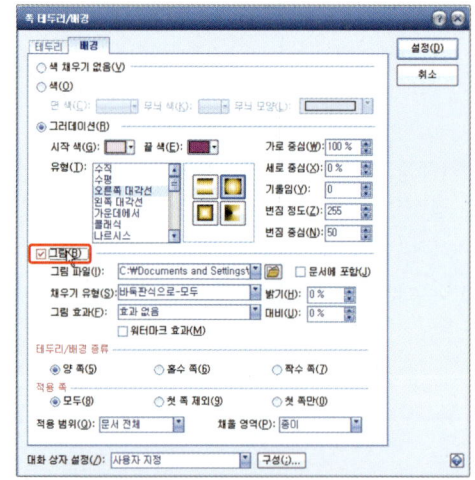

03 [그림 파일] 입력 상자 옆에 있는 [그림 선택] 버튼을 클릭합니다.

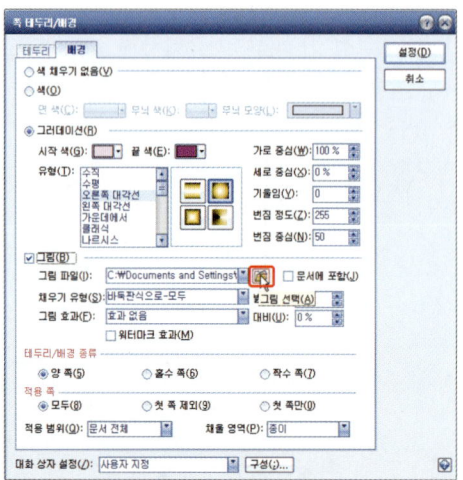

04 [그림 넣기] 대화상자를 이용해서 배경으로 사용할 그림을 선택한 후에 [넣기] 버튼을 클릭합니다.

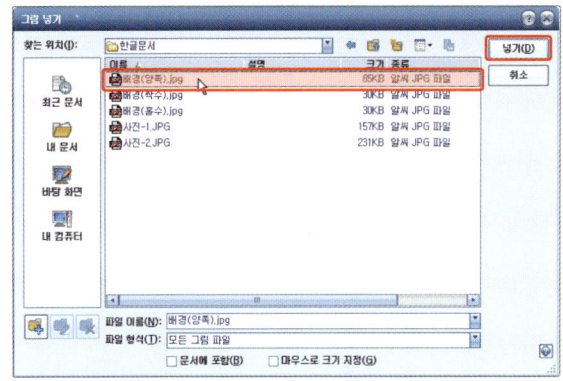

05 적용할 그림 파일이 페이지 전체에 표시되도록 하기 위해 [채우기 유형]을 [크기에 맞추어]로 설정합니다.

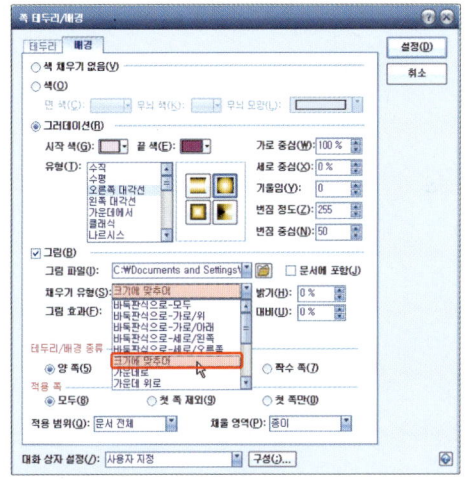

06 대화상자의 [설정] 버튼을 클릭하면 지정한 그림이 페이지에 가득차게 표시되는 것을 확인할 수 있습니다.

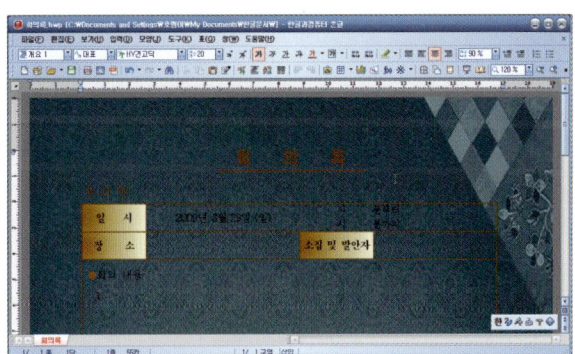

Reference

채우기 유형

[배경] 탭에 있는 [채우기 유형] 옵션은 선택한 그림이나 사진 파일이 종이의 크기보다 작을 때 표시할 방법을 선택하는 것입니다.

01 바둑판식으로 : 그림들을 여러 개 연결해서 페이지에 가득 채워 표시합니다.

02 크기에 맞추어 : 작은 그림을 크게 늘려서 페이지에 꽉 차게 표시합니다.

03 가운데로 : 그림 원본 크기 그대로를 문서의 중간에 표시합니다.

홀수와 짝수 페이지에 다른 배경 지정하기

앞서 적용한 배경은 너무 진해서 문서의 내용이 잘 보이지 않을 정도입니다. 이번에는 좀 더 제대로 된 배경을 홀수 페이지와 짝수 페이지에 다르게 적용해서 책처럼 만드는 방법에 대해 알아보겠습니다.

01 먼저 홀수 쪽의 배경 이미지를 지정해 보기 위해 [쪽 테두리/배경] 대화상자를 불러온 후에 [테두리/배경 종류] 옵션을 [홀수 쪽]으로 지정합니다.

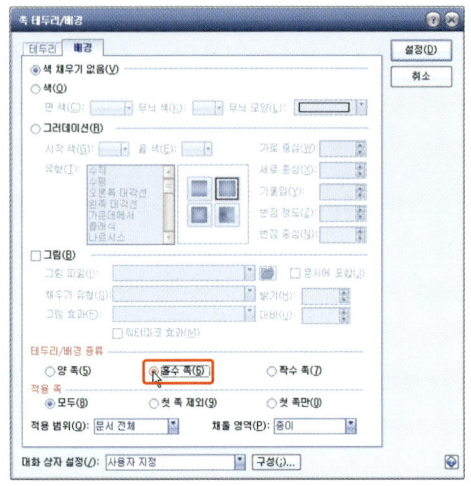

02 [그림] 옵션을 선택한 후에 [그림 선택] 버튼을 클릭합니다.

03 [그림 넣기] 대화상자가 표시되면 홀수 쪽에 적용할 배경 이미지를 선택한 후에 [넣기] 버튼을 클릭합니다.

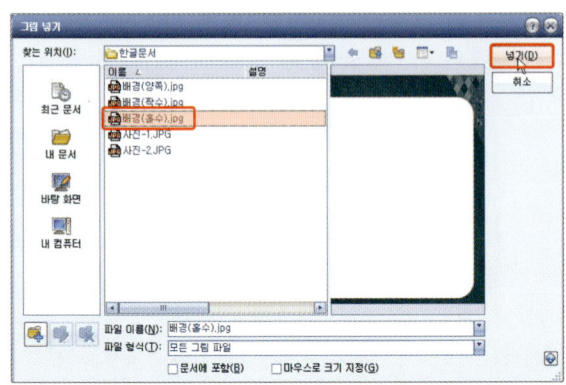

04 종이에 가득 차게 표시하기 위해 채우기 유형을 [크기에 맞추어]로 설정합니다.

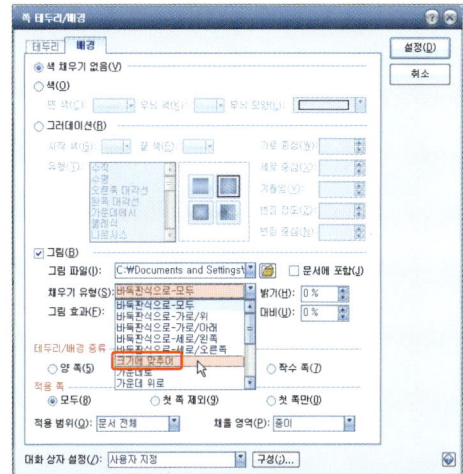

05 대화상자의 [설정] 버튼을 클릭하면 홀수 페이지에만 선택한 배경 이미지가 적용되는 것을 확인할 수 있습니다.

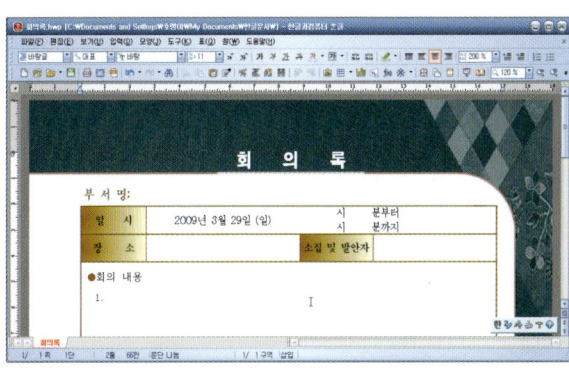

06 같은 방법으로 짝수 쪽에도 필요한 배경 이미지를 찾아서 적용해본다.

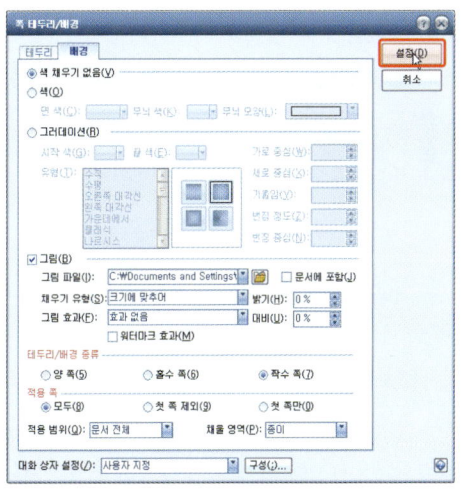

07 다음 그림은 1쪽과 2쪽을 인쇄한 결과입니다. 이 결과물의 테두리 부분이 하얀 것은 프린터가 필요로 하는 최소한의 여백 부분에는 인쇄가 되지 않습니다. 여백 없이 인쇄할 수 있는 프린터를 이용하면 정말 책 같은 문서를 만들 수도 있습니다.

Chapter 02 테두리와 배경 설정하기 • **219**

CHAPTER

03 머리말과 꼬리말

앞서 여백을 지정하는 과정에서 머리말과 꼬리말에 대해 간단히 본 적이 있는데 머리말과 꼬리말을 직접 지정해 보겠습니다. 머리말과 꼬리말은 본문과 별도로 문서의 특성을 한눈에 확인할 수 있도록 하기 위해 표시해 주는 보조 문구입니다.

기본 설정으로 지정하기

한글 2007에서 기본으로 제공하는 머리말과 꼬리말을 선택해서 적용하는 방법에 대해 알아보겠습니다. 보통 머리말이나 꼬리말에는 문서 제목이나 작성자 이름, 쪽 번호, 전체 페이지 수, 작성 일자 등을 표기합니다.

01 머리말/꼬리말을 지정해 보기 위해 [모양]-[머리말/꼬리말] 메뉴를 선택합니다. 또는 단축키 Ctrl + N , H 를 누릅니다.

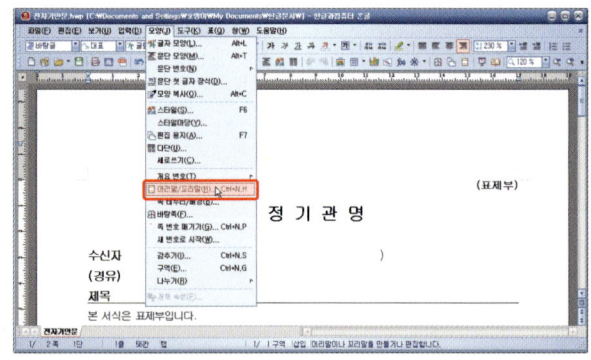

02 [머리말/꼬리말] 대화상자가 표시되면 종류 그룹에 있는 [머리말]과 [꼬리말] 중 하나를 선택합니다.

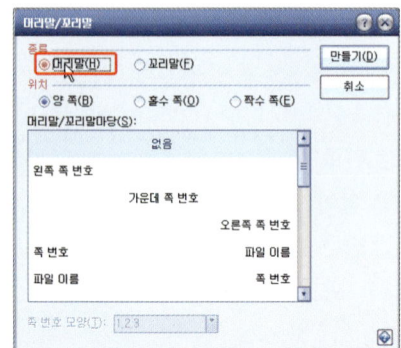

03 다음은 위치 그룹입니다. 여기에서는 지정한 머리말이나 꼬리말을 적용할 범위를 지정할 수 있습니다.

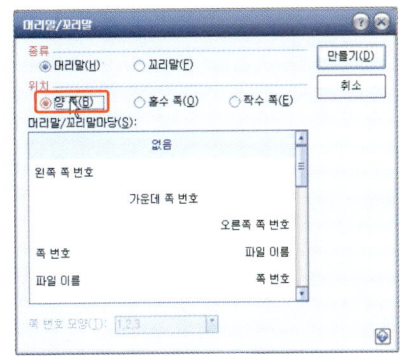

04 이번에는 [머리말/꼬리말 마당] 목록에서 적용하고 싶은 머리말이나 꼬리말의 종류를 선택합니다.

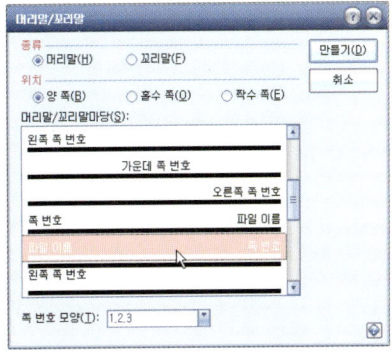

05 선택한 머리말이나 꼬리말에 쪽 번호가 있다면 [쪽 번호 모양] 목록에서 원하는 모양을 선택합니다.

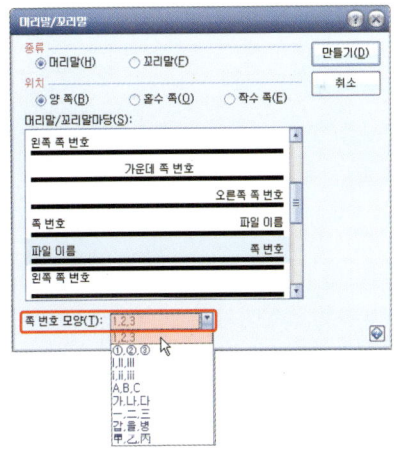

06 대화상자의 [만들기] 버튼을 클릭하면 지정한 머리말이나 꼬리말이 문서에 적용되는 것을 확인할 수 있습니다.

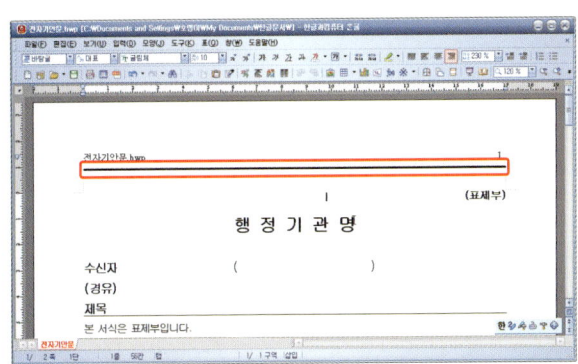

머리말/꼬리말 직접 입력하기

이번에는 머리말/꼬리말 마당에 없는 머리말이나 꼬리말을 지정하기 위해 직접 내용을 입력하는 방법에 대해 알아보겠습니다.

01 머리말/꼬리말을 지정하기 위해 먼저 [모양]-[머리말/꼬리말] 메뉴를 선택합니다.

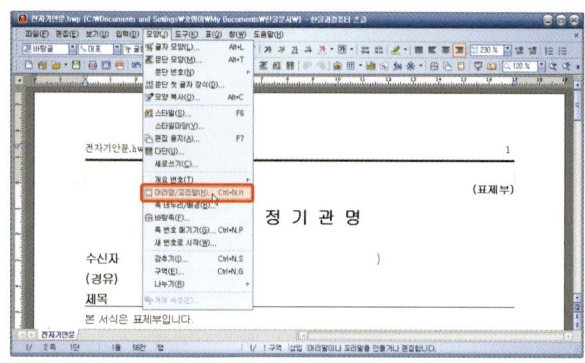

02 [머리말/꼬리말] 대화상자가 표시되면 지정할 머리말/꼬리말 종류를 선택합니다.

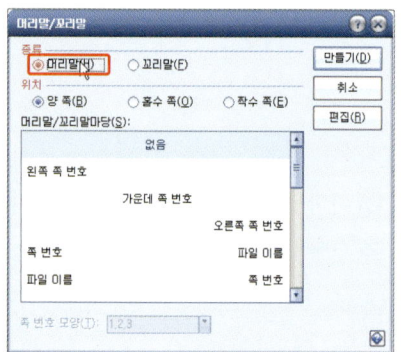

03 머리말/꼬리말이 적용될 위치 옵션을 설정한 후에 [만들기] 버튼을 클릭합니다.

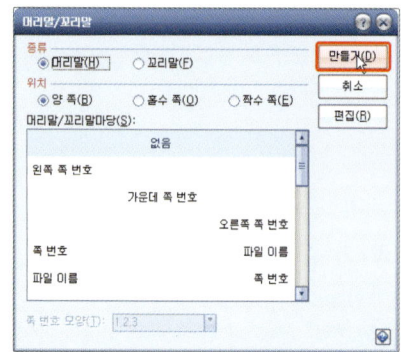

04 편집용지의 머리말 여백 부분이 활성화 되면 머리말에 표시하고 싶은 내용(문서 이름)을 직접 입력합니다.

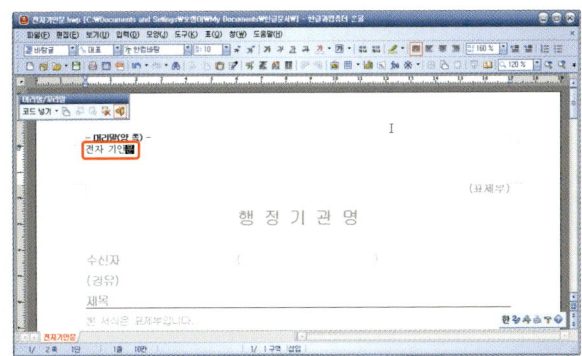

05 이번에는 적당한 공백을 넣은 후에 작성자 이름을 입력합니다.

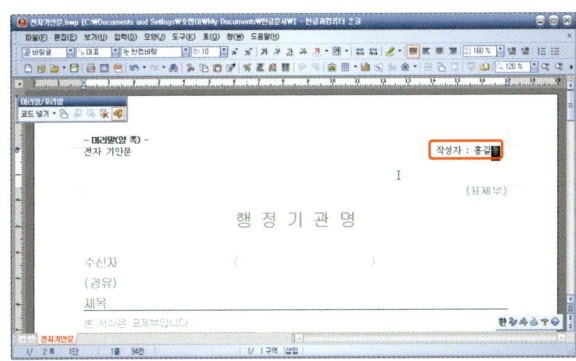

06 머리말과 꼬리말에도 문서에서처럼 글꼴과 글자 크기 등을 지정할 수 있습니다. 원하는 모양으로 만듭니다.

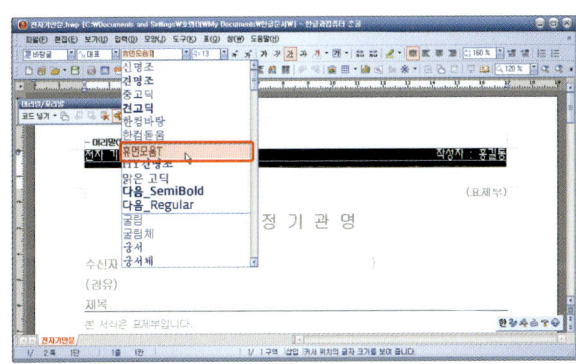

07 [머리말/꼬리말] 도구 상자의 [닫기] 아이콘을 클릭하면 입력한 머리말/꼬리말이 페이지에 고정됩니다.

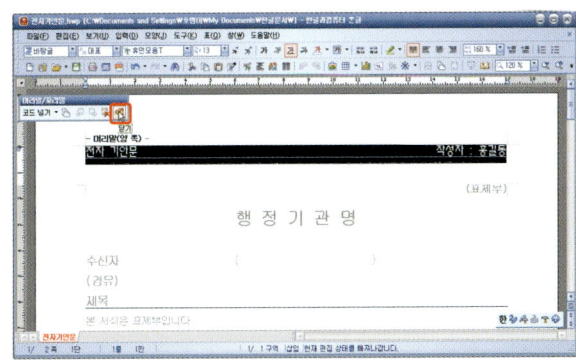

머리말/꼬리말에 코드 넣기

머리말과 꼬리말에 내용을 입력해 두면 입력한 내용이 각 페이지에 자동으로 표시됩니다. 하지만, 페이지 번호나 인쇄한 날짜 등은 어떻게 표시해야 할까요? 이럴 때에는 한글 2007에서 지원하고 있는 코드 넣기 기능을 이용하면 됩니다.

01 머리말/꼬리말을 지정하기 위해 [모양]-[머리말/꼬리말] 메뉴를 선택합니다.

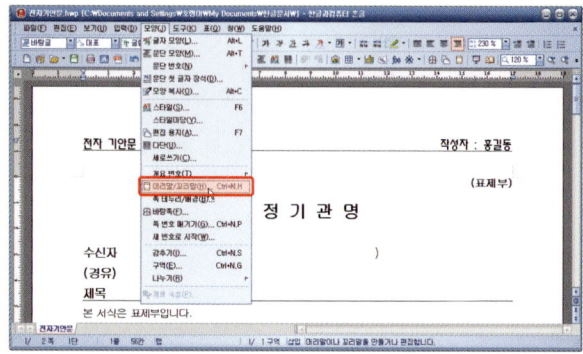

02 [머리말/꼬리말] 대화상자가 표시되면 [종류]와 [위치] 옵션을 선택한 후에 [만들기] 버튼을 클릭합니다.

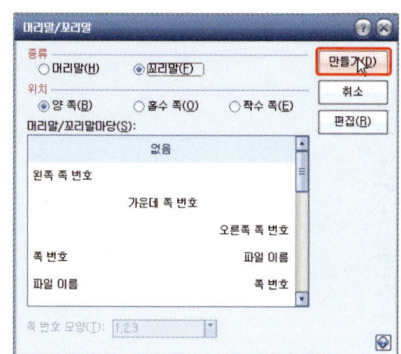

03 머리말/꼬리말 편집 상태가 되면 [머리말/꼬리말] 도구 상자에 있는 [코드 넣기] 버튼을 클릭한 후에 삽입하고 싶은 코드의 종류를 선택합니다.

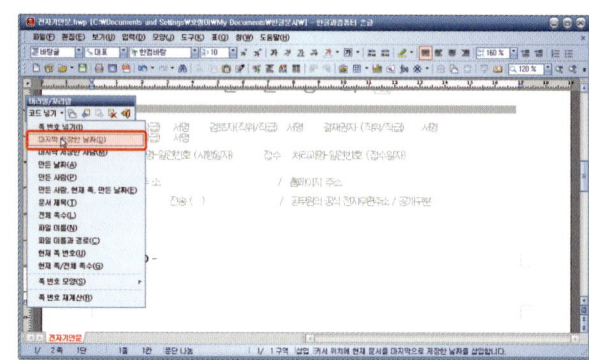

04 선택한 코드가 머리말/꼬리말에 적용되는 것을 확인할 수 있습니다. 선택한 코드는 파일의 내용이나 페이지가 바뀌면 자동으로 변경되어 표시됩니다.

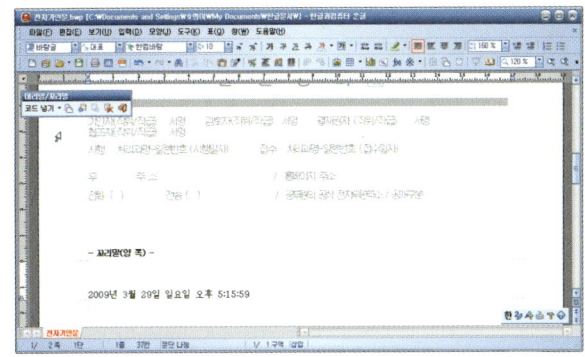

05 같은 방법으로 오른 쪽에 표시될 코드도 선택해 봅니다.

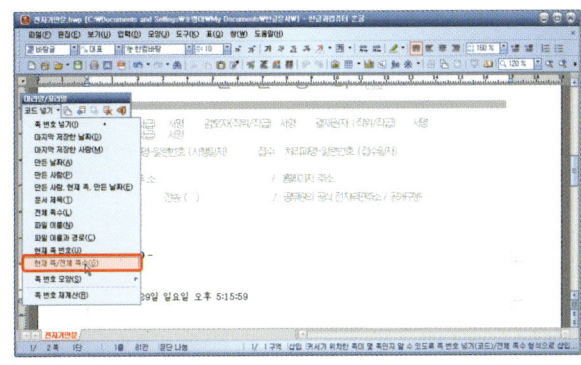

06 왼쪽과 오른쪽에 지정한 코드의 간격을 적당히 조절한 후에 글꼴 서식을 보기좋게 설정합니다.

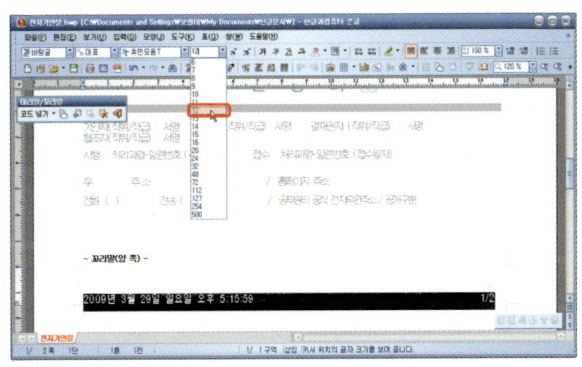

07 [머리말/꼬리말] 도구 상자의 [닫기] 버튼을 클릭하면 지정한 머리말/꼬리말 코드가 고정됩니다.

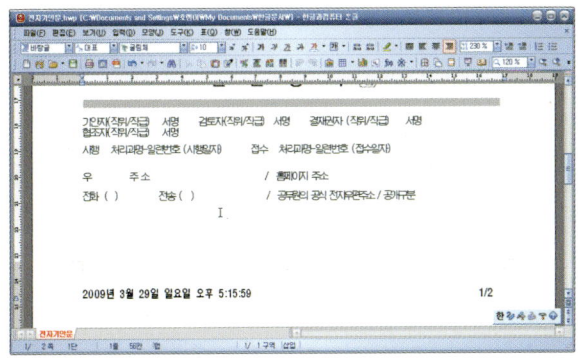

머리말/꼬리말 편집하기

한 번 지정한 머리말이나 꼬리말은 [머리말/꼬리말] 대화상자의 [편집] 버튼을 이용해서 편집하는 방법도 있지만 문서 편집 상태에서 직접 편집할 수도 있습니다. 여기에서는 입력된 머리말/꼬리말을 문서 편집 상태에서 편집하는 방법에 대해 알아봅니다.

01 머리말이나 꼬리말이 입력되어 있는 부분에 마우스 포인터를 위치시키면 그림처럼 마우스 포인터의 모양이 바뀝니다.

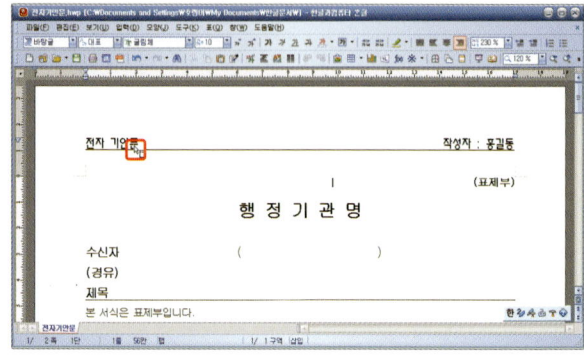

02 머리말/꼬리말 부분을 더블클릭하면 편집할 수 있는 상태가 됩니다. 이 상태에서 머리말/꼬리말의 내용이나 글꼴 서식 등을 지정합니다.

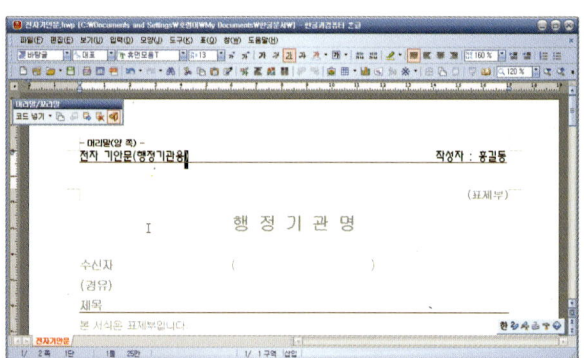

03 [머리말/꼬리말] 도구 상자에 있는 [닫기] 버튼을 클릭하면 수정한 머리말/꼬리말이 고정됩니다.

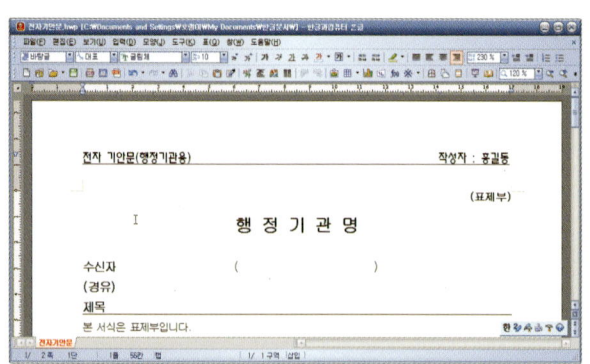

쪽 번호 매기기

다른 내용은 표시하지 않고 문서에 쪽 번호만 매길 거라면 머리말/꼬리말 대신 쪽 번호 매기기 기능을 이용하는 것이 더 편리합니다.

01 쪽 번호를 매기기 위해 [모양]-[쪽 번호 매기기] 메뉴를 선택합니다.

Tip 쪽번호 : Ctrl + N, P

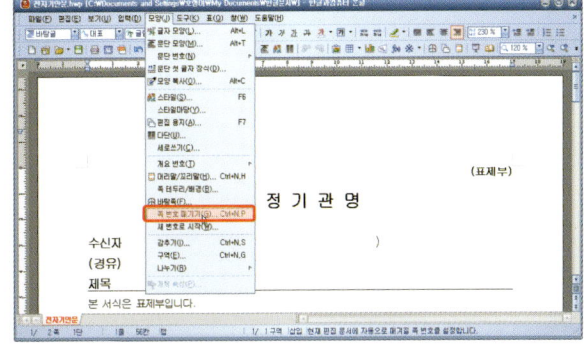

02 [쪽 번호 매기기] 대화상자를 이용해서 쪽 번호가 표시될 위치와 모양을 설정한 후에 [넣기] 버튼을 클릭합니다.

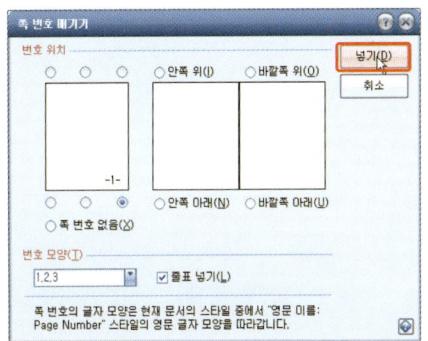

03 지정한 옵션에 따라 문서에 쪽 번호가 매겨지는 것을 확인할 수 있습니다.

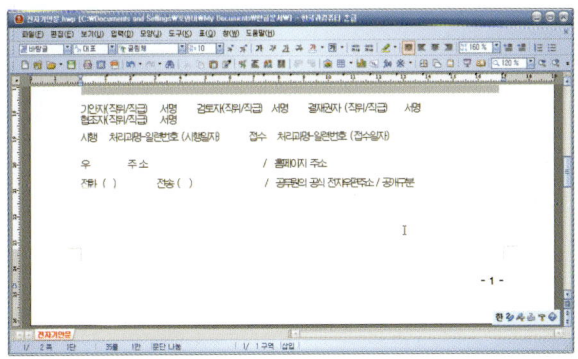

Chapter 01 인쇄 미리 보기
　　　　　　　　◆ 인쇄 미리 보기 따라하기

Chapter 02 인쇄하기
　　　　　　　　◆ 빠른 인쇄하기
　　　　　　　　◆ PDF나 그림 파일로 인쇄하기
　　　　　　　　◆ 필요한 내용만 인쇄하기
　　　　　　　　◆ 한 장에 두 페이지 씩 인쇄하기
　　　　　　　　◆ 그 밖의 인쇄 방식 사용하기

Chapter 03 인쇄 확장 탭 사용하기
　　　　　　　　◆ 인쇄 확장 탭 따라하기

Chapter 04 워터마크 인쇄하기
　　　　　　　　◆ 글자로 워터마크 설정하기
　　　　　　　　◆ 그림 파일로 워터마크 설정하기

PART 08

문서가 100개라도 인쇄해야 보배

>>> 웹과 디지털 매체들이 날로 늘어나고 있다고는 하지만 대부분의 문서는 인쇄를 함으로써 비로소 결과물이 될 수 있습니다. Part 08에서는 한글 2007의 다양한 기능들을 이용해서 원하는 모양대로 인쇄하는 방법들에 대해 알아봅니다.

CHAPTER

01 인쇄 미리 보기

문서 작업을 하다 보면 한 페이지인 줄 알고 작업했지만 칸이 밀려서 여러 페이지에 인쇄되거나 공백 때문에 아무 것도 없는 백지가 인쇄되는 경우가 있습니다. 이런 문제를 해결하려면 인쇄를 하기 전에 인쇄 미리 보기 기능을 실행하는 것이 좋습니다.

인쇄 미리 보기 따라하기

인쇄 미리 보기 기능을 이용해서 인쇄될 내용을 미리 확인하고 여러 가지 설정을 하는 방법들에 대해 알아봅니다.

01 먼저 인쇄될 내용을 확인하기 위해 [파일]-[미리 보기] 메뉴를 선택합니다. 또는 기본 도구 상자에 있는 [미리 보기] 아이콘을 클릭합니다.

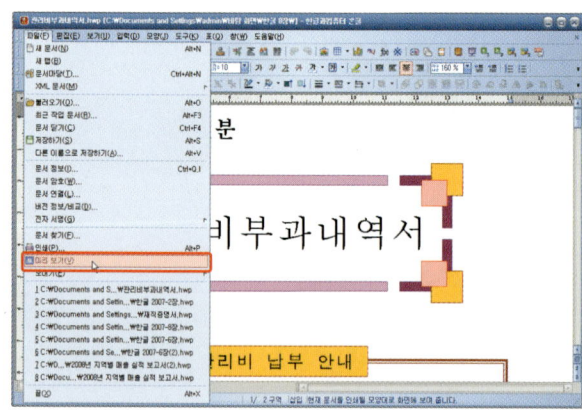

02 인쇄될 내용이 화면에 미리 표시됩니다.

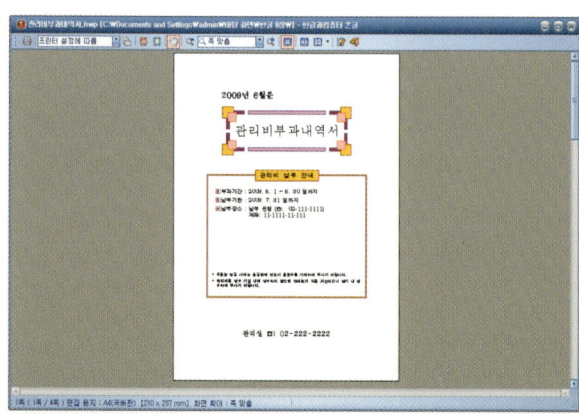

03 인쇄 미리 보기 화면에 있는 [인쇄] 아이콘을 클릭하면 [인쇄] 대화상자를 이용해서 현재 화면에 표시되는 것과 같은 내용을 인쇄할 수 있습니다.

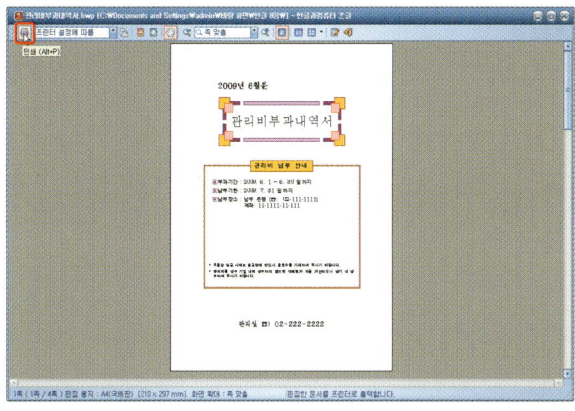

04 [편집 용지] 아이콘을 클릭하면 [편집 용지] 대화상자를 이용해서 문서의 인쇄 방향이나 여백 등을 지정할 수 있습니다.

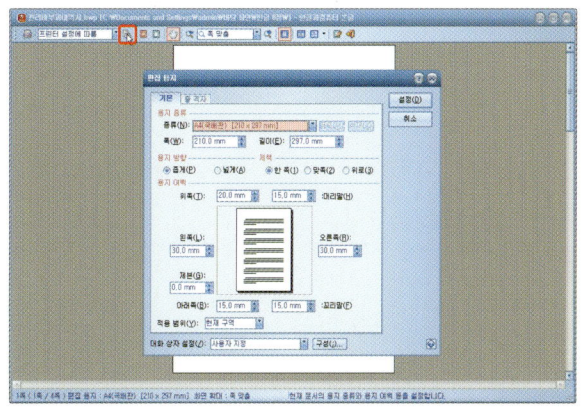

05 [여백 보기] 아이콘을 클릭하면 미리 보기 화면에 빨간 점선으로 현재 설정되어있는 각 부분의 여백이 표시됩니다.

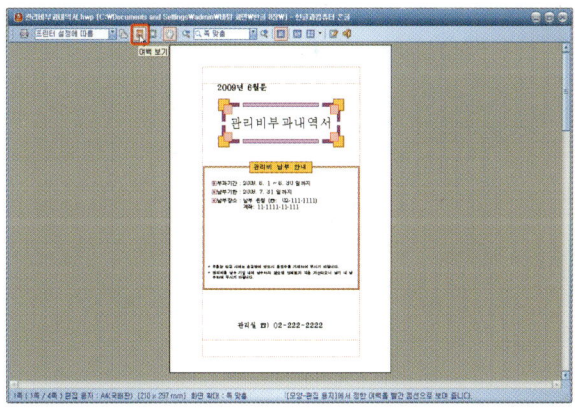

06 [확대]/[축소] 아이콘을 이용하면 미리 보기 화면에서도 중요한 화면들을 정확히 확인해 볼 수 있습니다.

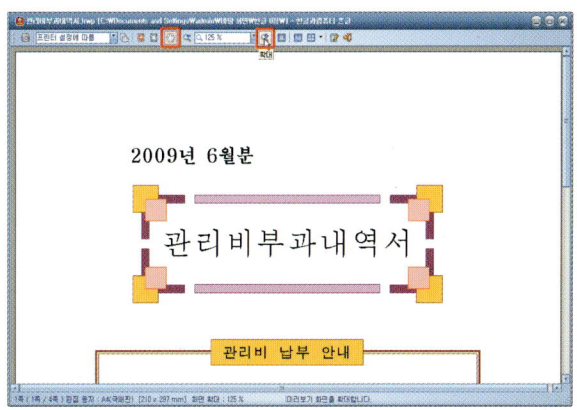

07 화면이 많이 확대되어 있을 때에 현재 화면에 보이지 않는 부분을 보고 싶다면 [손 도구] 아이콘을 사용하면 됩니다.

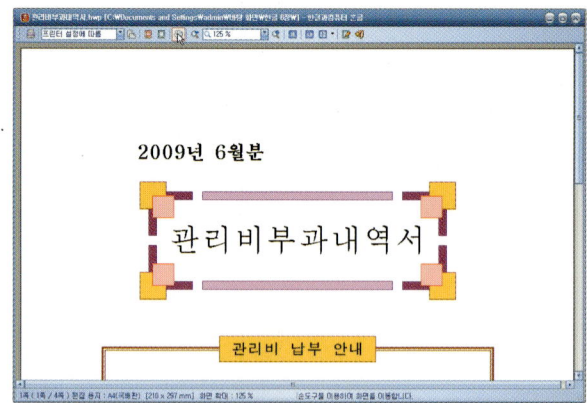

08 [손 도구] 아이콘을 클릭한 후에 미리 보기 화면을 드래그하면 원하는 화면이 확대된 상태에서 원하는 부분의 내용을 확인할 수 있습니다.

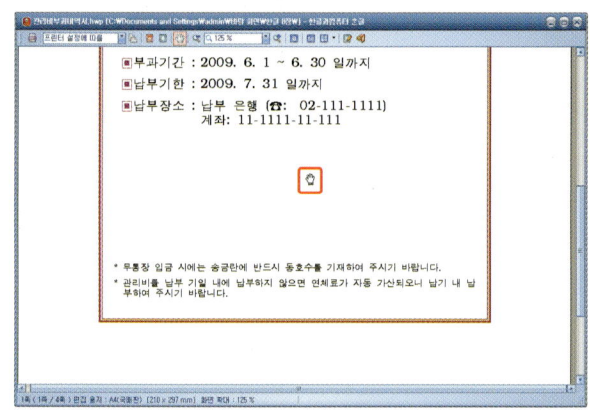

09 미리 보기 화면에 있는 [쪽 맞춤]/[맞쪽 보기]/[여러 쪽 보기] 아이콘은 각각 다음과 같은 기능을 실행합니다.

>
> • 쪽 맞춤 : 한 쪽씩 미리 보기 화면에 표시합니다.
> • 맞쪽 보기 : 두 쪽씩 미리 보기 화면에 표시합니다.
> • 여러 쪽 보기 : 지정한 쪽 만큼 미리 보기 화면에 표시합니다.

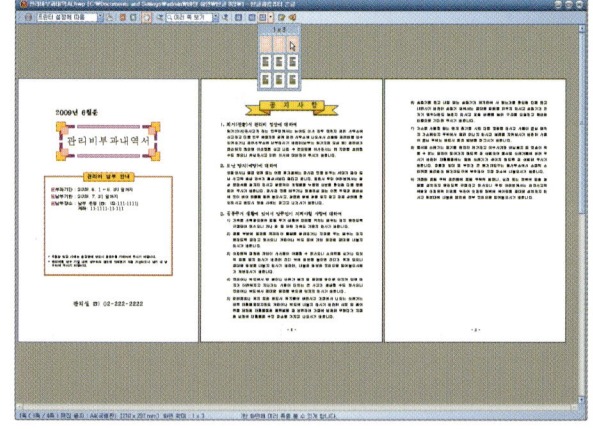

10 [현재 쪽 편집] 아이콘을 클릭하면 현재 화면에 보이는 페이지로 돌아가서 내용을 편집할 수 있습니다. 미리 보기 화면에서는 내용을 수정할 수 없으니 인쇄될 내용을 미리 확인하다가 내용을 수정해야 하면 [현재 쪽 편집] 아이콘을 클릭합니다.

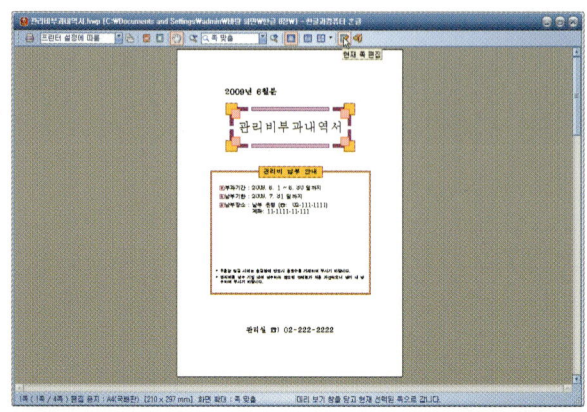

CHAPTER

02 인쇄하기

미리 보기 기능을 통해 인쇄될 내용을 미리 확인했고 별 이상이 없다면 인쇄를 해 볼 차례입니다. 여기에서는 각 상황에 따라 내용을 인쇄하는 방법에 대해 알아봅니다.

빠른 인쇄하기

뭔가 수정이나 설정할 필요 없이 미리 보기 화면에 보이는 그대로를 인쇄할 거라면 마우스를 두 번만 클릭하면 인쇄물을 얻을 수 있습니다.

01 [파일]-[인쇄] 메뉴를 선택합니다.

> **Tip** 기본 도구 모음의 [인쇄] 버튼을 클릭하거나 단축키 Alt + P 을 누른다.

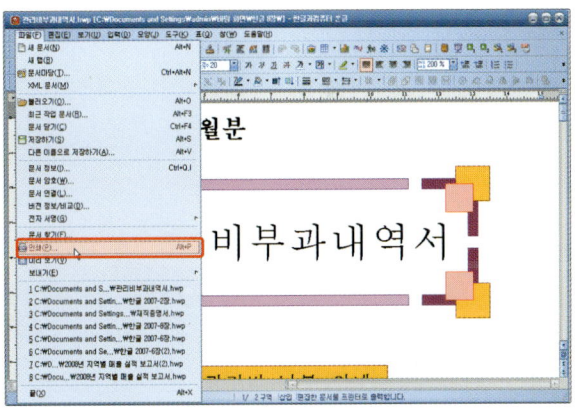

02 [인쇄] 대화상자가 나타나면 [인쇄] 버튼을 클릭합니다. 이렇게 하면 컴퓨터에 연결된 기본 프린터를 이용해서 내용이 인쇄됩니다.

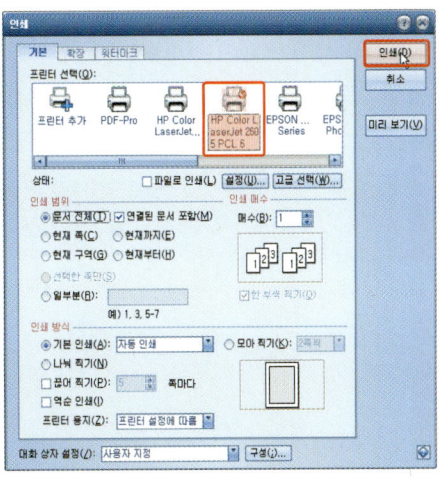

PDF나 그림 파일로 인쇄하기

인쇄 기능을 실행시켜 보면 [프린터 선택] 목록에 표시되는 프린터의 종류가 상당히 많습니다. 이 중에는 실제로 인쇄를 하는 게 아니라 한글 2007이 없는 사람에게 보낼 수 있는 PDF나 그림 파일로 만들어 주는 기능을 가진 프린터도 있습니다.

01 [파일]-[인쇄] 메뉴를 선택하거나 기본 도구 상자의 [인쇄] 아이콘을 클릭해서 인쇄 기능을 실행합니다.

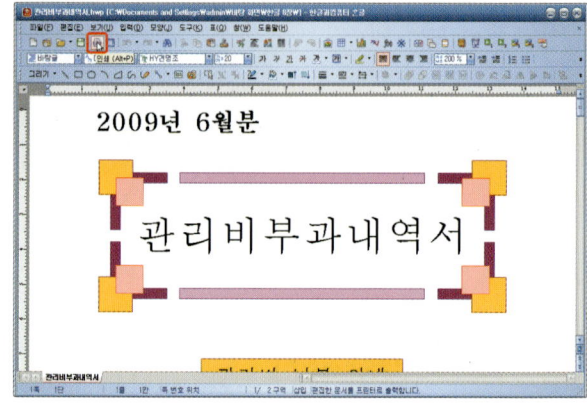

02 프린터 선택 목록에서 [PDF 인쇄]나 [그림으로 인쇄]라는 이름이 붙은 프린터를 선택하고 [인쇄] 버튼을 클릭합니다.

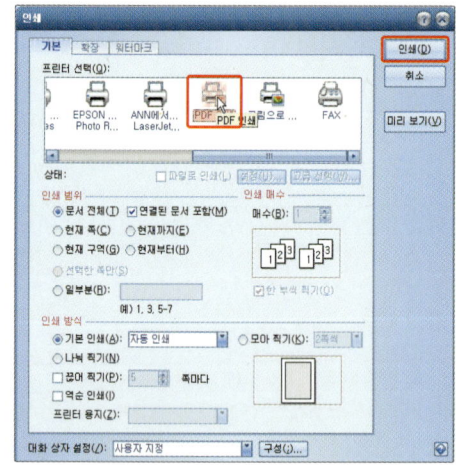

03 저장하기 대화상자가 표시되면 변환된 PDF 파일이나 그림이 저장될 위치와 파일 이름을 지정한 후에 [저장] 버튼을 클릭합니다. PDF로 저장한 경우 하나의 파일에 여러 페이지의 내용이 저장되지만 그림 파일로 저장할 경우 각각의 페이지마다 별도의 그림 파일이 만들어집니다.

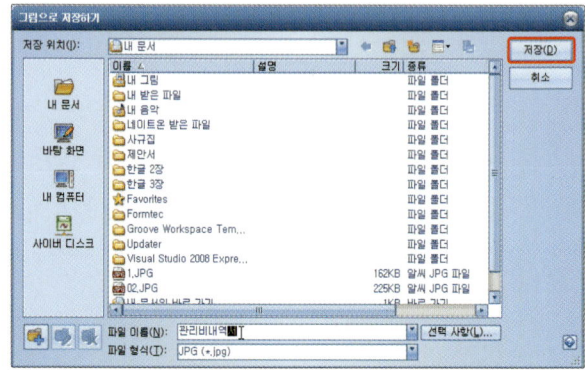

필요한 내용만 인쇄하기

때에 따라서는 문서 전체가 아니라 필요한 부분만 인쇄해야 할 때도 있습니다. 이번에는 사용자가 원하는 영역만 인쇄하는 방법에 대해 알아봅니다.

01 먼저, [파일]-[인쇄] 메뉴를 선택하거나 기본 도구 상자의 [인쇄] 아이콘을 클릭해서 인쇄 기능을 실행합니다.

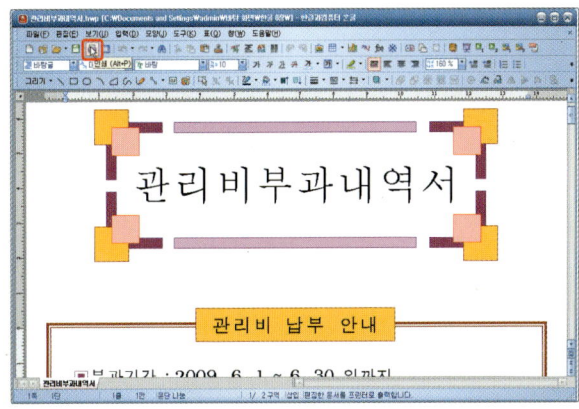

02 [인쇄] 대화상자의 인쇄 범위 그룹을 이용하면 원하는 부분만 인쇄할 수 있습니다. 기본 옵션은 [문서 전체]입니다. [현재 쪽] 옵션을 선택하면 현재 커서가 위치해 있는 페이지만 인쇄됩니다.

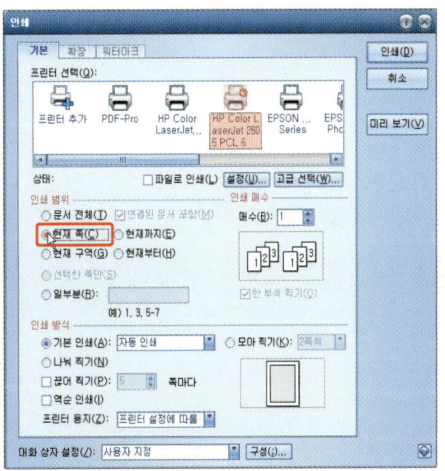

03 [현재까지] 옵션을 선택하면 1페이지부터 현재 커서가 위치해 있는 페이지까지를 인쇄합니다.

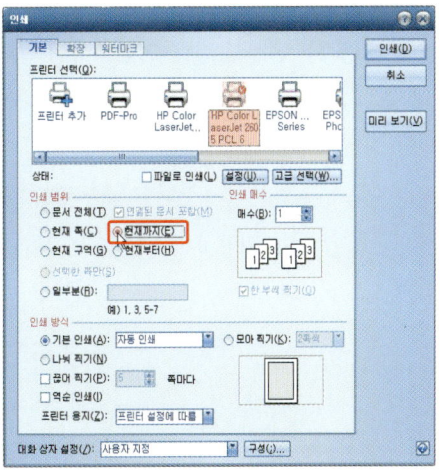

04 [현재 구역]을 선택하면 현재 커서가 위치해 있는 단원 부분만 인쇄됩니다.

05 [현재부터] 옵션을 선택하면 현재 커서가 위치되어 있는 페이지부터 마지막 페이지까지를 인쇄합니다.

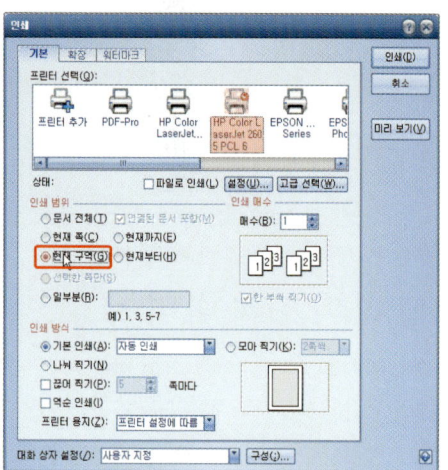

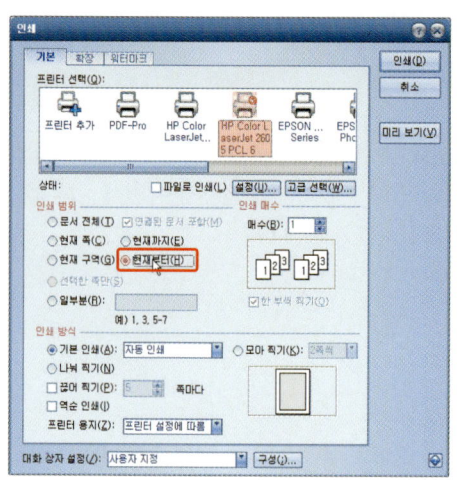

06 [일부분]을 선택하면 사용자가 원하는 페이지만 인쇄할 수 있습니다. 인쇄할 페이지 영역은 연속되는 페이지의 경우 '-'를 이용해서 표시하고, 불연속 페이지는 ','를 이용해서 표시합니다. 예를 들어, 1페이지에서 3페이지까지와 6페이지를 인쇄할 거라면 '1-3, 6' 이라고 입력하면 됩니다.

07 같은 내용을 여러 매 인쇄해야 한다면 [매수] 옵션의 값을 조절해서 필요한 부수를 지정합니다. 이때, [한 부씩 찍기] 옵션의 선택을 해제하면 1페이지가 (지정한 부수만큼)다 인쇄되고 난 후에 다음 페이지가 인쇄됩니다.

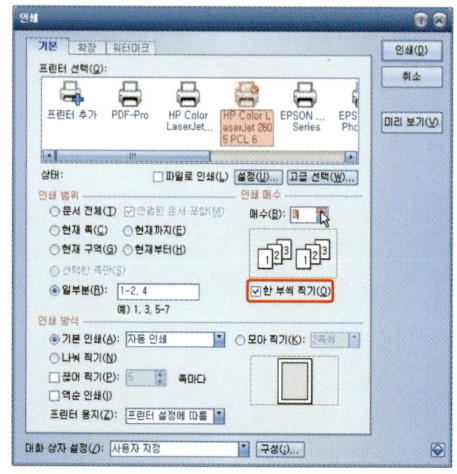

한 장에 두 페이지 씩 인쇄하기

누구에게 전달해야 할 문서가 아니거나 참고용으로 인쇄해서 보관할 내용이라면 굳이 각 내용을 100% 비율로 인쇄할 필요가 없을 것입니다. 이럴 때에는 다음 방법을 이용해서 한 장에 두 페이지 씩 모아서 인쇄하는 것이 좋습니다.

01 먼저, [파일]-[인쇄] 메뉴를 선택하거나 기본 도구 상자의 [인쇄] 아이콘을 클릭해서 인쇄 기능을 실행합니다.

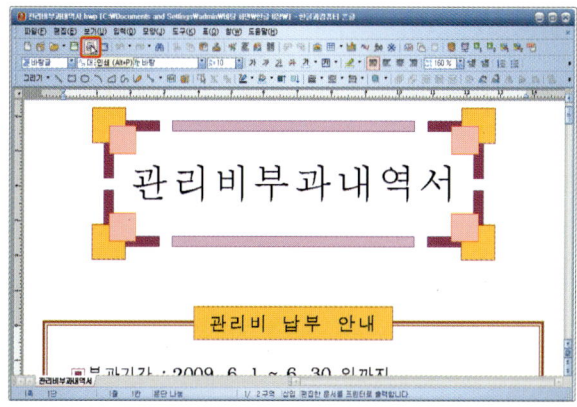

02 [인쇄] 대화상자가 표시되면 [모아 찍기] 옵션을 선택한 후에 한 페이지에 인쇄될 페이지 수를 지정합니다.

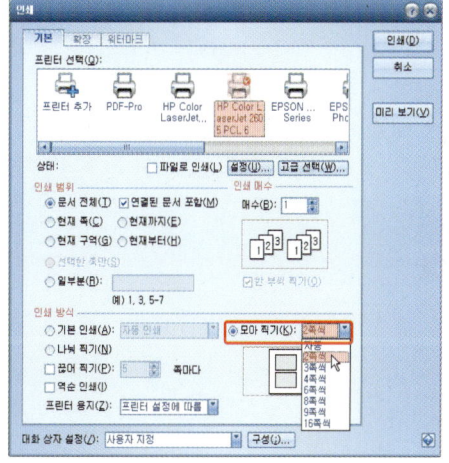

03 [인쇄] 버튼을 클릭하면 한 페이지에 지정한 쪽수 만큼 모여서 인쇄됩니다.

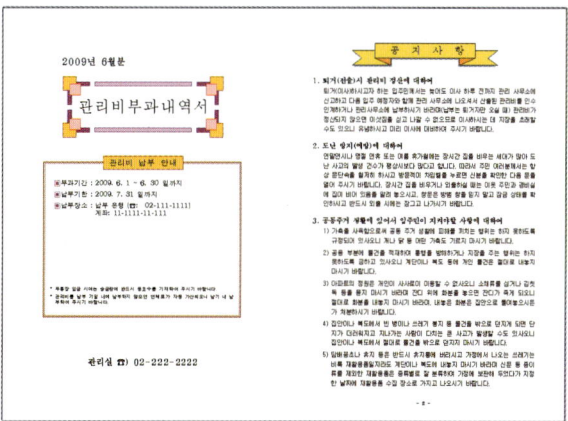

그 밖의 인쇄 방식 사용하기

모아 찍기와 반대로 이번에는 포스터나 배너 같은 걸 인쇄해야 한다면 하나의 문서나 그림을 여러 페이지에 나눠서 인쇄해야 할 것입니다. 이번에는 이런 인쇄 방식들에 대해 간단히 살펴봅시다.

01 [나눠 찍기]는 인쇄할 문서가 한 페이지보다 클 때 사용할 수 있습니다. 이 옵션을 사용하면 커다란 문서를 여러 페이지에 나눠서 인쇄합니다.

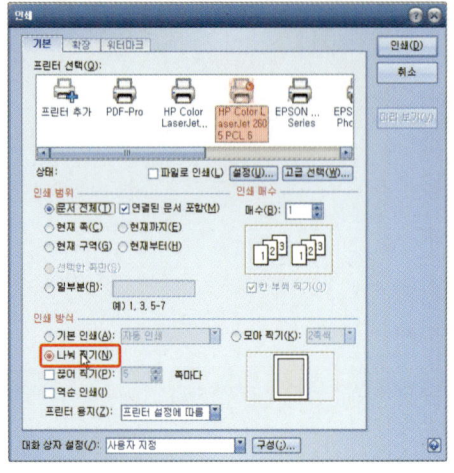

02 [끊어 찍기]는 지정한 페이지 단위로 인쇄한 후에 다시 사용자의 입력을 기다리는 기능입니다. 백면이 나오거나 한 번에 많은 양을 인쇄하면 망가지는 낡은 프린터를 사용할 때 유용합니다.

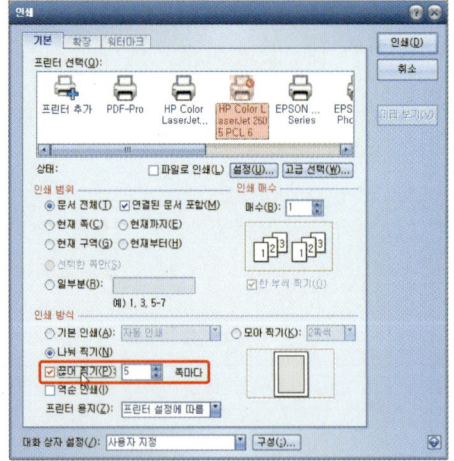

03 [역순 인쇄]는 마지막 페이지부터 인쇄하는 기능입니다. 대부분의 잉크젯 프린터는 인쇄 면이 위쪽으로 오면서 쌓이게 되는데 이러면 1페이지가 맨 아래쪽으로 가는 문제가 생깁니다. 이럴 때 [역순 인쇄] 옵션을 이용하면 인쇄된 문서를 다시 추리는 수고를 덜 수 있습니다.

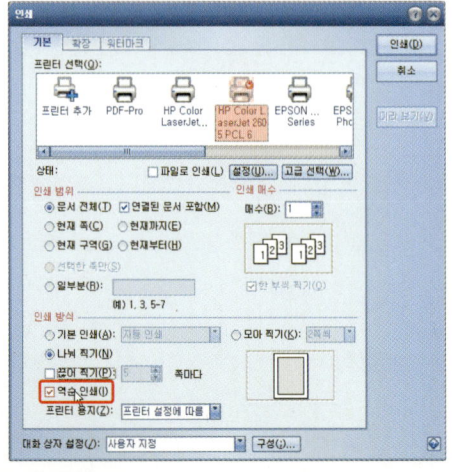

CHAPTER

03 인쇄 확장 탭 사용하기

[인쇄] 대화상자는 세 개의 탭으로 구성되어 있습니다. 여기에서는 이 세 개의 탭 중에서 [확장] 탭의 기능들에 대해 간단히 알아봅니다.

인쇄 확장 탭 따라하기

문서의 확대/축소, 꼬리말/머리말 인쇄 등을 지정할 수 있는 확장 탭에 대해 자세히 알아봅니다.

01 먼저, [파일]-[인쇄] 메뉴를 선택하거나 기본 도구 상자의 [인쇄] 아이콘을 클릭해서 인쇄 기능을 실행합니다.

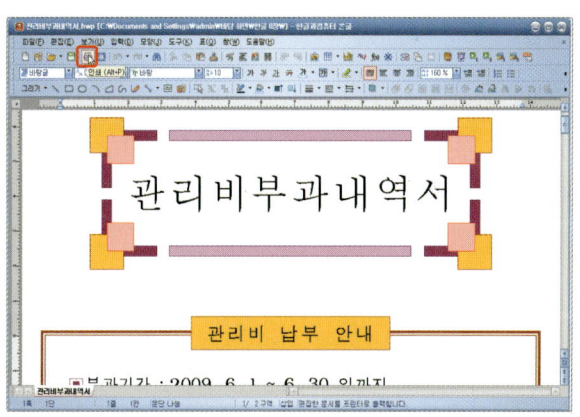

02 인쇄 대화상자가 나타나면 [확장] 탭을 클릭해서 펼칩니다. [확대/축소] 그룹은 문서를 확대하거나 축소해서 인쇄하고 싶을 때 사용할 수 있는 옵션입니다. [가로 세로 같은 비율 유지] 옵션을 선택한 상태에서 비율을 지정하면 쉽게 원하는 비율을 적용할 수 있습니다.

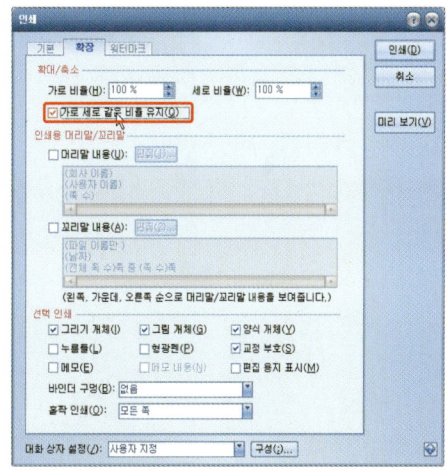

03 [인쇄용 머리말/꼬리말] 옵션은 [머리말/꼬리말]처럼 인쇄할 때 적용할 머리말과 꼬리말을 지정할 때 사용합니다. [편집] 버튼을 클릭하면 대화상자를 이용하여 다양한 내용을 지정할 수 있습니다.

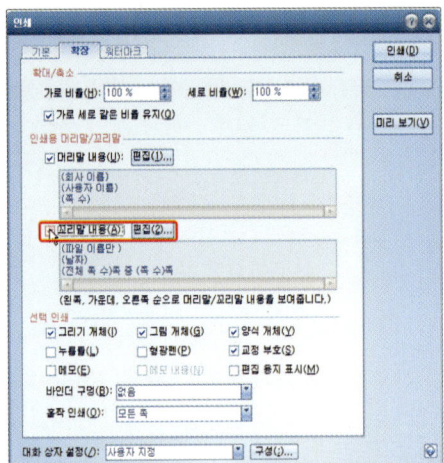

04 [선택 인쇄]는 문서에 있는 개체들 중에 인쇄할 개체만 선택하는 옵션입니다. 테스트용 인쇄를 할 경우 그림이나 사진, 표처럼 잉크를 많이 사용하는 개체는 빼고 인쇄하는 것이 좋습니다.

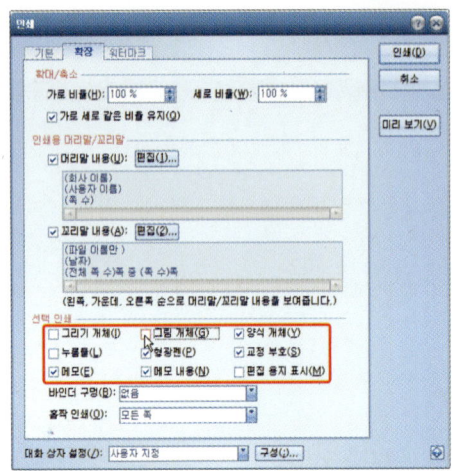

05 [바인더 구멍] 옵션은 인쇄한 문서를 바인더에 철해야 할 경우 필요한 바인더 구멍을 인쇄하는 기능입니다. [3공(A4 넓은 쪽)] 옵션을 선택해 보세요.

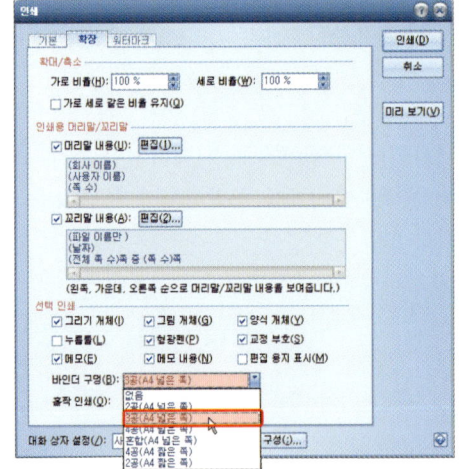

06 이렇게 하고 인쇄를 실행하면 그림처럼 페이지의 넓은 쪽에 3공 바인더에 철하기 좋은 위치가 함께 표시되어 인쇄됩니다. 또한, [홀짝 인쇄]는 현재 작업중인 문서의 홀수나 짝수 페이지만 인쇄해야 할 때 사용하는 옵션입니다.

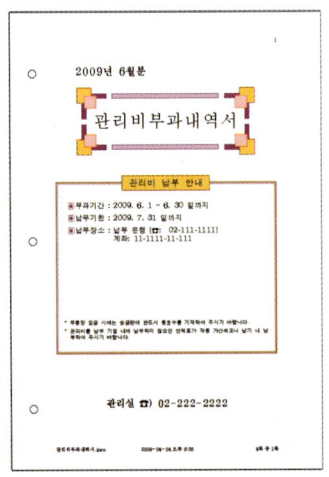 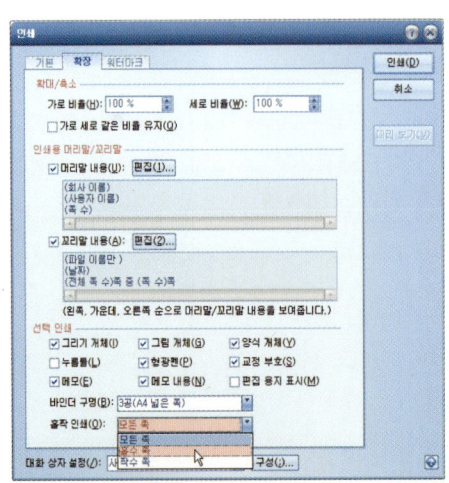

CHAPTER

04 워터마크 인쇄하기

회사 문서의 경우 배경에 회사의 로고를 표시하여 인쇄하거나 대외비 문서 등에는 워터마크를 사용하게 마련입니다. 이번에는 이럴 때 사용할 수 있는 워터마크 옵션에 대해 알아봅니다. 워터마크는 한 번 설정해 두면 별도의 설정 해제를 할 때 까지 계속 자동으로 적용됩니다.

글자로 워터마크 설정하기

한글 2007에서는 그림과 글자를 이용해서 워터마크를 설정할 수 있는데요. 여기에서는 먼저 글자를 이용해서 워터마크를 설정하는 방법에 대해 알아봅니다.

01 먼저, [파일]-[인쇄] 메뉴를 선택하거나 기본 도구 상자의 [인쇄] 아이콘을 클릭해서 인쇄 기능을 실행합니다.

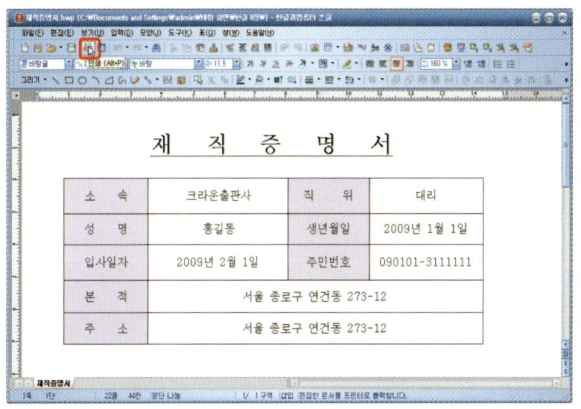

02 인쇄 대화상자가 표시되면 [워터마크] 탭을 클릭해서 펼칩니다. 기본 옵션은 [워터마크 없음]입니다.

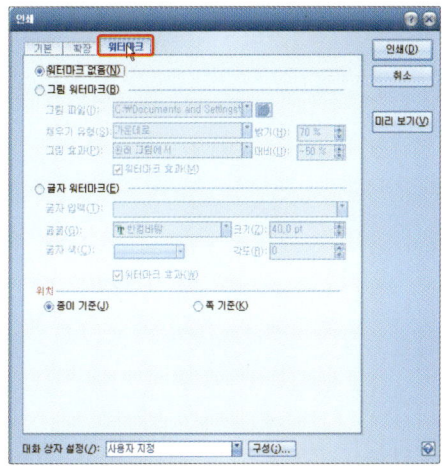

03 글자를 이용해서 워터마크를 적용해 보기 위해 [글자 워터마크] 옵션을 선택한 후에 [글자 입력] 입력 상자에 워터마크로 사용할 글자를 입력합니다.

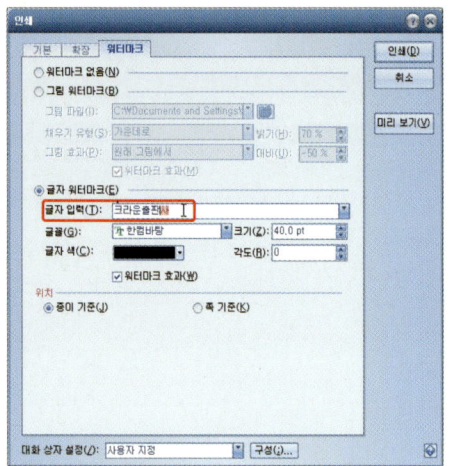

04 [글꼴] 목록을 이용해서 워터마크에 적용할 글꼴을 선택합니다.

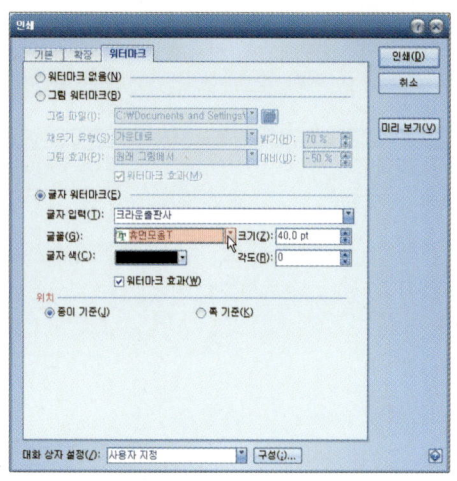

05 글자 크기와 색상, 글자의 각도를 설정합니다. 이때, [워터마크 효과] 옵션이 선택되어 있지 않으면 선택한 글꼴 색상이 그대로 인쇄되니 주의하시길 바랍니다.

06 대화상자의 [인쇄] 버튼을 클릭하면 지정한 옵션에 따라 워터마크가 인쇄되는 것을 확인할 수 있습니다.

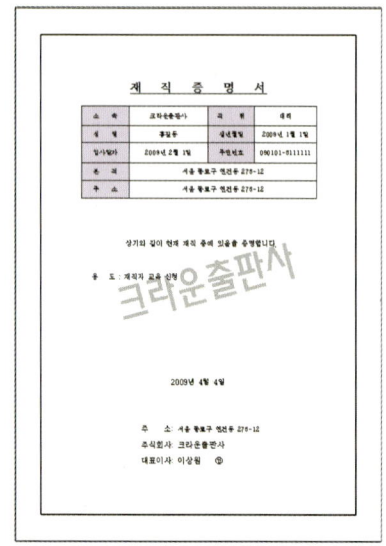

그림 파일로 워터마크 설정하기

이번에는 회사 로고나 특정한 이미지를 이용해서 워터마크를 지정하는 방법에 대해 알아보겠습니다.

01 먼저, [파일]-[인쇄] 메뉴를 선택하거나 기본 도구 상자의 [인쇄] 아이콘을 클릭해서 인쇄 기능을 실행합니다.

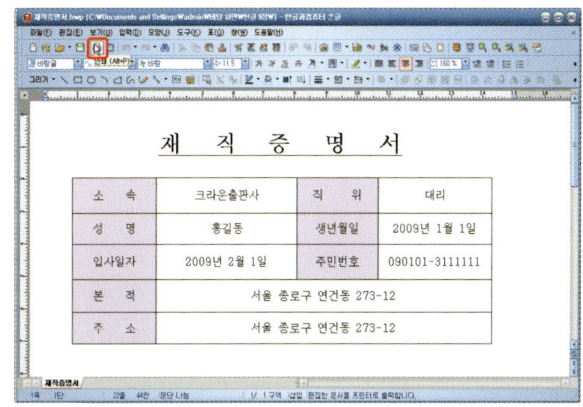

02 인쇄 대화상자가 표시되면 [워터마크] 탭을 클릭한 후에 [그림 워터마크] 옵션을 선택합니다.

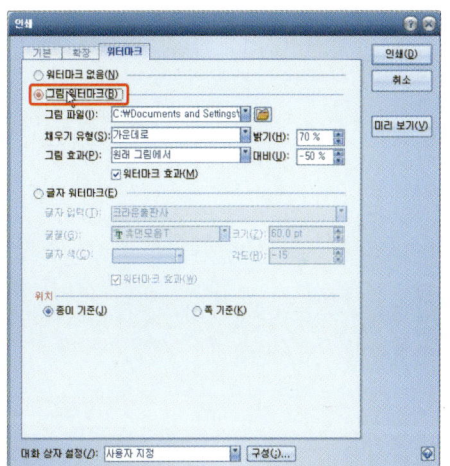

03 워터마크에 사용할 그림 파일을 지정하기 위해 그림 파일 입력상자 옆에 있는 [그림 선택] 아이콘을 클릭합니다.

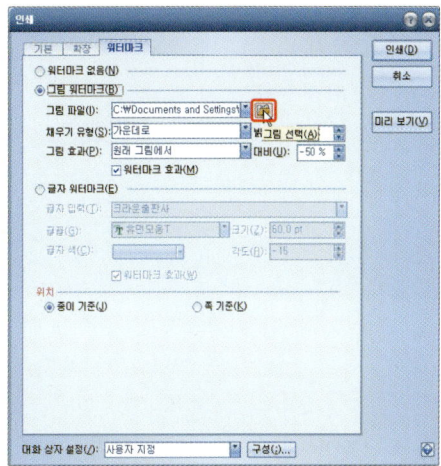

04 [그림 넣게] 대화상자가 표시되면 워터마크로 사용될 파일이 들어있는 경로와 파일을 지정한 후에 [열기] 버튼을 클릭합니다.

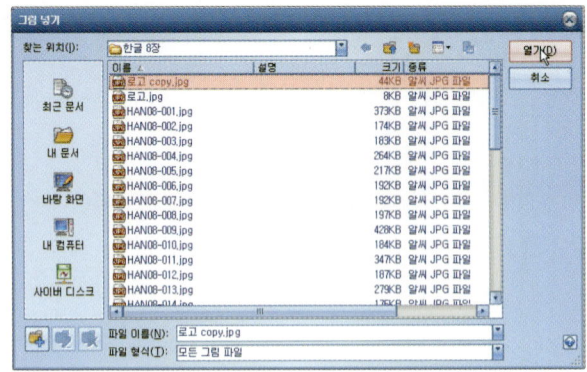

05 [채우기 유형] 목록에서 원하는 채우기 유형을 선택합니다. 이때, [바둑판식으로-]가 붙어있는 유형을 선택하면 앞서 선택한 그림 파일이 여러 번 반복해서 표시됩니다.

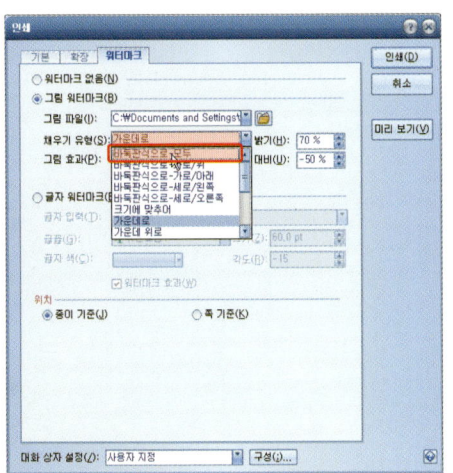

06 [그림 효과] 목록에서 원하는 그림 효과를 선택합니다. 또한, [워터마크 효과] 옵션이 선택되어 있지 않으면 그림이 너무 진하게 인쇄되니 이 옵션이 선택되어 있는지도 확인합니다.

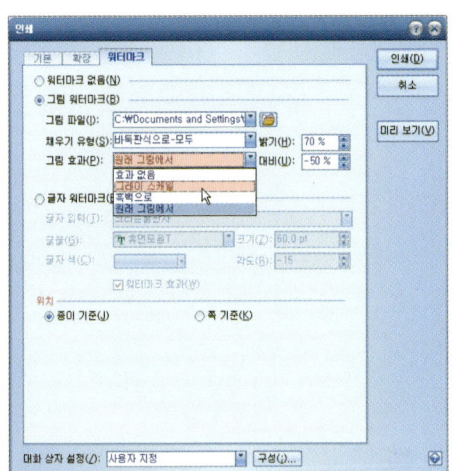

07 대화상자의 [인쇄] 버튼을 클릭하면 지정한 옵션에 따라 워터마크가 인쇄되는 것을 확인할 수 있습니다.

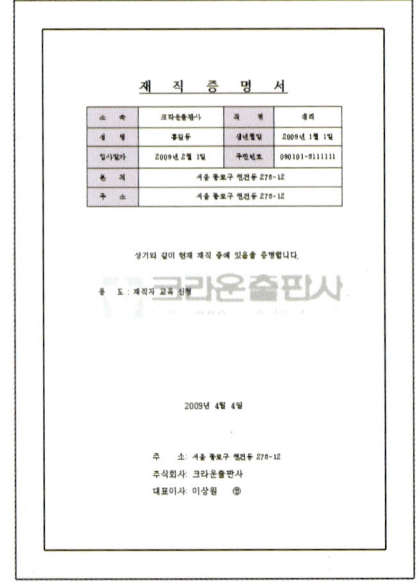

초보자에게 꼭 필요한 내용만을 수록한

한글 2007

2009년 06월 10일 초판 1쇄 발행
2010년 01월 10일 초판 2쇄 발행

저자 정희용
발행처 크라운출판사
신고번호 제300-2007-143호
발행인 李相源
주소 서울시 종로구 연건동 271-1
대표전화 (02) 745-0311~3
팩스 (02) 766-3000
홈페이지 http://www.crownbook.com

ISBN 978-89-406-9438-1

정 가
18,000원

If you want to make a license contract about this book.
Please contract us at info@crownbook.com

이책의 내용을 무단으로 복사, 복제, 전재 및 발췌하는 행위는 저작권 법에 위반되며 민·형사상의 처벌을 받게 됩니다.